JN437817

도덕성이란 무엇인가

도덕성이란 무엇인가

□로저 트리그(Roger Trigg) 지음 ▪ 박정희 옮김□

철학과현실사

Morality Matters, First Editor
by Roger Trigg
Copyright ⓒ 2005
Korean Translation Copyright ⓒ 2006
by Chulhak-kwa-Hyunsil Publishing Co.,
This Korean edition is published by arrangement
with Blackwell Publishing Ltd, Oxford
through Imprima Korea Agency. All rights reserved.

이 책의 한국어판 저작권은, Imprima Korea Agency를 통한
Blackwell Publishing Ltd, Oxford와의 독점 계약으로
[철학과현실사]에 있습니다.
저작권법에 따라 한국에서 보호를 받는 저작물이므로
무단 전재와 무단 복제를 금합니다.

옮긴이의 글

현대 사회에서는 어떤 객관적 가치나 도덕성에 대해 이야기하는 것이 사실 만만치 않은 일이다. 객관적 도덕성이란 생각은 어찌 보면 개인의 자율성이라는, 현대에서 가장 중요시하는 가치와 충돌하는 것처럼 보이기 때문이다. 현대 사회는 개인의 자유를 최대한 강조함으로써 모든 도덕적 담론을 사적인 영역으로 쫓아내고 있다. 그러나 정말로 우리가 몸담고 있는 사회가 잘 기능하기 원한다면, 따라서 우리 자신들이 안정되고 좋은 삶을 살기 원한다면, 그것은 공적인 문제가 되어야 하며 함께 고민해야 할 문제다. 요즈음 매일 9시 뉴스를 보면 세상이 왜 이런 지경까지 오게 되었는지 생각하지 않을 수 없으며, 더러는 도덕적 회의에 빠지기까지 한다. 우리의 일상도 자신이 어떻게 좋은 삶을 살아야 하는지 그리고 나의 행위나 태도가 어떤 것에 비추어 옳은지 그른지를 생각하기보다는 자신의 자유를 최대한 누리고자 이러저러한 구실을 가지고 합리화시킬 방법을 찾느라 바쁘다. 그것이 잘못을 저지르고도 자신으로부터 비난을 면할 수 있는 좋은 방법이기 때문이다. 그러나 우리가 그렇게 합리화시키려고 하는 이유는 우리가 어떤 옳고 그름에 대한 인식을 갖고 있다는 것이며, 어떤 객관적인 도덕이 있음을 인식하기 때문일 것이다. 도덕 상대주의자들은 아마도 자신의 태도나 행위에 대해 상당히 편안할 것이다. 단지 내가 원하는 것을 내가 행하는 한에서 잘못될 것은 없기 때문이다. 이들에게는 세상에 옳고 그름을 따지거나 어떤 사태에 대해 분노할 아무런 이유가 없다. 그들은 그들의 이유들을 행한 것뿐이다. 그러나 그런 태도는 결국 사회뿐만 아니라 자신조차도 파멸로 이끄는 상황을 만들어놓을 수밖에 없다.

이 책의 저자는 이러한 문제 의식과 더불어 현대 다원주의 사회에서 수긍하기 쉽지 않은 인간 본성이나 객관적 도덕성이라는 주제를 갖고 밀도 있게 이 사회의 근본 문제들을 추적해 들어가고 있다. 현대 자유주의 사회에서는 개인의 자유를 최대화하고자 하기 때문에 인간의 권리를 주장한다. 그러나 인간의 권리는 객관적인 도덕성을 전제로 한다. 객관적 도덕성을 부정하는 인간의 절대적 자유는 환상이다. 그러한 인간의 권리라는 관념은, 인간의 본성에 대한 연구를 토대로 하지 않는다면 단지 인간중심주의의 감정적 표현이 될 뿐이다. 또한 인간의 본성을 올바로 알지 못하고서는 인간이 진정으로 행복할 수 있는 방법을 찾기 어렵다. 우리 인간은 자연의 한 부분으로 태어났다. 따라서 자연법과 인간의 본성에 대한 충분한 이해가 선행되어야 우리가 거기에 맞추어서 어떻게 행복할 수 있는지 판단할 수 있다.

현대의 많은 도덕 철학자들은 사실에서 당위를 도출할 수 없기 때문에 도덕 영역에서는 오직 인간의 결단만이 중요하다고 주장함으로써 자연과 인간을 분리시켜놓았다. 물론 자연법이 그 자체로 인간의 도덕에 대해 모든 것을 말해줄 수 있는 것은 아니다. 하지만 일반적으로 생각하듯이 도덕성과 자연이 그렇게 확연히 분리되어 있는 것도 아니다. 조야한 결정론을 받아들이지 않는다면 분명히 인간은 자유롭다. 심지어 잘못될 수 있는 것을 행할 수 있는 것도 인간의 자유다. 하지만 그 결과 자신에게 파멸을 가져오는 객관적인 자연법을 바꿀 수는 없다. 우리의 자유는 자연에 제한된다. 인간의 도덕적 판단은 그것이 판단될 수 있는 어떤 기준들을 필요로 한다. 그러한 기준은 동의의 산물이거나 관습일 수는 없다. 도덕은 물론 진공에서 나올 수는 없지만 그렇다고 해서 그것이 각 사회에서 도출된 것일 수는 없다. 또한 도덕성은 의견을 집계하는 정치적 문제가 되어서는 안 된다. 도덕성은 법과 정치 이전에 존재해야 하는 것이다. 도덕은 보편성을 지닌다.

저자는 절대적이고 법칙적인 도덕을 주장하는 칸트와, 결과에 초점을 맞추는 공리주의, 본질주의적인 입장의 플라톤 그리고 본질이나 본성에 대해 부정하는 포스트모더니즘을 대비시키면서 자신의 이야기를 진행하고 있다. 아슬아슬하게 양편을 오가면서 자신의 생각을 개진하고 있기 때문에 팽팽한 긴장을 자아낸다. 하지만 그의 이야기는, 일관적으로 객관적 도덕이 있으며, 우리가 현실의 복잡함으로 인해 더러 잘못 판단할 수는 있지만 그것은 객관적 도덕이 없어서가 아니라 상황들의 복잡함 때문이며, 인간이 틀릴 수 있기 때문이라고 말한다. 그래서 그는 아리스토텔레스를 따라 인간이 덕을 쌓을 필요가 있다고 생각하고 도덕 교육의 중요성을 강조한다.

이 책을 읽을 때 주의할 점은 좀더 생각의 단위를 크게 잡아야 한다는 것이다. 더러 한 장(章)이 다 끝이 나야 전체적으로 이해할 수 있는 경우도 있다. 또한 저자는 현재 진행되고 있는 문제들을 다양하게 다루고 있는데, 그는 그러한 문제들의 기초를 이루고 있는 근본적인 도덕성을 문제 삼고 있기 때문에, 더러 낙태 문제와 같은 정치적 해결까지 원하는 독자들로서는 한 가지로 모아지는 명확한 해답을 얻지 못할 수도 있다. 그는 이러한 문제들이 정치적으로는 해결되지 않을 것이라고 본다. 또한 그러한 문제의 근간을 이루고 있는 도덕성 문제를 드러내 보여줌으로써 독자들로 하여금 사태의 뿌리를 이해하게 하고, 우리들 내부에 깊이 자리하고 있는 도덕성을 끌어내도록 유도하고 있다. 그는 '오직 도덕성만을 입법화해야 한다'는 아르케스의 말을 인용한다. 간접적으로 인용하고는 있지만, 아마도 이것이 저자가 가장 하고픈 말이 아니었을까 하는 생각이 든다. 현대 자유지상주의 시대에 살고 있는 우리들에게 객관적 도덕성이라는 진부한 단어가 오랜만에 신선하게 느껴지는 것 같다.

좋은 책은 인간을 풍성하게 하는 것 같다. 이 좋은 책을 추천해 주신 <철학과 현실> 사장님께 다시 한 번 감사드린다. 좋은 세상을 바라는 모든 사람들과 나의 사랑하는 사람들에게 이 책을 바치고 싶다.

2006년 4월

박 정 희

머리말

이 책은 내가 다양한 형식의 상대주의에 대해 반대하는 입장을 가지고 쓴 연속 출판물에 이어 나온 것이다. 지난번 책(『철학 문제들(*Philosophy Matters*)』, 블랙웰, 2002)에서는 상대주의가 결국 인문학으로서의 철학 자체의 토대를 훼손시킨다고 주장했다. 이제 나는 많은 논란을 불러일으켰던 도덕 분야에서 상대주의의 대안을 찾고자 한다. 나는 또한 사회들이 외관상으로는 매우 달라보이지만, 그 사회들의 기초를 형성하고 있는 공통적인 인간 본성이라는 관념이 철학적으로 중요하다는 것을 다시금 강조한다.

이 책은 내가 2002년 후반에 뉴저지에 있는 프린스턴의 연구기관인 신학연구센터(Center of Theological Inquiry)를 방문하는 동안 구상되었다. 그 센터는 열심히 연구하고 새로운 영감을 얻을 수 있는 이상적인 기반을 제공했다. 그곳에서 제공한 친절한 대접에 대해 깊이 감사한다. 나는 세계 곳곳에서 그 센터를 방문하러 온 사람들로부터 많은 것들을 배웠다. 그리고 특히 프린스턴대의 인간가치연구소(Center for Human Values)에서, 그리고 미국의 이상과 제도(American Ideals and Institutions)의 제임스 매디슨 프로그램(James Madison Program)에서 이루어진 토론들로부터 많은 자극을 받았다.

존 템플턴(John Templeton)재단에서 같은 기간 동안 받은 연구 보조금은 정말로 고마웠다. 그 재단은 과학과 종교 분야에서 연구가 이루어지도록 장려하는데, 그 보조금이 주로 나의 다른 연구 과제들을 돕긴 했지만, 그것은 또한 간접적으로 이 연구에도 도움을 주었다.

여느 때와 마찬가지로 나는 나의 가족들로부터 대단히 많은 도움과 격려를 받았다. 나의 아내 줄리아(Julia)와 딸 엘리슨 테플리(Dr Alison Teply) 그리고 사위 로버트 테플리(Robert Teply) 모두 너무나 소중한 충고와 비평을 아끼지 않았다.

워릭대학교(University of Warwick)에서

로저 트리그(*Roger Trigg*)

차 례

차 례

차 례

차 례

서 문

1. "그건 네 생각이지"

도덕적 논변은 종종 누군가 "그건 네 생각이지"라고 말함으로써 어떤 입장을 고려하지 않으려 할 때 즉시 중단된다. 그것이 함축하는 바는 그 누구의 판단도 다른 사람들의 의견만큼 훌륭하다는 것, 그리고 그 누구도 다른 사람들에게 무엇을 해야 한다고 말할 권리가 없다는 것이다. 내가 바나나를 좋아하지 않는다는 사실은 나에 관한 사실일 것이다. 하지만 그것은 네가 좋아하는 것과는 아무런 관계가 없다. 마찬가지로 만약 내가 어떤 것에 찬성하지 않는다면, 그것은 나에 관해 너에게 말하는 것이지만, 그것은 네가 무엇을 해야 하는지와는 관련이 없다는 것을 함축한다. 우리는 다른 사람들에게 무엇을 해야 한다고 말할 '권리'를 갖고 있지 않다는 생각이 이 모든 것들에 들어 있는 혼란을 드러내 보여준다. 우리는 도덕적 주장들이 모든 사람을 구속할 수 있다는 것을 부정하는 동시에, 또한 우리 모두가 존중해야 할 최소한 한 가지 도덕적 요구가 있다고, 다시 말해 우리는 우리의 견해들을 다른 사람들에게 부과해서는 안 된다고 주장하고 있는 것 같다.

우리는 어떻게 이러한 지경에까지 오게 되었는가? 우리는 개인의 자유를 존중하며, 그렇게 하는 것이 옳다고 생각한다. 그런데 그러한 자유의 이름으로 많은 사람들은 도덕성이 개인적이고 주관적이 아닌 다른 어떤 것임을 부정한다. 나에게 옳게 보이는 것은 나에겐 옳지만 남들에게도 필히 옳은 것은 아니다. 이것은 매우 관대해보이며 우리는 모두 관대함을 소중하게 여긴다. 그러나 자유와 관대함이라는 생각들은 도덕적으로 중립적이지 않으며 어떤 종류의 사회가 주어질 때만 가능한데, 그러한 사회는 분명한 도덕적 입장을 고취시키고 있는 것이다. 개인들에게 옳게 보이는 한에서만 관대함과 개인의 자유가 지지되는 사회는 우리 대부분이 안전하게 살아가기가 힘들어보인다. 그렇게 되면 너무 많은 것들이 특정 사람들의 취향과 한때의 변덕에 의존하게 될 것이다. 그래서 우리 모두는 아마도 그 나라의 법을 통해 지지되는 좀더 실질적인 도덕적 틀이 보장되기를 바랄 것이다.

개인의 '사생활'에 대한 권리가 공적으로 인정되기를 바라는 사람들을 통해 이 모든 고질적인 혼란이 잘 드러난다. 그들은 그러한 사생활이라는 생각을 확장시켜서 우리 자신이 더 좋아하는 생활 방식에 관한 광범한 개인적 판단들까지 포함시키고자 한다. 사생활은 '자율성'이 되고, '자율성'은 다른 사람들로부터 방해받지 않고 나 자신의 선택을 할 권리가 된다. 그러나 도덕적으로 주장이 되든지 법적으로 강요되든지 간에, 그러한 자율성에 대한 권리는 다른 사람들이 나 자신의 선택들을 존중해야 한다는 요구를 수반한다. 선택들은 대부분 공적인 영향들을 미치기 때문에, 그것은 다른 사람들에게 그리고 공공의 선에 어떤 영향을 미치든 상관없이 나는 내가 하고 싶은 것을 하겠다고 주장하는 것이 된다. 어떤 사회적 배경에서도 그러한 입장은 유지될 수 없다. 사생활에 대한 권리를 주장함으로써 우리는 다른 사람들의 유사한 권리 주장을 획득할 수 없게 만든다. 우리는 다른 사람들과 충돌하지 않고는 우리가 원하는 것을 모두 얻을 수는 없다.

도덕성은 단지 개인의 취향 문제일 수는 없다. 또한 그것은 단지 특정 사회의 관습이나 전통들을 통해서 구성되는 것도 아니다. 우리는 우리 자신의 사회를 포함해서 사회 전체를 비판하고자 할 것이다. 사실상 보편적인 도덕성이란 단지 서양의 가치들을 부과한 것일 뿐이라는 근거로 어떠한 보편적 도덕성이라는 생각도 공공연히 비방하는 사람들이 있는데, 놀랍게도 남아프리카의 인종 차별 정책을 가장 먼저 규탄한 사람들은 바로 그들이었다. 만약 옳은 것이 한 특정 사회에서 옳다고 판단되는 것으로 환원된다면, 남아프리카의 백인 사회도 한 사회라고 주장할 수 있을 것이다. "당신은 우리의 상황들을 이해하지 못하며, 당신이 여기 산다면 다르게 생각할 것이다"라는 것이 그들의 일반적인 불평이었다. 그러나 만약 어떤 것이든 객관적으로 잘못이라면, 체계적으로 과도한 인종 차별 정책을 갖고 있는 그 차별 정권은 분명 잘못된 것이다. 그렇지 않다면 아무도 그것을 적절하게 규탄할 수 없을 것이다. 그러나 규탄은 특정 사회의 특정 판단들보다 더 심오한 근본적인 도덕 원리들에 호소해야 했다.

우리는 편협함과 증오를 고취시키는 것들을 포함한 그 어떠한 견해도 무조건 관대하게 다루는 입장에서 후퇴해야만 한다. 도덕 언어는 본래 판단하는 것이며, 누구에게나 적절한 이성에 요청하는 것이며, 어떤 가능성들은 배제한다는 것을 인정해야 한다. 그렇지 않으면 누구도 도덕 언어를 가장 냉소적인 방식으로 일관되게 사용할 수밖에 없다. 그렇다 하더라도 어떤 철학자들은 이러한 도덕적 언어의 진리-표현 기능이 완전히 환상이라고 주장하고 있다. 어떤 것이 좋다고 말하는 것은 단지 우리가 그것을 권한다는 우리 자신에 관한 어떤 것을 말하는 것일 뿐이라고 그들은 주장할 것이다. 그것은 세계에 관한 어떠한 주장도 하고 있지 않다.

우리는 이러한 주장들에서 과학이 드리운 긴 그림자를 본다. 근대 과학에서 진리란 엄밀한 과학의 실험적 방법에 따라 결정될 수 있는 것으로 제한되어야 하는 것이었다. 우리가 논쟁을 정착시킬 수단들을 갖고 있지 못하다면 진리에 대해 말할 수가 없다. 이것은 '논리실증주의자들'의 입장이었는데, 그들은 우리가 과학적인 수단을 통해 주장들을 검증하거나 반증함으로써 진리 주장을 할 수 있다고 말했다. 그러므로 검토될 수 없는 주장들은 의미가 없다. 이러한 견해는 '비엔나학파'에 의해 두 전쟁 기간 동안 전파되었으며, 제2차 세계대전이 끝나고 한참 후에 대학들에 파급되었다. 영어권 나라들에서 그 옹호자들 중 한 사람인 에이어(A. J. Ayer)는 자신의 책 『언어, 진리 그리고 논리(*Language, Truth and Logic*)』에서 도덕 진술들이란 단지 감정을 표현하고 자신의 느낌들을 표명하는 것, 그리고 아마도 다른 사람들의 감정들을 자극하려고 계산된 것이라는 것을 보여주려 했다. 도덕적 진술들은 '감정적인' 것 이외에 아무것도 말하는 바가 없다. 에이어는 "윤리적인 판단들은 아무런 기준도 갖고 있지 않기 때문에, 그것들의 타당성을 결정하기 위한 기준을 찾는 것은 불가능하다"[1]고 주장했다. 도덕적 판단들을 표현하는 문장들은 진리나 허위를 표현할 수 없다. 그것들은 전혀 아무것도 말하는 바가 없다.

논리실증주의가 철학 이론으로 잘 받아들여지지 않다가 한참 후에 이러한 견해가 다시 사회에 울려퍼졌다. '사실들'은 과학의 분야인 반면 도덕적 판단들은 '가치들'로 대비될 수 있다는 생각이 강하게 남아 있었다. 사실들은 객관적이며, '가치들'은 개인적이다. 그래서 어떤 것이 '가치 판단'이라고 말하는 것은 대화를 멈추기 위한 효과적인 장치가 된다. 그 생각은 바로 임의적이고 주관적인 선택으로 보이는 것에는 어떠한 이유도 있을 수 없다는 것이다. 이러한 입장은 어떤 특정 사실들로부터 가치 판단을 끌어내는 것은 그릇된 것이어서, 특정 상황에서 무엇을 해야 할지에 대한 판단으로 넘어가는 합리적인 방식은 없다는 지배적인 관념을 통해 강화된다. 우리의 개인적 선택들은 세상에서 무슨 일이 일어나든지 간에 그것에 구속되어서는 안 되는 것같이 보인다.

그 문제는 도덕적 판단들이 합리적으로 이루어질 수 있는가, 그리고 그것들이 우리 자신의 임의적인 의지 바깥에 있는 어떤 것에 영향을 받아야 하는가 하는 것이다. 도덕적 판단들이 토론과 논쟁에 열려 있을 수 있는가? 그렇지 않다면 도덕적 믿음들은

1) A. J. Ayer, Language, *Truth and Logic*, Victor Gollancz, London, 1946, p.108.

개인들이나 그룹들에 관한 단순한 사실들이 된다. 어떤 사람들은 어떤 편애나 욕구들을 갖고, 반면에 또 어떤 사람들은 다른 편애나 욕구들을 갖는다. 민주주의 사회에서는 사람들이 무엇을 생각하는지를 평가하기 위해 머릿수를 세거나 사회적인 조사들을 행하면 된다. 그리하여 도덕성은 의견을 집계하는 문제가 된다. 중요한 것은 가능한 한 많은 사람들의 소망을 단순히 충족시키거나 거스르지 않는 것이다. 의견들이 기초 자료들이며, 따라서 문제는 더 이상 누가 옳으냐가 아니라, 얼마나 많은 사람들이 어떤 것을 믿느냐 하는 것이다. 왜 그들이 그것을 믿는지는 상관이 없다. 그래서 도덕성은 정치가 된다. 도덕적 문제들은 정치적 교섭의 자료가 된다. 우리는 단지 최대의 동의를 얻을 수 있는 것에 관심을 갖는다. 도덕적 논변은 공적인 영역에서 쫓겨나서 정치적 타협으로 대체된다. 원칙 있는 추론은 이익 그룹들 간의 교섭과 편익을 위해 포기된다.

이것이 바로 많은 민주주의 나라들에서 특히 그들이 근본적인 동의를 얻지 못할 때 나타나는 모습들이다. 서로 나란히 공존하는 많은 다른 믿음들을 갖고 있는 소위 '다원주의자' 사회는 이 전략을 끝없어보이는 논쟁들 속에서 빠져나오도록 하는 방법이라고 생각할 수도 있다. 그들은 도덕적 질문들을 피하고 차이와 다양성에 대한 관용에 집중할 수 있다. 논쟁을 해결하는 대신 그들은 그것들을 뚫고 나아갈 방법을 찾기 바랄 것이다. 법이 도덕적 입장을 갖고 있으면 자유롭지 못하고 너그럽지 못한 것으로 간주되며, 다른 그룹들에 반대해서 어떤 이익 집단의 편을 드는 것으로 보인다. 그러나 이 모든 것들에 들어 있는 모순들은 분명하다. 우리는 저 도덕적 견해보다 이 도덕적 견해를 주장해서는 안 된다고 믿기 때문에, 우리는 관용을 주장할 수도 있다. 하지만 개인의 자유를 보호하는 관용적인 사회라는 생각은 사람들이 바라는 실질적인 도덕적 입장이다. 사실 그것은 많은 나라들에서 여전히 거부될 것이다. 완전한 도덕적 중립성에 대한 이상은 언제나 환상임에 틀림없는데, 왜냐하면 그것 자체가 좋은 사회가 가장 소중하게 여겨야 할 것에 대한 견해를 구현하고 있기 때문이다.

2. 공정한 사회?

우리는 도덕적 선택들을 피할 수가 없다. 유일한 문제는 무엇을 기초로 해서 그것들이 이루어지느냐는 것이다. 민주주의적 교섭은 해결할 수 없는 문제들을 피해가는 방법으로 보일 수 있다. 그러나 민주주의에서는 다수가 이기며 소수는 진다. 현대의 가장 영향력 있는 정치 철학자들 중에 롤스(John Rawls)라는 철학자는, 사람들이 사회에서 그들 자신의 위치를 알기 전에 사회적 협동이 시민들 간에 동의된 구조 아래서 발생하는 것으로 생각함으로써 이러한 문제를 해결하려 했다. 그는 자신이 명명한 '원초적 입장(original position)이라는 아이디어'를 제안했는데, 그것은 가설적인 사회 계약을 구상한 것으로, 그것에 따르면 그가 '무지의 베일(veil of ignorance)'이라고 부른 것 아래에서 동의가 이루어진다. 동의 당사자들은 자유롭고 동등한 시민 사회를 확립시켜야 하지만, 그들은 그 사회에서 그들 자신의 지위를 알지 못하며 그들이 어떤 특정한 믿음들을 갖고 있는지에 대해 알지 못한다. 그것이 목표로 하고 있는 것은 기본적인 권리들과 자유들을 상세히 설명하는 것인데, 이는 롤스가 "누적적인 사회적 역사적 자연적 성향들을 갖고 있는 어떠한 사회의 배경 제도들 안에서도 불가피하게 일어나는 이점들을 싸게 구입하는 것"이라고 부르는 것을 제거함으로써 가능해진다.[2] 누구도 뿌리 깊은 이해나 편견을 갖지 않고 사회를 규제하는 원리들에 동의해야 한다. 아무도 그들이 다수에 속할지 소수에 속할지를 알지 못한다. 그리고 만약 박해가 허용된다 할지라도, 이러한 그림에 따르면 그들은 자신이 그 박해받는 자들 중에 속할지 그렇지 않을지 알지 못한다. 이것이 가정하는 것은, 우리가 어떤 쪽에 속할지를 알지 못하기 때문에 정의는 편들지 않는 것과 관계한다는 것을 이러한 계약 설명 장치가 보여준다는 것이다. 이 구도는 이익이라는 관점에서 이루어진다. 우리는 우리 자신들에게 가장 좋은 것을 하기 원하는 것 같다. 문제는 우리가 이것을 어떻게 성취할지 알지 못한다는 것이며, 그래서 우리 자신을 보호하기 위해 모두에게 공정한 대우를 옹호하는 입장을 취해야 한다는 것이다.

이러한 구도는 강력해보이지만, 이 공정성이라는 관념은 불가피하게 교섭과 동의에서 이루어지는 정치적인 것이다. 그렇다 하더라도 그것은 모든 시민들이 자유롭고 동등하며 협동해야 한다는 선판단에 분명히 영향을 받는다. 나는 다른 사람들의 욕구를 존중하지 않고 나 자신의 욕구들에만 탐닉할 수는 없을 것 같다. 롤스가 인정하듯이 그의 해결은 다른 가능한 해답들에 대한 대안이다. 예를 들어 그는 "독립적인 도덕적 명령에 대한 지

2) John, Rawls, *Political Liberalism*, Columbia University Press. New York, 1993, p.23.

식을 참고로 해서 사람들이 협동 조건들을 공정한 것으로 인식할 수"[3] 있는지 묻는다. 그는 그것들을 "자연법이 요구하는 것으로" 인식할 수 있는지 묻는다. 롤스는 그러한 종류의 견해들을 참을 수 없다. 개인의 이익이라는 생각으로부터 롤스가 도출한 정의는 무지의 베일 뒤에 숨겨진 각 사람에게서 그들이 우연적으로 갖고 있는 모든 것들을 제거하는 것에 의존한다.

우리가 특정 나라에 속해 있다는 사실 혹은 가족들의 구성원이라는 사실조차도 도덕적으로 적절하지 못한 것인가? 우리가 우리의 동포들이나 우리 아이들에게 호의를 갖는 것이 잘못인가? '공정함'은 사람들 간의 모든 차이들을 무의미하게 하는가? 그러므로 인간적 감정이 없을 뿐만 아니라 인간적 감정에 도전하는 것으로 보이는 윤리학이 생겨나게 될 것인가? 애국심은 부끄러워해야 할 어떤 것이 된다. 가족에 대한 사랑은 친족 편애로 분류된다. 하지만 이 모든 것들은 인간 본성이라는 특성에 거스르는 것 같다. 우리는 소속되기를 원한다. 우리는 우리 아이들을 사랑하기 원한다. 우리는 우리나라에 충성하기를 원할 수도 있다. 그러한 충동은 우리의 세계주의적 책임을 강조하는 세계주의적인 법의 관심에서 통제되어야 하는가?

인간 본성을 조회해보면 우리는 오히려 그것들이 결코 현실적으로 무시할 수 없는 우리 자신들의 본성임을 보여준다. 인간들은 욕구와 욕망들을 갖고 있으며, 그것들은 대부분 우리 모두가 공유하는 공통적인 인간성으로부터 유래한다. 이 자체가 모든 인간들을 자유롭고 동등한 것으로 보려는 강력한 동기를 부여할 것이다. 인간의 권리라는 관념이 인용될 때마다 그것이 함축하

3) 같은 책, p.22.

는 바는 인간임이 중요하다는 것이다. 인간의 권리라는 관념을 주장하면서 동시에 인간성이라는 관념을 훼손시키는 사람들은 난관에 처할 것이다. 그들은 누가 그러한 권리들을 갖는지 설명해야만 할 것이다. 그러나 그러한 권리들은 훨씬 더 넓은 함축들을 갖는다. 그것들은 현대 도덕적·정치적 연설에서 자주 인용되는데, 적어도 그 모든 개념은 정확히 롤스가 기각시킨 종류의 독립적인 도덕적 명령에 의존하는 듯이 보인다.

진리와 검증이라는 생각을 과학을 통해 조건 지우려는 철학자들은 어떠한 도덕적 명령이라는 관념도 비난한다. 그것은 의미 없는 형이상학과 같아보일 수 있다. 그러나 윤리학에서 자연법 이론가들이 주장해온 것은 인간으로서 우리의 관심은 자연적인 것과 밀접히 연관되어 있다는 것이다. 우리는 자연의 성질과 거슬러 갈 수도 있지만 우리는 어떤 대가를 치르고서야 그렇게 할 수 있다. 인간의 본성이라는 관념이 완전히 배제되지 않는다면, 우리는 어떤 것들이 우리에게는 좋고 어떤 것들은 그렇지 않다는 것을 의아하게 여겨서는 안 된다. 우리는 자유롭게 잘못된 선택을 할 수 있지만, 우리는 그것들이 필히 가져올 해악을 피할 수는 없다. 잘못된 음식을 먹거나 알맞은 양을 먹지 않는 것은 우리를 건강치 못하게 할 것이다. 마찬가지로 다른 사회 제도는 개인적으로나 집합적으로 우리가 잘살 수 있는 방식에 다른 영향을 미칠 것이다. 출산율을 대폭 축소하도록 하는 정책을 장려하는 사회는 노령화되는 사회를 부양하는 것이 점차 더 힘들어진다는 것을 발견할 것이다. 그 사회의 인구 구성을 바꿀 수 없다면 그 사회의 미래는 위태로울 것이다. 많은 개별적이고 '사적'인 선택들은 전체의 생활 방식이 위험에 처하는 상황을 산출해놓을 것이다. 사람들의 행위들은 항상 그들이 종종 깨닫거나 의도한 것보다 더 폭넓은 결과들을 가져온다. 우리는 우리의 자율성만을 너무나 소중하게 간직하면서 우리가 살고 있는 사회에 우리가 공헌할 것이 없다고 생각해서는 안 된다.

결혼이라는 말썽 많은 분야가 좋은 예를 제공해준다. 결혼을 해야 하는지에 대한 결정은 우리의 가장 소중한 개인적 권리들 중 하나다. 이것은 개인적 자유가 중요하며 보호되어야 하는 곳의 예를 제공할 수 있을 것이다. 그러나 많은 사람들은 이러한 생각을 확장해서 결혼이 무엇인지 개인적으로 재정의할 수 없다고 한다면 이를 개인적 자유에 대한 공격으로 간주한다. 그들은 인정된 관계를 갖기 위해 공적인 의례를 통과해야만 하는가? 장기간 같이 사는 사람들이 남편과 아내 같은 방식으로 취급되어야 하는가? 어쨌든 '장기간'은 얼마나 오래인가? 동성 관계들은 결혼으로 간주될 수 있는가? 이러한 질문들에 대한 대답이 무엇이든지, 그것들은 심지어 과세를 포함해서 중요한 공공 정책 문제들과 관련되며, 더 나아가 우리가 사는 사회와 연관된다. 그렇기 때문에 그것들은 아무렇게나 개인의 선택에 맡겨질 수는 없다. 사적인 것과 공적인 것은 그렇게 쉽게 분리될 수는 없다. 절대적인 개인의 자유를 요구하는 사람들은 동시에 그들의 선택들이 공적으로 인정되기를 원한다. 공적인 논쟁은 불가피하며, 그것은 사회에서 우리의 우선권에 관한 도덕적 문제들을 포함해야 한다. 그것은 단순히 어떤 동의가 이루어질 수 있으며 어떤 타협이 도출될 수 있는지를 다루는 정치적 문제가 아니다.

3. 법은 도덕성을 강요해야 하는가?

개인의 자유, 도덕성 그리고 공적인 정책의 연관성 문제는 2003년 **로렌스**(Lawrence v. Texas) 사건에 관한 미국 대법원의 의견에서 극적으로 표현된다. 그 사건은 텍사스에서 동성애 관행들의 범죄성에 관하여 대단히 논쟁의 여지가 있는 문제들과 연관되었으며, 어떤 '도덕적' 관점을 강요하는 결과들을 가질 만큼 확대되었다. 이 문제는 성적인 관례들에 관한 것이었지만, 그 핵심은 공적인 법이 특정 도덕성을 강화하는 데 얼마나 관여해야 하느냐는 것이었다. 만장일치는 아니었지만 법정의 의견은 도덕 원리를 참고로 "다수가 형법을 작동시켜서 사회 전체에 이러한 견해를 강화하도록 국가의 권력을 사용할 수 있는지가 문제다"[4]라고 논했다. 1992년 이전의 판례를 인용하면서, 그들은 "우리의 의무는 우리 자신의 도덕률을 명하는 것이 아니라 모든 사람의 자유를 분명하게 규정짓는 것이다"라고 주장한다. 그러므로 법정은 미국 법의 중요성을 자유를 보존하는 것보다 뒤에 놓고 있다. 모두 다 괜찮긴 하지만, 개인의 자유를 유지하고 보존하는 것이 그 자체로 중요한 도덕적 원리가 아닌 듯이 행동하는 것은 표리부동한 것이다.

그 법정은 한 가지 도덕적 입장을 다른 것들에 비해 옹호하고 있는 것으로 보인다. 동의하고 있는 성인들 간에 글자 그대로 사적으로 닫혀 있는 문 뒤에서 일어나고 있는 일을 왜 법이 방해해서는 안 되는지에 대한 아주 좋은 이유들이 있을 것이다. 그러나

---

4) *Lawrence v. Texas*, 539 US 558, 123 S. Ct 2472, 2480, 156 L. Ed. 2d 508 (2003).

그 법정은 자신의 의견에서 이러한 한 사건의 특정 상황들을 훨씬 넘어서고 있다. 사생활의 문제는 훨씬 더 넓은 교리가 된다. 그 법정은 변화되고 확장된 자유의 본성에 대한 이해를 표명하고 있다는 것을 인정하는데, 그것은 "성인들이 성과 관련한 문제들에서 그들의 사적인 삶을 어떻게 이끌어갈지 결정하는 데에서 자유가 실질적인 보호막을 부여한다는 최근 이루어진 자각"이라 부르는 것을 가리킨다.[5] 그러므로 사생활이라는 협소한 관념은 어떤 공적인 효과들과는 무관한 자신의 개인적 삶에 대한 자율성의 교리로 확장된다. 사람들이 그것에 동의하든 그렇지 않든 사람들은 그 법정이 성취하고자 하는 종류의 사회에 관해 도덕적으로 중립적인 것처럼 주장할 수는 없다. 그 일원들 중에 의견을 달리하고 있는 스칼리아(Scalia)는 그 법정이 문화 전쟁에서 편을 들었으며, 그것이 중립적인 관찰자로서 민주주의가 지켜야 할 규칙들이 준수되도록 보증하는 역할을 하지 못했다는 것은 분명하다고 주장했다.[6] 그는 실질적인 문제들은 "가장 잘 아는 지배 계급에 의해 부과되는 것"이 아니라 민주적으로 정착되어야 한다고 생각한다.

성에 관한 것이든 또는 그 밖의 다른 것에 관한 것이든, 그것들이 '사적'이라는 근거에서 법이 개인적인 도덕적 결정들 뒤에 서 있다면, 이것은 분명 자유에 대한 자유주의적 관점과 일치한다. 그러나 이것 자체가 사회에 대해 좋거나 나쁜 결과를 미칠 수 있는 실질적인 도덕적 결정이 아니라고 생각하는 것은 환상이다. 따라서 이제 민주주의 사회에서 법정이 이러한 결정들을 하

5) *Lawrence*, at 2480.

6) *Lawrence*, at 2497 (Scalia J., dissenting).

기 위한 적합한 도구들인지와 관련된 문제가 생긴다. 이것은 단지 미국의 문제만은 아니다. 유럽연합과 여타의 곳에서 인간의 권리들을 주장하는 법률을 도입하면서, 비록 민주적으로 동의되었다 할지라도 법정들이 법에 거슬러 지배력을 행사하는 것은 이제 많은 나라들에서 흔한 일이다. 법은 어떤 기준들을 충족시켜야 하는데, 그러한 기준은 판사들에 의해 정의된다. 이것은 인간 권리들의 기초에 대해서 의심스럽게 만든다. 그리고 우리 나머지 사람들은 판사들이 그것들의 본성에 대해 특별한 통찰력을 갖고 있다는 것을 부정한다. 그러한 문제들은 성적인 도덕성이라는 논쟁의 여지가 있는 분야들을 훨씬 넘어 확장된다. 법이 우리의 다양한 사회들을 만들어가는 데에서 그렇게 중요한 역할을 할 때, 법을 중립적인 심판관으로 보기는 매우 어렵다.

개인의 자유와 자율성에 대한 강조는 개인주의적인 사회 접근과 대단히 잘 어울린다. 우리는 모두 개인이 본래적으로 중요하다는 것에 동의할 것이다. 비록 그러한 동의가 당연하게 여겨져서는 안 된다 할지라도 말이다. 그럼에도 그것은 사회가 단지 개인들의 상호 작용의 부산물일 뿐이라는 생각과는 다른 것이다. 우리 모두는 서로를 필요로 한다. 인간은 정치적 동물이라는 아리스토텔레스의 생각이 강조하고 있는 것은 사회에서 함께 어울리는 것이 단지 우리에게 이익이 되기 때문이 아니라 그렇게 하는 것이 우리의 본성이기 때문이라는 것이다. 우리 모두가 더 넓은 전체의 구성원들이라는 생각은 아리스토텔레스로부터 유래한 자연법이 전통적으로 강조하고 있는 것이다. 이것은 우리가 저 방식보다는 이 방식으로 행동하도록 조건지어져 있다는 것을 말하는 것이 아니다. 전통적으로 우리는 인간들로서 어떻게 우리의 본성을 이행하거나 혹은 그것에 거스를 수 있는지를 이해하기 위해 우리의 이성을 사용할 수 있는 것으로 제시되어 왔다. 그러한 가정은 우리가 만약 우리의 참된 본성에 따라 행위한다면 행복하리라는 것이다. 우리는 자유롭게 그것을 거스를 수 있지만 필히 그에 대한 대가가 있을 것이다.

중력과 같은 물리 법칙들과는 달리, 자연법은 우리에게 무엇이 일어날 것인지가 아니라 무엇이 일어나야 할 것인지를 말해준다. 그것은 한 나라의 법들이 측정될 수 있는 알맞은 척도를 제공하는 것으로 생각되어 왔다. 그것은 실정법을 위한 도덕적 기초를 제공하며, 따라서 법이 도덕적 논쟁들에서 편을 들어서는 안 된다는 생각과는 아주 다른 입장이다. 아리스토텔레스는 분명 법이 단순히 다른 믿음을 갖고 있는 사람들이 함께 살아갈 수 있는 규칙들을 제공한다고 생각하지는 않았다. 그에게 정치는 도덕성과 밀접한 관련을 갖고 있다. 그는 법의 역할이란 우리 자신과 사회의 행복을 위해 우리가 도덕적인 삶을 살도록 도와주는 것이라고 생각했다. 법은 우리에게 좋은 습관을 가르쳐야 한다. 그래서 법을 통해 우리가 교육받았기 때문에 행하기 시작한 것을, 마침내 우리는 그것이 우리의 성품의 일부가 되었기 때문에 하게 된다. 법은 교육한다.

법을 교사로 여기는 이러한 생각들은 인간들이 분명히 어떤 특성들을 갖고 있다는 견해와 연관되어 있다. 만약 우리가 선택한 생활 방식이 우리 자신들이나 다른 사람들에게 어떤 영향을 미치지 않는다면, 자율성은 최고의 도덕 원리로서 좀더 매력이 있을 것이다. 그럼에도 만약 우리가 원하는 것들을 충족시키도록 우리의 본성이 요구하는 것들을 주조해낼 수 없다면, 그리고 만약 도덕성이 적합한 삶을 살도록 우리를 안내하고자 한다면, 도덕성은 어떤 내용을 좀 가질 필요가 있을 것이다. 어떤 사람들은 우리가 공백의 화판을 마주하고 있는 예술가들처럼 우리의 삶을 살면서 우리가 바라는 대로 완전히 창조성을 폭발시키면서 우리 자신을 표현할 수 있기를 바랄 것이다. 그럼에도 만약 우리가 인간의 본성을 바꿀 수 없다면, 우리는 그러한 자유는 오직 재앙만 산출한다는 것을 발견하게 될 것이다.

어떤 불변하는 공통된 인간 본성이라는 관념이 어떤 곳에서는 부정된다는 것이 그리 놀라울 것은 못 된다. 우리의 유전적 구조의 중요성을 강조하는 최근의 신-다위니즘 이론들에도 불구하고, 소위 '포스트모더니스트들'은 계속해서 우리 모두에게 공통적인 어떤 본성이 있다는 생각에 저항하는데, 그러한 입장은 사회들과 전통들이 분명히 다르다는 것에 기초하고 있다. 예를 들어 리처드 로티(Richard Rorty)는 모든 수준에서 주장할 수 있는 '본성'이라는 관념에 반대해왔다. 그는 "아무것도 본질적인 본성을 갖고 있지 않기 때문에, 인간들도 마찬가지다"라고 주장한다.[7] 그러나 그는 '실재', '이성' 그리고 '본성'이라는 개념들을 거부하면서도, 여전히 '인간들'을 지칭하지 않을 수 없고, 그가 '더 좋은 인간의 미래'라고 말한 것을 위해 일할 필요에 대해 말하지 않을 수 없다.[8] 이러한 관념들이 없다면, 인간들을 위한 더 좋은 미래가 어떤 것일지 알 수 없다. 우리는 인간에게 무엇이 좋은지를 알기 위해 이성을 사용할 수 없으며, 또한 우리는 우리의 본성

---

7) Richard Rorty, *Philosophy and Social Hope*, Penguin Books, London, 1999, p.63.

8) 같은 책, p.27.

에 비추어 무엇이 우리에게 좋은지 판단할 수 있는 그러한 본성도 갖지 못할 것 같다. 아마도 우리는 단지 우리가 원하는 것에 응해야만 할 것이다. 그러나 우리가 그것을 얻게 될 때 결국에는 그것이 인간의 요구들을 충족시키지 못하기 때문에 우리는 황망한 느낌이 들 것이다.

로티는 많은 다른 사람들처럼 인간성에 호소하지 않고 인간의 권리들에 관한 인기 있는 상투어들을 사용하고자 한다. 그는 "인간의 권리들에 대해 말하는 것은 우리 자신들을 같은 마음을 갖고 있는 사람들(어떤 방식으로 행위하는 것이 자연스럽다고 생각하는 사람들)의 공동체와 동일시함으로써 우리의 행위들을 설명하는 것이다"[9]라고 말한다. 그러나 권리들에 대해 말하는 모든 취지는 권리들이 심지어 우리와 아주 다른 사람들로 이루어진 공동체들에도 적용된다고 주장하는 것이다. 권리들은 보편적이며, 그렇지 않으면 그것들은 아무것도 아니다. 이러한 맥락에서 로티가 사용하고 있는 '자연스러운'이라는 단어는 특히 이상하다. 왜냐하면 그는 분명 '자연'을 믿지 않기 때문이다. 게다가 그의 논변은 어떤 사람들이 자연스럽다고 생각하는 것을 어떤 다른 사람들은 그렇게 생각하지 않으리라는 것을 함축한다. 그것은 바로 그 자연이라는 관념을 뒤집어놓는다.

현대의 가장 곤란한 정치적 문제들 중 어떤 것들, 다시 말해 인간의 권리들 · 법의 기능 · 자유와 평등에 대한 인간의 요구 등과 인간 본성이 맺고 있는 관련성은 모두 연결되어 있다. 공유하고 있는 인간의 본성이라는 관념이 없다면 아마도 우리는 세계의 나머지 부분들은 잊어버리고 '같은 마음을 가진 사람들'로 이

9) 같은 책, p.85.

루어진 공동체의 보호막 속으로 퇴각할 수 있을 것이다. 우리는 우리가 동의하고 있는 것의 근거를 묻지 않고, 왜 다른 사람들이 우리와 견해를 같이하지 않는지 걱정하지도 않으면서, 우리의 동의에 만족할 수 있다. 도덕성은 개인의 취향이나 사회적 관습의 문제로 추락할 수 있다. 그러나 플라톤이 그의 책『국가』처음 부분에서 정의에 대해 토론할 때 보았듯이, 만약 그러한 일이 일어난다면, 정의는 강한 사람들이 원하는 것이 무엇이든 바로 그것이 될 것이다.

가장 많은 힘을 사용할 수 있는 부유한 사람들을 의미하든 혹은 단순히 다수에 속한 사람들을 의미하든, 강한 사람들에 의한 통제가 항상 보편적인 적용을 요구하는 합리적 도덕성의 대안이 되어 왔다. 도덕적 기초에 근거한 법의 통제가 없다면, 항상 노골적인 권력이 승리할 것이다. 도덕성은 단순히 그것이 우리의 개인적 행동이나 우리가 다른 사람들을 다루는 방식을 지배하기 때문에 중요한 것은 아니다. 그것은 모든 일들이 처리되고 국가들이 통치되는 맥락을 제공해야 한다. 도덕성은 결코 개인적인 변덕이나 지나가는 유행의 산물일 수는 없다. 그것은 적합하게 질서를 갖춘 어떠한 사회를 위해서도 필수적으로 요구되는 기초다.

제1장

무엇이 자연스러운가?

1. 도덕성은 자연스러운가?

오늘날 많은 사람들이 자기-이익을 추구할 때 도덕성 문제에 대해서는 냉소적인 태도를 취한다. 그들은 그것이 중요하다고 생각하지 않으며, 그것이 정말로 무엇에 관한 것인지에 대해서도 그리 분명하지 않다. 플라톤이 『국가』 앞부분에서 정의란 단순히 '더 강한 사람들의 이익'이라고 말했을 때, 그 자신은 이것이 진실이 아니라는 것을 확신하고 있었다. 그에게 도덕성은 누가 자신이 하고 싶은 대로 할 수 있느냐의 문제가 아니라, 인간들과는 전적으로 상관없이 존재하는 정의나 좋음과 같은 윤리적 기준들을 따르는 문제였다. 그것들은 우리들에게 요구하지만, 우리가 그것들을 만들어내지는 못한다. 플라톤은 그것들이 우리

주변의 일상적인 물질보다도 더욱 실제적으로 거기에 존재한다고 생각했다.

많은 사람들은 도덕성이 인간들과 관계된 것으로부터 분리되어 있다는 것을 잘 납득하지 못할 것이다. 반대 극단의 사람들은 그것이 단순히 우리가 무엇을 원하는가의 문제라고 생각할 것이다. 그러나 우리 각자는 다른 것들을 원하며, 그것들 중 많은 것들이 갈등을 일으킬 것이다. 아무도 그들의 욕구를 모두 만족시킬 수는 없다. 게다가 만약 우리가 원하는 것을 얻는다 해도 그것은 가끔 우리에게 좋지 않을 때도 있다. 우리의 욕구들은 왕왕 우리가 필요로 하는 것 또는 우리가 관심을 가져야 할 것과 멀리 떨어져 있기도 하다. 말하자면 풍요로운 음식에 대한 우리의 단기적 욕망들은 종종 건강해지는 것과 같은 우리의 장기적 욕구들과 너무나 멀리 떨어져 있을 수 있다.

마음대로 하고자 하는 욕망들은 그다지 좋은 행위 지침이 되지 못한다. 만약 우리 각자가 즉각적인 충동에서 행위한다면, 그 결과는 곧바로 우리 자신과 다른 사람들 모두에게 재앙이 될 것이다. 그러나 그것으로는 아직도 우리가 왜 우리 자신들에게 주의를 기울이는 만큼 다른 사람들에게도 많은 주의를 기울여야 하는지에 대한 충분한 설명이 되지 못한다. 또한 그것은 우리 자신들에게 무엇이 좋은지를 이해하는 데 도움을 주지 못한다. 우리는 우리가 무엇을 자연스럽게 원하는가 하는 단순한 사실로부터 시작해야 하는가? 아니면 어떤 다른 기준이 있는 것인가? 인간의 본성은 도덕성에서 어떤 역할을 하는가? 여기 두 가지 문제가 있는데, 그것은 인간의 본성 자체가 얼마만큼이나 다른 사람들에 대한 동정과 같은 우리의 도덕적 충동들의 원천이 될 수 있는지, 그리고 그것이 얼마만큼이나 우리의 도덕적 판단들을 위한 재료가 될 수 있는지 하는 것이다. 결국 만약 우리가 인간으로서 무엇을 필요로 하는지 이해하지 못한다면, 우리가 서로를 도울 수 있는 위치에 있기는 어렵게 된다.

분명 도덕성은 실제로 무슨 일이 일어나는지, 그리고 사람들이 실제로 어떻게 행동하는지 받아들이는 것으로는 만족스럽지 못하다. 그것은 우리가 무엇을 해야 하는지를 위한 기준들을 정해준다는 의미에서 '규범적'이다. 인간 본성은 수양될 수 있는 충동들뿐 아니라 도덕성이 통제해야 하는 충동들의 원천이 될 수 있다는 점에서 본래적으로 애매하다. 우리에게 요구하는 도덕적 주장들은 우리가 그것들을 인식하지 못할 때조차도 존재하는 것 같다. 그러나 그것들의 원천은 무엇인가? 인간이 동물들이나 여타의 자연적인 것들과 달라보이는 한 가지 방식은 바로 자신의 잘못을 직시할 줄 알고 어떻게 해야 하는지에 관해 결정할 줄 아는 능력을 갖고 있다는 것이다. 그들은 대안들을 찾고 그것들 중에서 선택할 수 있다. 어떤 사람들은 우리가 어떤 형식의 도덕관념을 갖고 있으며, 그것이 우리로 하여금 분연히 정의롭지 못한 것에 반응할 수 있게 해주며, 어려움에 처한 사람들을 동정할 수 있게 해준다고 주장할 것이다. 또 어떤 사람들은 도덕성을 단순히 사회적 조정의 산물로 볼 것이다. 이 두 입장들은 인간이 자연 세계와는 떨어져 있다고 암시하고 있다. 그럼에도 이것은 우리가 도덕성이 자연적인 것과 맺고 있는 관계 문제에 직면하게 만든다.

2. '자연스러움'은 무엇을 의미하는가?

유전공학과 생명공학에 관한 현대의 논쟁들 가운데, '부자연스럽다'는 근거에서 몇 가지 이러저러한 새로운 절차가 종종 반대에 직면하기 쉽다. 우리 안에 있는 어떤 것이 본능적으로 한 종의 유전자들을 다른 종에 이식하는 것이나 사람들이 자신의 클론들을 복제하는 것을 꺼리게 한다. 그러나 인간 클론들은 이미 동일한 쌍둥이들의 형태로 '자연스럽게' 존재한다. 마찬가지로 식물들의 꺾꽂이들은 여러 세대 동안 원예가들을 위해 '클론들'을 생산해왔다. 그럼에도 우리의 불안은 여전히 남아 있다.

무엇이 '자연스러운'가에 대한 우리의 반응들은 사실 때로는 단순히 우리에게 익숙한 것에 대한 문제일 수도 있다. 길 오른편이 아니라 왼편으로 운전하는 것이 더 자연스럽다고 말하기는 힘들 것이다. 오른손잡이에게는 왼손을 노출시키지 않고 오른손으로 칼을 잡고 자신을 방어하는 것이 더 자연스러울 수 있다. 그것이 사람들이 왼쪽으로 다니는 역사적 이유일지도 모른다. 그럼에도 이것은 단지 더 많은 의문들을 일으킨다. 왼손잡이는 오른쪽으로 가는 것이 더 낫다고 생각할 것이며, 따라서 소수의 사람들은 그것을 좋아할 것이다. 길에 대한 규칙은 모든 사람들이 어떻게 해야 하는지에 대한 동의가 없다면 어떠한 타당성도 주장할 수 없을 것이다. 동의가 이루어졌다 할지라도 보편적이지는 못하며, 단지 동의가 미치는 정도까지만 타당할 것이다. 다시 말해 우리는 다양한 방식으로 형성될 수 있는 동의와 협약의 영역에 있다. 이것은 자연스러운 것과는 다르다. 항상 또는 일반적으로 발생하는 것은 어떤 동의에 의존하는 발생과는 다르다.

또 다른 문제는 '자연스러운' 것이 정말로 발생하는 것과 어느 정도 관련이 있는지, 또는 그것이 규범적인 요소를 갖고 있는지 하는 것이다. 자유로운 선택이 가능할 때, 사람들이 왼쪽이나 오른쪽으로 가는 경향이 있다는 관찰로부터 어떤 결론이 따라나올 것인가? 일반적으로 발생하는 것은 발생해야 하는 것에 그다지 상관이 없는 것같이 보일 것이다. 특정 지역의 모든 사람들이 똑같이 하기로 동의하는 한에서 사람들이 어느 쪽 길로 다니는지는 조금도 중요하지 않다는 것이 합리적인 결론일 것이다. 천천히 단계적으로 왼쪽에서 오른쪽으로 운전 방향을 바꾸기로 결정했던 나라는 가능한 정책을 추구하고 있지 못했다.

도로 규칙들처럼 모든 행동은 협약의 문제로 간주되어야 하는가? 우리 모두는 함께 살아가야 하며, 우리는 실제로나 은유적으로나 서로 저촉되지 않는 방식으로 행동하는 데 동의해야 한다. 많은 사람들은 우리가 의거해서 살아가는 규칙들과 우리가 다른 사람들과 맺는 관계를 지배하는 규칙들이 순전히 임의적이라는 것은 받아들이기 어렵다고 생각한다. 그것들은 단지 정치적 교섭과 동의의 결과인가? 그러한 경우에, 교섭자들의 최초의 믿음과 선호들은 어디에서 왔는가? 우리의 모든 선호들과 욕구들은 임의적인 것으로 간주되어야 하는가? 어떤 최초의 동의나 계약을 이루는 데 관계된 사람들에 대한 가설적 그림을 상상하기는 쉽지 않을 것 같다. 우리가 특정 환경에서 양육되었을 때, 그리고 순전히 지역적이고 지방적인 의미를 갖고 있는 어떤 것이 항상 발생할 때, 그것을 '자연스러운' 것으로 생각하기가 쉽다는 것은 더욱 분명하다. 다시 운전의 예로 돌아가보면, 낯선 나라에서 '잘못된' 도로 방향으로 운전하면서, 사람들은 모든 것이 거꾸로 된 방식으로 발생하는 '거울' 세계에 있다고 느끼기가 쉽다. 그것은 대단히 '부자연스러운' 것으로 보인다. 그러나 사람들이 도로의 한쪽으로 운전하면서 그러한 느낌이 들 때, 만약 그것이 그의 양육 과정과 다른 것이라면, 이것은 관습과 관계 있는 것이지 실제로 세상이 어떤지와는 거의 상관이 없는 것이다.

부자연스러워 보이는 것은 친숙하지 않은 것에 불과하다. 이것은 자연에 대한 호소가 세계의 특성과는 별 상관이 없을 것이라는 사실을 뒷받침한다. 게다가 그것들은 어떠한 윤리적 함의도 갖지 못할 것이다. 어떤 것은 그것이 단지 대체로 발생하기 때문에 발생해야 할 필요는 없다. 게다가 세상이 진짜로 어떤 특정 방식으로 작동한다는 것을 우리가 정말로 발견한다 할지라도 왜 그것이 우리의 행위들을 지배해야 하는가? 현대의 도덕 철학의 심장부 깊은 곳에는 우리가 '이다'에서 '해야 한다'를 도출시키려 해서는 안 된다는 경고가 놓여 있다. 단지 어떤 것이 정말로 발생한다는 것은 그것이 발생해야 한다는 것을 의미하는 것은 아니기 때문이다. '사실들'과 '가치들'은 논리적으로 다르다. 세계에 관한 진술들로부터 윤리적 진술들을 도출하는 것은 소위 '자연주의적 오류'를 범하는 것이다. 이러한 모든 경고들은 자연 또는 정말로 발생하는 것이 결코 우리에게 윤리적인 지침을 줄 수 없다는 것을 암시하거나 그것과 밀접한 관련이 있다. 세계는 (어떠하든지 간에) 도덕적으로 중립적이다. 인간으로서 우리는 우리 자신의 관심에 적절한 것을 선택해야만 한다. 그럼에도 그러한 결정은 임의적일 수 있는가, 아니면 우리의 결정은 우리가 자연적으로 요구하거나 원하는 것에 근거를 두어야만 하는가?

비록 친숙한 관습들이 우연적이거나 단지 세계에 관한 사실들과 느슨하게만 관련이 있다 할지라도, 그것들을 세계가 존재하는 방식들에 근거한 것으로 보기가 아주 쉽다. 그것들은 어떤 주목할 만한 영향들이 없었더라면 아주 달랐을 수도 있었을 것이다. '자연적인'이라는 단어는 사실 파악하기가 힘든 것이며, 철학자들은 오랫동안 그것을 연구해왔다. 18세기에 데이비드 흄은 '자연'이라는 단어의 정의에 대해 '더 이상 애매모호한 것은 없다'[10]고 말했다. 한 가지 명확한 점은 자연적인 것들과 초자연적인 것들 간의 구별이다. 흄 자신은 기적들과 (기적들이 정말로 발생하지 않았다는 것을 함축하는) 모든 다른 사건들을 구별하는 경향이 있었다. 이것은 모든 일상적인 사건들은 '자연스러운' 것이며, 만약 기적이 정말로 발생한다면 아마도 그것은 그로 인해 자연스러운 사건으로 분류되어야 할 것이라는 것을 의미한다. 만약 '자연'이 단지 발생하는 모든 것을 포함한다면, 초자연적인 것들과의 대조는 단지 일어날 수 있고 정말로 일어난 것과 일어날 수 없고 일어나지 않은 것이 된다. 초자연적인 것들을 모두 배제하는 것은 단지 유물론적 입장을 주장하는 또 하나의 방식일 수 있는데, 그러한 입장에 따르면 물리적 사건들이 실재를 구성한다.

자연법이라는 개념은 '자연스러운'이라는 용어의 그 어떠한 용법만큼이나 애매하다. 그 용어는 단순히 세계가 작동하는 방식을 지배하는 자연의 고정된 법칙들을 말하는 것인가? 그렇다면 흄이 가리키듯이 아무것도 그러한 법에 정말로 거스를 수는 없다. 만약 그러한 일이 발생한다면 그것은 자연적이어야 한다.

---

10) David Hume, *A treatise of Human Nature, III, I, in A. MacIntyre* (ed.), *Hume's Ethical Writings*, Macmillan, New York, 1965, p.200.

자연스러운 것들과 초자연적인 것들 간의 대조뿐만 아니라, 흄은 또한 두 가지 다른 대조들을 지적한다. 그 첫 번째 것은 희귀하고 드문 것들인데, 물론 흄은 이것이 매우 부정확한 기준이라는 것을 처음으로 인정한 사람이기도 하다. 그의 가정은 어떤 것이 자연에 거스르기 때문에 발생할 수 없다는 것이 아니라, 그것이 발생하기가 드물다는 것이다. 반대로 자연스러운 것들은 흔하다는 것이다. 비록 우리가 이제 자연에 거스를 수 있는 힘을 갖고 있다 할지라도, 굶주림은 인간의 자연스러운 상태라고 말할 수 있을 것이다. 여기서 의미하는 것은 단지 세계에 굶주림이 널리 퍼져 있다는 불행한 사실일 뿐이다. 게다가 또 다른 관점으로부터 우리는 굶주림이 심히 부자연스러운 것이라고 말할 수 있는데, 그것은 굶주림을 멈추기 위해 우리가 먹으려고 하는 것이 우리의 본성의 일부라는 점에서 그러하다. 굶주림에 어떤 잘못된 것이 있는 것처럼 보이기까지 할 수 있다. 그러한 경우에 자연의 개념은 윤리적으로 적절해진다. 다른 조건들이 같다고 한다면, 사람들은 그들의 자연적 욕구들을 충족시켜야만 할 것처럼 보인다. 굶주림이나 목마름은 음식이나 음료가 제공되기 위한 좋은 이유다. 그럼에도 이것은 사실적인 것으로부터 의당해야 하는 것으로 나아가는 것이며, 그것은 항상 문제의 소지가 있는 방법이다.

흄의 두 번째 대조는 자연과 인공적인 것들이다. 우리가 '자연'이라고 부르는 대부분의 것들과 정리된 시골길 그리고 야생 보존 지역은 이러한 경우에 인공적이다. 그것은 인간이 개입한 결과물이다. 들판과 삼림, 심지어 개간된 황무지까지 모든 것들은 수세기에 걸친 경작의 흔적들을 보여준다. 여기에서는 단지 영국의 '케이퍼빌러티' 브라운('Capability' Brown)과 같은 18세기 조경 원예가들이 만든 새로운 호수와 조심스럽게 계획해서 심은 숲의 '자연스러운' 모습만을 보여줄 뿐이다. 고대의 나무들과 구불구불한 호수들은 매력적인 경치들을 제공하면서 분명 태고부터 거기에 있다. 그것들은 인간 계획의 결과지 우연한 자연의 사건이 아니다. 나무들과 식물들 자체도 종종 인간이 선택하고 보급한 결과다.

흄은 인간의 덕이 자연스러운 것인지 그렇지 않은지 묻기 위해 그의 구별 방법들을 사용한다. 그것은 초자연적인 것이 아니기 때문에, 그의 첫 번째 구별에 따라 그것은 자연스러운 것이다. 그러나 만약 흔한 것이 그 기준이라면, 흄이 냉소적으로 지적했듯이 덕은 아주 부자연스러운 것일 수 있다. 그의 세 번째 구별에 대해서, 그는 덕과 악이 모두 인공의 결과지 자연의 결과라고 생각하지 않는다. 그러나 이것이 우리의 도덕이 세계와 맺는 관계들에 관해 말할 수 있는 모든 것인가? 흄은 사실적인 것으로부터 의무적인 것으로 나아가는 일이 잘못이라는 입장을 지지한 주요 인물이었다. 그에게 사실들은 경험적으로 검토할 수 있는 것이며, 그 외에 이 세계의 모든 것은 인간 심리의 문제가 되었다. 사건들에 대한 우리의 반응들은 인간 본성에 대한 우리의 지식 때문에 예측할 수 있고 이해할 수 있을 것이다. 하지만 그것들은 사건들 자체의 특성을 통해 정당화될 수는 없을 것이다. '자연스러운' 것들은 우리의 윤리적 판단을 근거지울 수 없을 것이다. 사건들과 그것들에 대한 우리의 반응들은 분명히 다르다. 흄은 어떻게 정의되든 '자연'이 우리가 행동하는 방식에 어떠한 합리적인 정당성을 제공할 수 있다는 것을 인정할 수 없었다. 우리의 열정과 감정들은 이성에 종속되지 않는다. 그가 유명하게 말했듯이, 이성은 열정의 노예다. 우리는 그러므로 자연스럽게 동정심을 느낄 수 있지만, 우리가 어떤 주어진 상황에서 동정적으로 되어야 한다고 명령을 받을 수는 없을 것이다.

3. 우리는 얼마나 자유로운가?

자연법에 관해 말할 때, 단지 '자연'이라는 용어의 정의뿐 아니라 그러한 법들이 고정되어 있는가 하는 문제 또한 어렵다. 물리적인 자연의 법칙들은 규범적인 것이 아니다. 그것들은 무엇이 발생해야 할지 명하지 않고 무엇이 발생하는지를 기술한다. 물은 대개 섭씨 100도에서 끓지만, 그것은 그래야 한다는 것을 의미하지는 않는다. 그 온도에서 물이 끓지 않는 것에는 아무런 '잘못된' 것이 없으며, 고지에서는 물의 끓는점이 다를 것이다. 이런 맥락에서 '자연'이란 정상적인 환경들에서 단지 일어나는 경향이 있는 것일 뿐이다. 많은 사람들은 자연을 그 이상으로 보고자 한다. 그들은 자연을 일어나야만 하는 것에 대한 길잡이로 보기 원한다. 그러나 자연의 법칙들이 규범적인 방식으로 세계를 지배한다고 생각하는 견해는 세계의 사건들이 빈틈없는 인과 패턴을 갖고 펼쳐진다고 말하는 철저한 결정론적 견해일 수 있다. 각각의 발생하는 것들은 이전에 발생했던 사건들의 연관을 통해 완전히 설명될 수 있다. 현대 물리학은 우주를 태엽 장치의 한 부분으로 보는 18세기에 대단히 유행했던 이전의 생각이 적합하지 않다는 것을 보여준다. 양자역학의 비결정론은 최소한 가장 근본적인 수준에서 어떻게 그 어떤 단순한 인과 모델도 무너지는가를 적절하게 보여준다. 사건들을 예측하는 우리의 능력이 의심스러울 때 문제들은 훨씬 더 분명해진다. 혼돈 이론은 우리가 처음에는 알아차릴 수 없을 만큼 그렇게 작은 차이들이 얼마나 큰 영향을 미칠 수 있는지를 보여준다. 인간의 예측 가능성에는 한계가 있다. 자연의 작용들 중 어떤 부분들은 우리가 완전히 파악하기가 불가능할 것인데, 이런 것들에는 아주 상세한 날씨 예측들과 같은 일상적인 것들도 포함된다.

이러한 사실만으로도 우리는 '자연'을 인간의 행위를 위한 절대적인 길잡이로 사용하는 데에 신중해야 한다. 인간의 지식이 점점 더 증가할수록 우리는 더욱 우리의 지식의 한계를 깨닫게 된다. 우리는 인간의 자유와 결부된 우리의 오류 가능성이라는 사실로부터 도망칠 수 없다. 창조주가 정해놓은 (또는 진화를 통해 전개된) 법칙들에 따라 예측할 수 있는 방식으로 펼쳐지는 예정된 세계 그림은 매우 결함이 있음에 틀림없다. 과거에는 인간의 도덕성에 관해 반성할 때, 우리가 세계를 변화시킬 수 있는지, 또는 우리 자신의 결정들과 행위들을 포함한 모든 것들이 아마도 물리적으로 이전 원인들의 단순한 결과인지와 같은 문제들에 많은 노력을 기울여왔다. 물질적 세계는 아마도 자신의 규칙성들을 갖고 있을 것이다. 하지만 그것은 인간에 의해 완전히 예측될 수도 없으며 특정 방식으로 발달하거나 변화하지도 않는다.

물리적 결정론의 서거는 인간의 자유와 선택에 대한 우리의 책임을 가장 중요한 중심 문제로 만든다. 우리의 자유는 환상이 아니다. 그러나 어떤 근거에서 우리는 결정할 수 있으며 결정해야 하는가? 사람들은 세상에서 일어나는 사건들과 인간들이 그것들에 우연히 부여하게 된 가치에는 어떤 차이점들이 있다고 주장한다. 그것이 말하고 있는 것은 윤리적 무게가 그것을 위한 어떤 근거들에 있다기보다는 결정에 놓여 있다는 것이다. 다시 말해 도덕성은 오로지 인간 판단의 산물이며 세계의 본래적인 특성들과는 아무런 상관이 없다는 것이다. 세계의 본래적 특성들은 윤리적으로 중립적이며, 사람들의 관심이나 필요와 욕구에 비추어 그것들에 어떤 의미나 가치를 부여하는 것은 인간에게 달려 있는 것으로 보인다. 도덕 철학에서는 사실들이 가치들과는 논리적으로 구별되며, 그러그러한 것은 그러그러한 것이 되어야 하는 것과는 완전히 다르며, 기술은 평가와는 다른 종류의 것이라고 주장해왔다. 각 입장의 결론은 같은데, 말하자면 세계에서 진행되고 있는 것은 무엇이 발생해야 할지에 관해서는 어떠한 합리적인 지침도 줄 수 없다는 것이다. 그러므로 세계와 우리의 결정들은 서로 분리되어 있다. 그렇다면 분명 '자연'은 우리가 무엇을 해야 할지에 대해 어떠한 암시도 주어서는 안 된다.

우리는 행위의 자유를 갖고 있으며, 우리는 어떤 고정된 기계장치의 일부가 아니다. 또한 자유는 사물들과 같은 방식에 기초하고 있는 것으로 보이지 않는다. 그것은 진공 속에서 이루어진 결정과 관계 있는 것으로 보인다. 게다가 많은 철학자들은 사실들은 객관적이며 세계를 구성하는 것들이라고 결론짓고 있다. 그것들은 과학에 의해 성립된다. 반면 가치들은 주관적이며 인간 결정들의 산물이다. 그것들은 그 자신들 너머의 어떤 것에 근거할 수 없으며, 결국에는 이성에 묶여 있지도 않다. 그것들은 임의적이거나 기껏해야 인간의 자의적인 동의 결과다.

이러한 이분법적인 사고는 '가치들'을 표류하도록 내던져버린다. 소위 '가치 판단들'은 개인적인 의견 문제들이 되고, 검토할 수 있는 사실 문제들과는 반대되는 것이 된다. 가치들은 단순히 일정 시간이나 장소에서 사람들이 우연히 소중하게 여기는 것이 된다. 그것들은 무엇이 소중하게 여겨지고 있는지보다는 가치를 부여하고 있는 사람들에 관해 더 많이 말해주고 있는 것으로 보인다. 그리고 많은 사람들은 도덕적인 불일치를 사람들 간의 충돌로 보고, 정치적 수단을 통해 해결되어야 할 것으로 본다. 그것은 사물들이 존재하는 방식에 관한 불일치가 아닌데, 사물들이 존재하는 방식에서는 한편은 옳고 다른 한편은 잘못된 것이다. 대체로 과학에서는 아무도 불일치를 단순한 정치적 타협 문제로 보지 않을 것이다. 타협은 사람들이 함께 사는 데 도움을 주지만 필연적으로 진리를 산출해내지는 못한다. 세계(또는 '실재') 또한 말할 것을 갖고 있어야 한다. 그러나 도덕성은 많은 사람들의 눈에 매우 다르게 보인다.

4. 도덕성의 뿌리들

우리의 도덕적 결정들은 사물들이 존재하는 방식과는 아무런 관계가 없는 듯이 보인다. '자연'은 우리의 도덕적 고려 사항에 들어오지 않는 것으로 보인다. 사회학이나 심리학은 때로 사람들이 왜 그들이 갖고 있는 도덕적 입장을 채택하는지에 관해 우리에게 더 많은 것을 말해줄 수 있다고 주장한다. 분명 인간의 윤리적 반응들에 관해 말할 수 있는 이야기가 있다. 사회생물학과 진화심리학은 인간의 도덕적 반응들의 뿌리들을 보여주려고 노력하고 있다.[11] 이 두 분야들은 동물과 인간의 행동 문제들에 자연 선택 이론을 연결시키고, 신-다위니즘 이론을 사용해서 우리가 어떻게 도덕적 존재들이 되었는지를 설명한다. 그것은 인간 유전자들이 인간의 행동 유형들을 촉진시킨 방식들 때문에 선택되어 왔다는 것이다. 우리는 자연히 친족들이 우리의 유전자를 공유하고 있다는 진화적인 이유들 때문에 친족에게 호의를 베풀 것이다. 그러한 편애를 촉진시키는 과정은 친족 편애를 고무하는 것들을 포함해서 우리 자신의 유전자들을 퍼지도록 돕는 효과를 가질 것이다. 그들의 후손을 돌보지 않는 것들은 미래 세대들에게 그들의 유전자를 전달할 수 있는 어떠한 것도 갖지 못할 것이다. 그리하여 '혈연 선택'이라는 개념이 발전되었다. 우리 또한 자연히 우리의 도움에 보답하는 자들에게 호의를 베푼다고 말할 수 있다. 또한 우리는 보답할 준비가 되어 있지 않은 자들을 돕기 꺼려한다. 상응하는 도움을 받지 않고 다른 사람들을 돕는 사람들은 인색한 사람들만큼이나 잘 살아나가지 못할 것이다. 진화적 관점에서 보면 그들은 그들의 노력을 낭비하고 있으며, 마찬가지로 잘 살아남지 못할 것이며, 그들의 유전자들을 전달할 수 있는 많은 후손 또한 갖지 못할 것이다. 그리하여 '호혜적 이타주의'라는 개념이 탄생했다.

아직도 많은 참된 이타주의가 설명되지 않은 채 남아 있기 때문에, 이것이 우리를 얼마만큼이나 도덕성의 영역으로 데려갈

---

11) 신-다위니즘과 도덕성을 더 논의하고자 한다면 나의 *The Shaping of Man; Philosophical Aspects of Sociobiology*, 8장, Blackwell, Oxford, 1982; *Ideas of Human Nature*, 2nd edn, 8장 on Darwin, Blackwell, Oxford, 1999; *Understanding Social Science*, 2nd edn, Blackwell, Oxford, 2001, 8, 9장을 보시오.

수 있는지는 논쟁의 여지가 있다. 그럼에도 그러한 주장은 도덕적 반응들과 통찰들을 산출하는 데에 동물들에서 인간까지 평탄한 발전이 있어 왔다는 것이다. 그러므로 저명한 유인원 전문가인 드발(Frans de Waal)은 다음과 같이 적고 있다.

> 비록 내가 침팬지들을 '도덕적 존재들'로 부르기를 꺼린다 할지라도, 그들의 심리는 많은 요소들을 포함하고 있는데, 만약 그러한 요소들이 인간과 유인원의 조상에게서 나타난다면, 그것들은 우리 조상들이 도덕감을 발전시키도록 했음에 틀림없다. 도덕성을 철저하게 새로운 발명으로 보는 대신, 나는 그것을 고대의 사회적 성향들이 자연스럽게 성장한 것으로 보고자 한다.[12]

드발은 협동과 동정, 도덕성을 방해하는 많은 것들과의 갈등을 해결하려는 열망이 유인원의 행동에서 나타난다는 것을 보여주고 있다. 그는 이미 어떤 동물들에게서도 나타나고 있는 세계에 반응하고 서로에게 반응하는 경향들을 단지 인간들이 도덕적으로 어떻게 사용하고 있는지를 보여주려 한다. 이러한 도덕성은 그 자체로 동물의 본성으로부터 도출된 인간 본성의 산물이라고 주장되고 있다. 이러한 분석은 어떤 면에서 보면 신-다위니즘 이론의 예측들과 하나로 수렴된다. 신-다위니즘 이론에서는 도덕성을 인간 본성의 필수적인 부분으로 생각하는데, 도덕성은 자연 선택을 통해 진화해서 상당히 안정적인 인간 특성의 일부를 이루었다. 그것은 세계의 객관적인 특성이며, 과학을 통해 탐구될 수 있다.

---

12) Frans de Waal, *The Apre and the Sushi Master*, Penguin, Harmondsworth, 2001, p.350.

도덕성(혹은 그것의 시작들)은 우리의 동물적 본성이 발달한 것이지 그것에 반대되는 것이 아니다. 이는 전형적으로 우리의 도덕적 충동들을 우리의 동물적 욕구들이나 열정들을 통제하고 제어하려는 노력으로 보는 많은 그림들에 반대되는 것이다. 자연적 상태에서 삶은 거칠고 야만스럽고 짧으며, 만인에 대한 만인의 투쟁이 있는 상태로 생각된다. 그것이 바로 17세기 홉스의 견해였으며, 플라톤에서 프로이트까지 사상가들은 우리의 자연적 욕구들이 이성을 통해 제어되고 지휘되어야 한다고 믿었다. 그러나 '자연 상태'라는 견해는 수세기 동안 다양해졌는데, 어떤 사람들은 그것을 본래적으로 위험한 것으로 생각하고 이성의 통제가 필요한 것으로 생각했지만, 또 어떤 사람들은 '고상한 미개인들'이라는 생각을 갖고 심지어 최초의 자연 상태는 아마도 바람직했을 것이라고까지 생각했다.

드발은 최소한 어느 정도는 후자의 진영에 속한다고 할 수 있다. 그는 우리가 좀더 높은 유인원들과 공유하고 있는 어떤 기본적인 충동들이 부분적으로 우리의 도덕적 본성을 구성하고 있는 것으로 본다. 유인원들은 의식적인 도덕적 행위자는 아니겠지만, 그들은 인간들이 반응하는 방식으로 서로에게 관심을 갖고 동정심을 보여줄 수 있다. 이러한 견해에 따르면, 우리의 동물적 본성은 본래적으로 악하지는 않다. 그러나 어떤 사람들에게는 진화이론이 강조하고 있는 자기 중심적 관심들은 그 자신이나 친척들의 선을 추구하는 수단이라는 것을 제외하고는 다른 사람들에 대한 참된 관심을 결여하고 있는 것으로 보인다. '이기적 유전자'라는 바로 그 관념은 의식적으로든 무의식적으로든 그러한 정책을 갖고 행동하는 자들이 생존에서 살아남고 가장 많은 후손들을 남기는 자들이라는 것을 보증하는 것으로서 진화를 바라보도록 부추겼다. '이기성'은 인간의 본성에 고유한 것으로 보이는데, 이러한 과학적 그림은 원죄에 대한 신학적 교리의 비유로 보이기 쉽다. 이기성과 타협할 줄 모르는 자기 자신의 이익을 추구하는 것은 '자연스러운' 것으로 보인다.

그럼에도 다시 한 번 말하지만, '자연스러운'이라는 단어는 분명 애매하다. 드발에게는 유인원들에서조차 상호 협동과 동정 그리고 사회적 행동 규범에 대한 요구는 경쟁하고자 하는 무자비한 충동만큼 타고난 것이다. 많은 진화심리학자들에게 도덕성이란 계몽된 자기-이해를 촉진하는 것으로 환원되거나 우리가 종종 우리 자신들에게조차 인정하고 싶지 않은 (아마도 그 자체로 진화적 이유들 때문이라고 말할 수 있는) 이기심을 은폐하고 있는 것으로 환원될 수 있다. 드발에 따르면, '오로지 개인의 권리들에만 관련된 도덕성은 처음부터 우리 존재의 특징을 이루어 온 연대성과 요구들과 상호 의존성을 무시하는 경향이 있다.'[13]

문제는 단지 우리가 자연스럽다고 생각하는 것이나 우리에게 쉽게 다가오는 것이 아니다. 자연스러운 상태의 감정과 판단에서 중요한 문제는 우리가 그것들에 속박되어 있느냐 아니면 그것들을 통제하고 지도할 수 있느냐 하는 것이다. 우리는 얼마만큼이나 이기적이고자 하는 '자연스러운' 충동에 관해 뭔가를 할 수 있는가? 우리는 유인원들처럼 감정 이입이나 동정과 상호 부조의 능력을 보여줄 수도 있다. 그것들은 우리들에게 관한 재미있는 사실들인가, 아니면 그러한 특성들은 고양되고 촉진될 수

13) Frans de Waal, *Good Natured*, Harvard University Press, Cambridge, MA, 1996, p.167.

있는 것인가? 침팬지들이 도덕적 판단을 할 수 있다고 판단하는 것은 부적합해보인다. 아마도 그들의 특성은 인간 본성의 '야수성'에 대해 말하는 사람들이 생각하는 것보다는 더 나을 것이다. 그럼에도 그것은 고정되어 있는 듯이 보인다. 우리는 그들의 행위들에 대해 그들이 도덕적으로 책임이 있다고 주장하지 않는다. 그들은 그들의 도덕성이 얼마나 자연스러운지에 관해서 혹은 그들의 감정들을 통제할 능력들에 관해 그들 간에 심각한 토론을 벌이지는 않을 것이다. 반면에 우리는 자유와 합리성으로 우리의 자연적 충동들에 맞설 수 있을 것이다. 도덕성은 종종 냉철한 반성을 요구하며, 우리 자신과 우리의 처지들로부터 한 걸음 물러서서 상황 전체를 직시할 수 있는 능력을 요구한다. 나는 너무나 화가 나서 어떤 사람의 콧등을 한방 치고 싶을 수도 있지만, 나의 처음의 충동은 나를 후회하게 만들 것이다. 자동차 운전자들이 서로에게 자신의 불만을 폭발시킬 때, 소위 길거리 싸움이 일어날 것이 분명하다. 현대의 도로 상황에서 야기되는 스트레스를 생각한다면, 그것이 아주 흔하다는 의미에서 대략 '자연스러운' 것이라고 말할 수도 있을 것이다. 그러나 그것은 분명 다른 운전자는 차치하고라도 우리 자신에게도 이로운 것들이 아니다.

도덕성이나 그것의 기초를 이루고 있는 충동들은 얼마나 자연스러운가? 인간의 본성을 통제하고 제어하기 위해 도덕성이 다듬어지지 않은 인간 본성에 부과되어야 하는가? 아니면 그것은 '자연히' 인간 본성으로부터 자라나오는가? 인간들은 정말로 어떤 의미에서 본래적으로 선한가, 혹은 최소한 악하기보다는 좀 더 선한 편인가? 아니면 반대로 우리는 어떤 의미에서 근본적으로 부도덕한가? 이러한 두 가지 그림들은 기독교 신앙에서조차 나타나고 있다. 아퀴나스는 우리를 기본적으로 선을 향하는 경향이 있는 것으로 보았으나, 캘빈과 그의 추종자들은 우리의 본성 가운데 있는 이기심이나 죄를 더 강조하는 경향을 갖고 있었다. 그러나 아마도 이것은 우리가 도덕성이 무엇인지 알고 있으며, 그것을 우리의 충동들과는 별개로 알아낼 수 있다고 전제하는 것이다. 우리는 그것들 중 어느 것이 도덕성과 조화를 이루며 어느 것이 그렇지 않은지 아는 것 같다. 그러나 오로지 한마음으로 자기-이익만을 추구하는 것이 다른 사람들에 대한 동정보다 더 받아들일 만하지 못하다는 것을 우리는 어떻게 알고 있는가? 우선적으로 도덕적 관점에 근거를 제공하는 것은 무엇인가?

우리가 자연히 다른 사람들에 대해 정말로 관심을 갖고 있다면, 도덕성은 단지 우리가 자연적으로 하려고 하는 것을 강화시키기 위해 요구될 수도 있다. 그럼에도 만약 인간 본성을 근본적으로 이기적이라고 보는 비관적인 견해가 옳다면, 우리는 도덕성의 원천과 도덕성을 합리적으로 근거지우는 문제에 부딪히게 된다. 만약 도덕성의 기능이 주로 우리가 자연히 행하도록 프로그램화된 것을 제한하는 것이라면 그것은 심히 부자연스러운 것으로 보일 것이다. 그러나 비록 때때로 도덕성 내용에 관해 동의가 이루어지지는 않는다 할지라도, 도덕성은 인간 생활에 아주 기본적인 것으로 보이기 때문에, 그것을 부자연스러운 것이라 부르는 것은 뭔가 잘못되어 보인다. 악을 자연스럽게 보는 흄의 냉소적인 관찰조차도 단지 사물들을 좋음과 나쁨, 옳음과 그름, 덕과 악이라는 관점을 통해 보려는 우리의 경향을 강조하는 데 봉사할 뿐이다. 우리는 정말로 아무리 널리 퍼져 있더라도 악을 나쁜 것으로 보는 경향이 있다. 우리는 그것을 어떤 '좀더 높은' 기준에 비교하고 있다. 아무런 도덕적 차이들이 없는 인간 사회는 이상할 뿐만 아니라 아마도 계속해서 존재할 수 없을 것이다. 게다가 도덕성이 자연과 맺고 있는 관계에서 중심 문제는 기원의 문제가 아니다. 인간이 그들의 도덕성의 근거가 되는 유인원의 유전 형질을 얼마나 공유하고 있는지 또는 인간은 얼마만큼이나 그들의 동물적 본성을 통제해야 하는지에 관한 논쟁들은 문제의 핵심을 건드리지 못한다. 도덕성은 무엇에 관한 것인가? 그것은 어떤 특별한 내용을 갖고 있는가? 그리고 어떻게 이것은 확립이 될 수 있는가?

5. 도덕성과 자연법

우리는 세계와 도덕성, 사실과 가치의 논리적 분할로 인해 야기된 문제로 되돌아와 있다. 우리의 가치들은 우리의 진화적 역사를 통해 제약을 받아왔을 것이지만, 우리가 절대적인 결정론을 받아들이지 않는다면, 그것이 이야기의 전부가 될 수는 없다. 우리는 왜 다른 것보다 이것을 더 소중히 여겨야 하거나, 저 행위 과정보다 이 행위 과정을 더 권고해야 하는가? 문제는 세계 자체가 도덕적 믿음의 내용에 제약을 가하거나 그것의 지침이 될 수 있는지, 아니면 그것은 순전히 협약일 뿐인지 하는 것이다. 우리는 이쪽이나 저쪽 길로 다니기로 동의한 것과 똑같은 방식으로 단지 살인과 강탈이 용인되어서는 안 된다고 동의하는가?

'자연 법칙'이라는 용어는 이미 물리적 세계의 규칙성들을 기술하기 위해 사용되어 왔다. 비록 물리적 세계가 완전히 예측할 수 있는 기계는 아닐지라도, 그러한 맥락에서 '법'은 규범적이 아니라 기술적이었다. 그러나 도덕성에서 사용되는 그 법이라는 용어는 규범적으로 사용되어 왔으며, 우리에게 단지 대체로 무슨 일이 일어나는지보다는 우리가 무엇을 해야 하는지를 말하고 있다. 토마스 아퀴나스는 "인간 본성에 대해 말할 때, 우리는 인간에게 적합한 것을 지칭하거나 혹은 인간이 다른 동물들과 공통적으로 갖고 있는 것을 지칭할 수도 있다"고 말한다.[14] 아퀴나스는 첫 번째 관점으로부터 "모든 죄가 이성에 거스르는 한 그것은 또한 자연에도 거스른다"고 결론짓고 있다. 그가 생각하기에, 우리는 이성에 따라 '말하자면 본성에 따라' 행위하고자 하는 자연적 경향을 갖고 있다. 이것이 함축하는 바는 자연스러운 것은 사람들이 종종 하는 대로가 아니라 우리가 해야 하는 대로 행하는 것이라는 것이다. '자연스러운'이란 것은 우리의 본성에 거슬러 가는 것이 아니라 그에 따라 행하는 것이다.

많은 사람들은 무엇이 자연스럽고 부자연스러운지에 대한 이러한 종류의 이야기에 신중을 기한다. 방금 인용된 구절에 이어서 아퀴나스는 우리가 동물들과 공통적으로 갖고 있는 것에 대해 이야기하는데, 그러한 맥락에서 그는 동성애 관행을 예로 들면서 본성에 거스르는 특별한 죄들을 언급한다. 동물이든 인간이든 무엇이 정말로 발생하느냐가 아니라 무엇이 발생해야 하느냐가 중요하다. 자연스러움에 대한 생각은 단순히 발생하는 것을 기술하는 것이 아니라 권고하거나 충고하기 위해 사용되고 있다. 그 용어가 논쟁의 여지가 있게 사용되고 있다는 것은 분명하다.

---

14) St. Thomas Aquinas, *Summa Theologica*, 1a, 2ae, 943.

게다가 수세기 동안 여성들의 '자연적인' 열등함이나 '자연적인' 노예 상태를 사람들이 기꺼이 받아들였는데, 이러한 예들은 우리가 자연에 너무 쉽게 호소해서 다른 것들은 폐기하면서 특정 관행이나 믿음들은 정당화하는 것을 경계하도록 할 수 있다.

윤리적인 반대자들을 격퇴시키기 위한 잣대로 자연에 호소할 때 그 함정들이 무엇이든 간에, 자연에 대한 호소를 완전히 거부하는 것은 도덕성이 세상이 존재하는 방식과는 아무런 연관을 가질 수 없다는 것을 보여준다. 그것은 '자연'이나 '발생하는 것'이 도덕성에서는 분명 부적절하다는 것을 제시한다. 그러나 반대로 만약 세계의 사건들이 정말로 우리에게 영향을 미친다면, 그것들은 좋거나 나쁜 방식으로 그렇게 함에 틀림없다. 우리는 무관심할 수는 없다. 우리는 좋아하고 싫어하는 분명한 성향들을 가지고 태어난다. 우리는 배가 고프고 목이 마르다. 우리는 안식처와 동료가 필요하다. 우리는 우리 아이들을 돌보기 원한다. 세상은 이 모든 것에서 우리를 도울 수도 있고 방해할 수도 있다. 우리가 관심을 갖고 있는 것으로 우리를 인도할 때 어떤 욕망들이 다른 것들보다 더 도움이 된다는 것을 우리는 알 수 있다. 우리는 분명 진화적인 이유로 달콤한 것들을 좋아하는 경향이 있지만, 그러한 욕망에 너무 많이 굴복하는 것은 우리의 건강에 좋지 않을 수 있다. 이성은 우리가 좋아하는 것이 전부일 수는 없다는 것을 우리에게 보여준다. 우리가 선택하는 모든 것이 똑같이 우리에게 좋은 것은 아닐 수 있다.

우리는 물리적 세계의 본성이나 '자연 법칙'에 제약을 받겠지만, 우리의 욕망들을 충족시키는 것이나 무엇이 좋은지에 관한 합리적인 결정을 하는 경우에는 그러한 제약들이 없다. 우리는 이익이 되는 길을 선택할 수 있듯이 해로울 수 있는 길을 자유롭게 택하기도 한다. 이러한 의미에서 '자연 법칙'은 행위를 결정하기는커녕 제약하지도 않는다. 그러나 그것이 정말로 세계에 관한 근본적인 사실들을 구현하고 있다는 것을 우리가 부정할 수는 없다. 우리의 선택은 우리의 것이지만, 그것들이 세계가 작동하는 방식을 변화시킬 수는 없다. 이러한 의미로 '자연 법칙'은 무엇이 발생해야 하는지를 보여주는 것이 아니라, 사실과 가치들 간의 이분법이 보여주는 것처럼 그렇게 세계에서 발생하는 것들이 인간의 관심으로부터 분리되어 있지 않다는 것을 보여준다. 이것은 그것들이 도덕적으로 중립적이지 않을 수 있다는 것을 의미한다. 자연은 인간의 복지에 중요한 영향을 미칠 수 있다. 도덕성 자체는 인간에게 무엇이 좋은지 나쁜지 무엇이 이익이 되고 해가 되는지에 관계해야만 하기 때문에 자연을 무시할 수는 없다. 이러한 문제들은 임의적인 선택의 결과가 아니라, 바로 세계를 구성하고 있는 것들과 관계한다. 행위들이 이익을 가져올 수 있듯이 그것들은 손해를 가져올 수도 있으며, 손해나 이익은 모두 세계가 작용한 방식의 결과다. 이것은 필연적으로 어떤 형이상학적 입장에 가담하는 것은 아니다. 이익과 손실은 종종 누구에게나 아주 분명할 것이다. 그것들이 각각 어떻게 측정될 수 있는지 그리고 그 손실분이 발생할 만한 가치가 있는지에 관해서는 논쟁의 여지가 있을 것이다. 하지만 종종 손실이 발생한다는 것은 아주 분명하다. 마찬가지로 이익도 대개는 그렇다고 할 수 있다.

때때로 우리는 어떤 것에 더 호의를 보이고, 기꺼이 그것을 얻는 데 필요한 대가를 치르고자 한다. '자연 법칙을 참조하는 것이 윤리적 결정이라는 부담을 덜어주지는 못한다. 그럼에도 그것은 정말로 세계는 윤리적으로 관계가 없거나 중립적이라는 주장을 포기한다. 우리는 진공 속에서 '실존적인' 선택을 할 수는 없다. 우리의 선택과 행위는 결과들을 가지며, 그것은 선과 악으로 우리에게 되돌아올 수 있다. 손실과 이익에 대한 이야기는 우리가 자연의 성질에 역행해가고 있다는 의미에서 우리가 자연 법칙에 거스를 수 있다는 것을 보여준다. 우리는 그렇게 할 수 있으며, 또한 때때로 그렇게 하는 것이 옳을 수도 있다. 훌륭한 진화적 이유들 때문에 우리는 자연히 피를 보는 것이 불쾌하다고 생각할 수 있다. 그러나 외과 의사는 말할 것도 없고 간호사가 되고자 하는 누구든지 모든 최초의 역반응을 잘 극복하도록 충고를 받을 것이다. '자연스러운'이라는 비용이 대가로 지불되어야 하지만, 도덕적 견해로부터 수술이 부자연스럽거나 역겨운 느낌을 불러일으키기 때문에 배제되어야 한다고 말하는 사람들은 거의 없을 것이다. 사람의 몸을 절개하는 것이 대단히 부자연스러운 일이라고 말하는 것은 분명 이해하겠지만, 그렇게 하는 것이 생명을 구할 수도 있다.

아리스토텔레스로부터 시작해서 철학에서는 사물들이 제대로 작동할 때 '자연'을 발생하는 것이라기보다는 발생해야 하는 것으로 생각하는 오랜 전통이 있다. 이런 의미로 외과 수술은 몸이 알맞게 기능하도록 돕는다는 점에서 자연에 거스르기보다는 자연을 돕는 것으로 보일 수 있다. 이 모든 것들은 현대 과학이 열심히 제거하고 있는 목적과 목적론이라는 생각들에 호소한다. 과학이 주장하는 바 '중립적인' 사실들이라는 편견은 아주 많은 문제를 일으킨다. 심지어 건강이라는 개념마저도 발생해야 하는 것의 기준에 호소한다. 몸에서 피를 효과적으로 순환시키지 못하고 있는 병든 심장은 그것이 해야 하는 대로 행하지 못하고 있는 것이다. 약은 신체의 기관들뿐 아니라 사람들을 건강하게 회복시키기 위해 존재한다. 신체가 어떻게 작동하도록 되어 있는지에 대한 어떤 기준이 없다면, 약 자체는 미심쩍은 것이 된다. 만약 몸과 신체 부분들의 적합한 기능이 무엇인지를 알지 못한다면, 어떤 것을 어떻게 제대로 해야 할지 측정할 방법이 없을 것이다.

이것은 분명해야만 한다. 병이나 질병 혹은 어떤 불구로 고통을 겪는 사람들은 그들이 바라는 대로 또는 그들이 바라야 하는 대로 삶을 살 수가 없다. 그들은 그들의 본성에 따라 살 수 없다. 다리를 하나만 갖고 있는 사람은 달릴 수가 없다. 눈이 먼 사람은 볼 수가 없다. 귀가 먼 사람은 들을 수가 없다. 그러나 많은 사람들은 어떤 불구나 장애를 겪는 사람들에 관해 불리한 판단을 하고 싶어하지 않는다. 그래서 그들은 적절한 의미에서 어떤 사람들은 '자연'이 그들로 하여금 갖도록 해준 능력과 기술들을 결여하고 있다는 것을 종종 인정하려 하지 않는다. 이러한 주장은 목적에 관한 가정들에 풍부하게 있지만, 우리는 어떤 종교적 배경이 없이도 인간은 자연히 어떤 능력들을 갖도록 진화했으며 그것들을 결여하고 있는 사람들은 어떤 중요한 것을 결여하고 있다는 것을 알 수 있다.

도덕적 관점에서 보자면, 그러한 사람들은 결코 '정상적인' 사람들보다 가치가 덜 있는 것은 아니다. 그들은 나머지 우리들로부터 더 큰 주목을 받을 필요가 있고 또 그러할 권리가 있을 것이다. 그러나 문제가 되는 것은 예를 들어 어떤 귀먹은 사람이 어떤 중요한 것을 결여하고 있다고 말할 수 있는가 하는 것이다. 만약 그들이 들을 수 있고, 또한 의료적인 개입이나 과학 기술이 그들을 훨씬 더 잘 듣게 해줄 수 있다면 귀먹은 것은 바람직할 것이다. 귀먹은 부모들은 귀먹은 아이를 원할 수도 있으며, 그러한 아이는 '귀먹은 사람들의 공동체'에 충분히 참여할 수 있을 것이며, 자신들로부터 소원해지지 않을 것이다. 그러나 대부분의 사람들은 귀먹은 것이 나쁜 것이고 가능하다면 피해야 할 것이라고 생각해서는 안 된다고 한다면 어이없어할 것이다. 그것은 가장 강한 의미에서 '부자연스러운' 것으로 보인다.

또 다른 논란이 있는 예는 결합된 샴쌍둥이의 예다. 그들은 둘 중 하나 혹은 둘 다에게 커다란 생명의 위협이 있다 할지라도 분리되어야 하는가? 분명 그들이 함께 정상적인 삶을 산다는 것은 불가능해보일 것이다. 두 사람이 영구적으로 함께 결합되어 있는 것보다 더 부자연스러운 것은 없는 것 같다. 분명 자연스러운 삶은 개인들이 사는 삶이며, 그들은 서로 관계하겠지만 서로 구별되며, 독립적으로 행위할 수 있다. 그러나 어떤 사람들은 그러한 쌍둥이들이 항상 분리되어야 한다는 생각에 반대하는데, 단지 분리 과정의 위험과 죽음의 위험 때문이 아니라, 그것이 원자적인 개인들이 사는 정상적인 삶이라는 특별한 그림을 다른 사람들에게 부과하고 있기 때문이다. 다음을 물어보아야 할 것이다. 다른 사람들의 생명 값을 치르고서라도 그들에게 좋은 것을 결정하는 우리는 누구란 말인가?

정상적이고 자연스러운 것으로 생각되는 것을 위한 어떤 기준에 호소할 능력이 없다면, 어떻게 해야 하는지를 생각할 때 우리에게는 개인의 결정이나 임의적인 사회적 협약 외에는 아무런 방법이 없다. 이것은 민주적으로 보이며, 개인의 권리들을 적절하게 존중하고 있음을 보여주는 것일 수도 있다. 그러나 그것은 사실상 가치의 세계를 비우고 각 개인을 도덕적 선택의 유일한 보고나 원천으로 만든 또 다른 결과다. 그렇게 되면 선택들은 근본적으로 임의적인 방식으로 이루어져야 한다. 나는 뭔가에 대해 강한 느낌을 가질 수도 있지만, 만약 그것이 어떠한 외적인 기준에 기대어 판단될 수 없다면, 도덕성은 수시로 변하는 개인적 판단이나 변덕들 또는 특정 사회의 유행이나 변덕들이라는 모래 위에 세워진다. 어떤 정상성이나 자연의 기준에 호소할 수 없다면 그것이 우리에게 남겨진 모든 것이다. 개인들은 견해가 다르기 때문에, 그리고 사회나 공동체가 무엇인지 정의하기가 어렵기 때문에, 우리는 고요한 이성적인 토론의 물결로부터 정치적 타협이라는 큰 소용돌이 속으로 내던져질 수밖에 없다. 이성은 정치적 권력에 밀려나게 된다.

제2장

인간 본성과 자연법

1. 자연법은 무엇인가?

이전에는 '가치들'에 관한 결정이 중요하다고 강조했는데, 현대에 와서는 도덕성 분야에서 개인들의 판단에 초점을 맞추고 있다. 그것은 우리로 하여금 그러한 판단들이 참인가 거짓인가 또는 도대체 무엇이 진리 문제들에 적합한가 하고 묻지 못하게 만들었다. 우리가 우리 자신들 바깥의 어떤 것에 제한되어야 한다는 생각은 우리의 자유에 정당하지 못한 제약을 가하는 것처럼 보였다. 특히 '자연' 자체가 도덕적인 함의를 갖고 있다는 어떠한 생각도 비난받아 왔다. 자연 법칙은 기술하고 예측할 수 있다. 그것은 결코 규정을 해서는 안 된다. 그러나 이것들은 현대의 생각들이다. 도덕 문제들에서 자연법 관념은 대체로 세계의 자연 법칙들의 관념과 역사적으로 연관되어 왔다. 물리적 세계의 작용들에서 지각된 질서와 규칙성은 종종 목적이나 도덕적 명령 개념들과 연관되었다. 그러나 17세기 이래 과학이 한창 발전하는 동안, 그러한 목적(또는 목적론)이라는 관념들은 그림에서 무자비하게 제거되어 왔다. 도덕적 개념들은 측정되거나 양화될 수 없다. 그것들은 과학적으로 정당화될 수 없다. 자연 법칙은 이것이 저것보다 더 낫거나 더 나쁘다는 생각이 들어 있지 않은 기계 작용들이나 규칙성들에 대한 기술로 보이게 되었다. 우리의 도덕적 결정에 미치는 유전적인 영향을 지배하는 작동 방식을 설명하려는 신-다위니즘의 시도들은 이러한 접근 방식의 불가피한 결과다. 도덕성 자체도 유전적 통제 아래에 있는 '맹목적'인 자연의 사건들을 통해 설명될 수 있다.

인간이 이러한 그림 안에 들어오게 될 때, 과정들에 대한 중립적인 기술들은 인간 삶을 기술하는 데 적합한 것으로 보기가 훨씬 더 힘들어진다. 어떤 것들은 우리에게 더 좋고 어떤 것들은 더 나쁘다. 우리는 우리 자신들을 위해 어떤 것이 어떤 것인지를 결정해야 하고 그 결과들을 인정해야 한다. 우리는 우리의 공통된 본성의 욕구와 관심들에 제약을 받는 인간의 삶의 방식으로 살아나가야 한다. 그러나 동시에 우리는 잘못된 선택들을 할 자유가 있다. 우리가 완전히 우리의 생물적 조건들로 프로그램되어 있지 않다 할지라도 우리는 우리의 자유가 절대적이지 않다는 것을 이해해야만 한다. 우리가 행위하는 맥락에 상관없이 우리의 자유를 추구한다면, 거기에는 생물적이고 사회적인 대가와 다른 손실이 있게 된다.

어떤 사람들은 우리 모두가 공유하고 있는 인간 본성이라는 개념에 이의를 제기한다. 우리가 생각하는 우리는 누구인지, 그리고 우리가 누구로 규정되는지는 우리의 사회에 의존한다. 그러나 공통적인 인간성이 없다면, 우리 자신의 사회 안에서든 문화와 사회를 넘어서든 우리가 서로를 이해하기 위해 도움을 청할 수 있는 어떠한 근본적인 기준이 없을 것이다. 역사는 우리가 수세대를 거쳐 일반화시킬 수 없기 때문에 이해할 수 없게 될 것이다. 다른 문화들은 다른 반응과 사고 과정들로 인해 메울 수 없는 틈으로 분리될 것이다. 다른 인간의 언어들 간의 번역은 불가능하게 될 것이다. '인간' 존재자들이 그들의 사회 · 문화 · 역사적 맥락을 통해 창조되는 방식을 강조하는 철학적 입장들은 이러한 모든 어려움들을 만들어내기 시작한다. 인간이라는 바로 그 관념은 사라지게 된다.

도덕적 맥락에서 자연법을 주장하는 현대의 인물들은 인간 본성이 매우 중요하다고 지적한다. 어떤 저자는 다음과 같이 주장한다. '자연법 이론이 주장하는 것은 인간들의 본성에 근거해 있는 어떤 좋은 것들이 행위를 하기 위한 근본적인 이유들이라는 것이다.'[1] 그러한 본성이 없다면, 어떤 좋은 것들에 대한 생각은 없을 것이다. 그러나 과학이 지지하는 세계에 대한 인간미 없고 무-도덕적인 생각은 이러한 종류의 견해를 지지할 수 없어보이게 한다. 도덕적인 '사실들'은 인간 본성과 아무런 공통점을 갖지 않는 것처럼 보일 수 있다. 인간 본성은 세계의 객관적인 부분으로 보이는 반면 도덕적 사실들은 주관적인 '가치들'이나 변덕의 영역으로 처리된다. 소위 '자연주의'와 '비-자연주의', 기술과 규

---

1) Mark C. Murphy, *Natural Law and Practical Rationality*, Cambridge University Press, Cambridge, 2002, p.2.

범, 과학적 평가와 도덕적 충고라는 구분은 절대적인 것으로 보인다.

그러나 자연과 더불어 인간 본성의 모든 부분이 도덕적으로 적합할 수 있을 가능성을 받아들이지 않는 철학적 독단에 의존하는 어떤 도덕적 명령이 있다고 하자. 그럼에도 도덕성이 아마도 감정에 기초하고 있는 완전히 임의적인 인간의 반응 체계가 아니라면, 그것은 무엇이 인간들에게 좋은지 나쁜지와 어떤 관련을 가져야만 한다. 우리에게 해를 입히거나 우리에게 이익을 주는 것이 관계가 없을 수 없으며, 또한 그것은 인간성과 그것의 역할에 대한 어떤 생각에 의존한다. 더욱이 받아들여지고 있는 생물학적인 요구들은 도덕성에 너무나 중요하기 때문에 무시되어서는 안 된다. 바로 그러한 점이 도덕 이론들이 종종 인간의 '행복'을 연구해온 이유다. 만약 우리가 가장 단순한 의미에서조차 인간이 행복하다는 것이 무엇인지를 알지 못한다면, 우리는 무엇이 우리에게 좋은지 나쁜지 알 수 없다. 우리는 도덕성이 무엇을 촉진시켜야 하는지 또는 그것이 무엇을 억제해야 하는지 알 수 없다.

인간 본성에 관한 실질적인 개념들이 도덕성과 맺고 있는 관계는 분명하다. 무엇이 인간의 본성을 구성하는지에 관한 다양한 견해들은 확실히 우리의 행복에 대한 생각에 영향을 미친다. 이생에서의 삶만을 믿는 유물론자들은 이생을 더 넓은 전체의 부분으로 바라보는 기독교인들과는 다른 견해를 가질 것이다. 아리스토텔레스의 추종자는 다윈을 존경하는 사람들과는 다른 생각을 가질 것이다. 그러나 그렇다고 하더라도 무엇이 정당하게 행복으로 생각될 수 있는지에 관해서는 항상 일정한 한계가 있을 것이다. 젊은 나이에 고통스럽게 죽어가고 있는 사람은 이러한 의미에서 행복하다고 말할 수는 없을 것이다. 비록 그것이 어떤 더 큰 좋은 것을 추구하는 데에 요구된다 할지라도 그것은 여전히 분명 나쁜 것으로 보인다. 그것은 행복을 자기-희생으로 삼는 것이다. 인간 본성에 무엇이 좋거나 나쁜 것인지가 해석되거나 생각될 수 있는 방식에는 한계들이 있어야 한다. 결국 우리의 종교적이거나 철학적인 견해들이 무엇이든지 간에 우리는 가장 기본적인 것에 도달해 있다. 우리가 무엇이라고 생각하든 어떤 것들은 인간으로서 우리의 관심들에 어긋난다. 그것이 바로 욕구 하나만으로는 인간의 도덕성을 위한 지침이 되지 못하는 이유다. 그것은 최소한 우리가 원하는 것을 얻는 것이 미치는 장기적 영향들에 대해 이성적으로 평가함으로써 조절되어야 한다.

자연법 학설의 입장은 보통 인간 본성이 윤리학에 중심적이고 중요하다는 주장 위에 서 있다. 인간 본성은 윤리학에 주제를 제공한다. 자연법 학설의 견해는 도덕적인 것이지 협소하게 과학적인 것에 한정되지 않는다. 그것은 단지 우리에게 무슨 일이 발생하는지에 대한 '중립적인' 기술을 제공하는 것이 아니라, 우리가 우리의 본성에 거스르지 않고 조화롭게 살아야 한다는 권고들을 포함한다. 그러나 자연법 이론에는 종종 다른 요소들이 있다. 자연법은 사실 세 가지 다른 수준들에서 볼 수 있다. 인간 본성에 대한 문제 외에, 이론가들은 어떻게 인간들이 말하자면 정의의 근본 원리를 자연스럽게 받아들이는지 지적할 수 있다. 죄가 없는 사람들은 처벌되어서는 안 된다는 것은 많은 원리들 중 하나일 뿐인데, 그것들은 단지 옳아보이기 때문에 폭넓게 동의를 얻는다. 게다가 현대 미국의 러셀 히팅어(Russell Hittinger)라는 저자는 다음과 같이 말한다. “자연법은 마음 안에 있는 명령이나 자연 안에 있는 명령으로서 뿐만 아니라, 성스러운 입법자의 법으로 다루어질 수 있다.”[2] 그의 결론은 자연법에 관한 이야기가 “어떤 하나나 이러한 세 가지 초점들, 즉 인간 마음의 법, 자연의 법 그리고 신의 마음의 법의 결합으로 모아질 수 있다”[3]는 것이다.

많은 사람들은 고정된 ‘제일의 원리들’을 따르는 인간 마음의 능력에 관해서는 회의적인 반면에, 우리가 어떻게 행동해야 하는지에 대한 지침을 위해서 ‘자연’을 볼 것이다. 인간들이 일반적으로 무엇이 종종 ‘자연스러운 정의’로 불리는지에 대한 강한 느낌을 갖고 있다고 말하는 것은 그럴듯해 보인다. 그들은 본능적으로 커다란 잘못들에 대해 거부 반응을 일으킬 수 있다. 그러나 한 사회에서는 분명하게 정의롭지 못하고 자명하게 잘못인 것이 다른 사회에서는 받아들여질 수 있는 경우도 있다. 우리의 직관들을 기초로 자명하다는 데 호소해서 도덕성을 세우는 것은 항상 위험이 따르는 일이다. 만약 어떤 것들이 그렇게 자명하다면, 왜 도대체 정의롭지 못한 일이 발생하는가? 이것들은 큰 문제들이지만, 어떤 특정 시기에 한 사회에서 상식으로 통하는 것을 액면 그대로 기꺼이 받아들이려 하지 않는다 할지라도, 자연법 학설은 인간의 합리성을 진지하게 받아들여야 한다. 인간의 이성은 그 힘의 내부에 무엇이 좋은지 무엇이 나쁜지를 발견할 수 있는 능력을 갖고 있다고 자연법 학설은 주장할 것이다.

---

2) R. Hittinger, *The First Grace: Rediscovering the Natural Law in a Post-Christian World*, ISI Books, Wilmington, DE, 2003, p.4.

3) 같은 책.

2. 이성과 자연법

자연법 이론들이 다른 방향으로 나아갈 수 있다는 사실은 그것을 지지하는 사람들과 반대하는 사람들 중에서 혼란을 일으킬 수 있다. 어떤 사람들은 그것을 은밀히 종교적인 입장으로 볼 것이며, 게다가 만약 입법자로서 신의 역할이 강조된다면 그것은 종교적인 것이 될 수 있다. 그러나 어떤 사람들은 자연법을 훨씬 더 세속적인 맥락에서 설명할 것이다. 이것은 자연법에 대한 이야기(그리고 자연적인 혹은 인간적인 권리)가 어떤 유신론적 의미가 전혀 없는 공적인 무대에서 사용된다는 것을 의미할 수 있다. 모든 사람의 이성에 열려 있는 자연법에 대한 호소들이 어떤 교리적인 기초로부터 독립된 자연법의 성질을 이용했을 때, 이것은 그다지 놀라운 일이 아니다. 다양한 종교와 형이상학적 믿음을 갖고 있는 사람들로부터 그것에 관한 동의가 추구되었다. 이것은 그 이론이 마치 스스로 일어설 수 있는 듯이 보이게 만든다. 게다가 그 다음 단계는 그것을 인간의 자유와 자율성을 보증해주는 것으로 사용하는 것이다. 히팅어의 말을 빌리자면, 많은 사람들에게 "자연법은 권위-해제 구역을 구성한다."[4] 계몽주의 철학자들은 자연 상태의 인간들을 상상하기를 좋아했으며, 때로는 그것이 바람직하다고 생각했으며 때로는 그렇지 않다고 생각했다. 그럼에도 그것이 보여주는 바는 그러한 상태가 어떤 권위나 인간의 법 이전의 상태라는 것이었다. 그렇다면 '자연'은 종교가 훼손시키는 것으로 보이는 인간의 자율성을 상징할 수 있다. '자연적' 이성은 신이나 성스러운 계시라는 생각에 종종 반대되

4) 같은 책, p.xii.

는 것으로 보였다. 이러한 모습은 마치 그것이 교회의 권위를 의심하는 것과 마찬가지였다. 권리에 대한 현대의 생각은 그러한 견해들에 깊이 새겨져 있으며, 어떤 사람들의 눈에는 종교가 그 자체로 인간의 권리에 도전하는 의도를 갖고 있는 것으로 보인다. 이것은 인간의 권리가 인간에 대한 신의 관심이라는 좀더 넓은 종교적인 입장에 의존한다고 생각하는 사람들에게는 매우 역설적으로 보일 수 있다. 그러므로 히팅어는 다음과 같이 준엄하게 경고한다. "기독교 신학자가 자연법이라는 현대의 화려한 문체를 가지고 놀면, 그는 현대 자연법의 반-신학적 의미들(특히 신이 없는 자유로운 행위자로서의 인간)을 과소평가하기 쉽다."[5)]

현대의 많은 신학자들은 이러한 경고를 반영할 것이며, 칼 바르트(Karl Barth)를 따라서, 성서의 인도 없이 스스로 기준을 세우려는 인간 이성의 시도들을 신뢰하지 않을 것이다. 명시적으로 신의 계시에 의탁하지 않고서도 선이 밝혀질 수 있다는 생각은 교회의 저주가 될 것이다. 그들에게 철학 자체는 의심스러운 것이며, 신에 의탁하지 않고 진리를 결정하려는 인간들의 노력일 것이다. 그러나 반면에 마찬가지로 자연법을 믿지 않으려는 많은 사람들이 있는데, 왜냐하면 그들은 그 안에서 신학적인 관념들을 볼 것이기 때문이다. 그들은 그것이 이 세계를 목적과 도덕적인 의미로 가득 차보이도록 만든다고 불평하는데, 그러한 것들은 창조주에 의해 거기에 놓일 때만 의미가 있는 방식으로 보인다.

이러한 불협화음은 세계의 특성에 관한 의견이 근본적으로 일치하지 않기 때문에 발생한다. 만약 우리가 신의 창조물이라면, 그것은 인간이 이해되는 방식에 큰 차이를 만들어낼 것이 분명

---

5) 같은 책, p.37.

하며, 인간의 본래적인 중요성을 바라보는 우리의 시각에 영향을 미칠 것이다. 그러나 우리는 이미 무엇이 인간들에게 좋으며 무엇이 해가 되는지에 관한 많은 질문들이 그러한 문제를 언급하지 않고서도 다루어질 수 있다는 것을 보았다. 예를 들어 신을 문제에 끌어들이든 말든 흡연은 건강을 해치는 원천이다. 개인적인 이익 때문에 흡연을 일부러 조장하는 누구든 부도덕한 일을 하는 것으로 매우 비난받을 수 있는데, 왜냐하면 분명히 그것이 가져오는 결과는 상당한 질병과 고통일 것이기 때문이다. 해악은 종종 이데올로기나 형이상학과는 정말로 상관없이 인식될 수 있다. 우리의 이성은 우리가 그것을 자율적인 것으로 보든 신의 선물로 보든 사용될 수 있다. 18세기 계몽 운동이 싹트고 그것을 자율적인 것으로 보았지만, 그것의 기원들은 매우 다른 입장에 있었다는 것은 중요하다. 영국의 찰스 2세 치하에 근대 과학이 꽃을 피우고 영국학술원(Royal Society)이 설립되게 한 철학적이고 신학적인 배경은 이성을 종교의 적으로서가 아니라 '주님의 촛불'로 본 것이었다. 그것이 17세기 중반의 케임브리지 플라톤주의자들의 표어였다. 마치 촛불이 희미하고 나풀거리는 불빛을 발하듯이, 이성은 틀릴 수도 있으며 단지 우리에게 한정된 지식만 줄 뿐이다. 그럼에도 그것은 바로 창조주의 이성을 반영하기 때문에 존중되어야 했다. 그것은 우리에게 진리로 통하는 길을 제시한다.[6)]

자연법은 모든 사람들이 접근할 수 있는 이성을 통해 인식될 수 있다고 종종 주장되었다. 왜 그러한 법이 특히 미국에서 민주

---

6) C. Taliaferro and A. Teply (eds), *Cambridge Platonist Spirituality*, Paulist Press, New York, 2004.

주의를 지지하기에 적합한 것으로 보였는지는 분명하다. 자연법에 대한 질문들은, 그것들이 관련되어 있는 인간 본성에 대한 질문들처럼 객관적인 특성을 갖고 있으며 누구나 발견할 수 있도록 열려 있다. 이데올로기들은 인간 본성에 대한 다른 생각들을 만들어낼 수도 있지만, 결국 그것들 자체는 세계가 존재하는 방식에 종속되어야 한다. 이데올로기들은 인간 본성에 대한 잘못된 견해를 가지고 작동할 때 드러날 것이다. 이것은 마르크스주의에서 일어났던 일이다. 그것은 비참한 방식으로 이행되어 왔으며, 종종 탄압이나 대량 학살과 학대에서 그 정점에 달했다. 마르크스주의 국가들은 종종 인간의 행복을 증진시키는 아주 중요한 방식에서 실패했다. 이론적인 수준에서 마르크스주의는 현대 신-다위니즘이 분명히 보여주고 있는 사람들의 타고난 이기심을 진지하고 충분하게 고려하지 못했다. 자본주의의 굴레가 제거되기만 하면 우리는 모두 자연히 협동하고 이기적이지 않을 것이라는 공산주의의 가정은 동유럽 사회주의 국가에서 꽃을 피우지 못했다. 그래서 계급 구별이 제거되기는커녕, 새로운 품종의 당 우두머리들과 특권층의 당원들은 보통 사람들을 희생시키고 그들의 기회를 최대한 이용했다. 이 모든 것들이 인간 본성, 특히 위계를 형성하고자 하는 인간의 성향으로부터 유래한다는 것을 알고 있는 사람은 피터 싱어(Peter Singer)만이 아니다. 그는 이러한 성향이 "인간에게 선천적인 것임을 인식한다면, 소비에트연방에서 있었던 평등으로부터의 급속한 이탈을 이해하는 데 도움이 될 것"7)이라고 말한다. 싱어의 말을 빌리자면, 그리고

7) Peter Singer, *A Darwinian Left*, Weidenfeld and Nicholson, London, 1999, p.59.

그것들은 어디에나 적용되는데, "인간 본성에 관한 사실들을 무시하는 것은 재앙의 위험을 무릅쓰는 것이다."[8]

이 경우에 사회의 압력들에 대해서조차도 자신들의 권리를 주장하는 자연적 성향들은 칭찬할 만한 것이 아니었다. 이것은 자연법이 사람들의 자연적인 행동 경향 방식과 혼동되어서는 안 된다는 것을 보여준다. '인간의 본성'은 끝없이 애매하다. 우리의 본성으로 이끄는 것은 필연적으로 우리가 자연스럽게 하기 쉽다고 생각하는 것과 같은 것은 아니다. 우리는 우리 자신의 가장 나쁜 적일 수도 있으며, 모든 사람들에게 큰 피해를 주는 방식으로 열렬히 우리가 원하는 것에 도달할 수도 있다. 자연법은 따르거나 무시될 수는 있지만, 그것은 선택적인 추가 항목이거나 유용한 도구는 아니다. 중력의 법칙은 우리가 그것을 무시할 수는 있지만 마찬가지로 선택적인 것은 아니다. 우리는 고층 빌딩의 꼭대기 층에서 발을 내디딜지 그렇게 하지 않을지 선택할 수는 있지만, 그런 다음 우리가 떨어질지 그렇지 않을지 선택할 수는 없다. 우리는 우리 자신의 본성의 관심에 거스를 수는 있지만, 불가피하게 따라나오는 해악을 막을 수는 없다. 현대의 도덕 철학은 욕구와 선택은 강조하면서 종종 필요나 관심들은 별로 강조하지 않는다. 그러나 우리가 비록 원하기 때문에 행위한다 할지라도, 우리는 보통 그 결과들을 통제할 수는 없다. 우리의 욕구들은 분명 우리의 인간적 본성에서 나오지만, 우리의 필요 또한 그러하다. 도덕성은 우리의 이성을 통해 그 두 가지를 함께 좀더 가까이 끌어오도록 해야 한다.

요즘에는 합리성을 강조하게 되면 대단히 의심을 받는다. 바

---

8) 같은 책, p.38.

로 계몽 사상이 이성을 과학을 통해 발견될 수 있는 것으로 제한했기 때문에, 결국 반발이 있으리라는 것은 불가피한 일이었다. 불행히도 이 모든 것들은 너무나도 모든 이성에 대한 철저한 불신의 형태를 취한다. 소위 '포스트모더니즘'은 한정된 과학적 '사실들'에 집중하는 것이 우리의 지식을 남김없이 망라한다고 생각하는 사람들의 오만함에 반대할 것이다. 그러나 이러한 입장에 도전함으로써 포스트모더니즘은 이성이라는 인간의 능력에 의문을 제기한다. 대신에 우리는 다수의 전통들과 조망들에 놓이게 되는데, 이러한 것들 중 어느 것도 서로를 만족시킬 수 있는 어떤 공통적인 기반을 가질 수 없다. 그 결과가 윤리학에는 큰 재앙일 수밖에 없는데, 이러한 입장에서는 그 어떤 사회의 관점들도 외부로부터 비판할 수 없기 때문이다. 어떤 보편적 진리나 공통적인 인간의 본성을 기술하는 인간 권리들에 대한 화려한 문구들이 포스트모더니즘과 나란히 보조를 맞추어나간다는 것은 참으로 역설적이다. 그렇다면 사회들을 초월하는 '권리들'도 있을 수 없으며, 그것들을 갖는 어떠한 인간도 없다. 전 세계적인 윤리적 논의는 단지 우리 모두가 정말로 어떤 공통적인 것을 갖고 있다는 것을 인정할 때만 가능해질 것이다. 최소한 자연법 이론가들은 우리의 공통적인 인간성과 우리가 공유하고 있는 추론 능력을 지적할 수 있을 것이다.

3. '자연의 성질'에 거스르는 것

이성은 우리가 살고 있는 종류의 세계를 이해하고 다양한 종류의 행위들이 가져다주는 손실이나 이익을 이해할 수 있게 한다. 예를 들어 우리는 짐짓 자연의 성질을 거스르는 것이 손실을 가져다주지 않을 것처럼 할 수는 없다. 인간의 삶을 알맞게 살기 위한 규범들이 있다. 우리가 때때로 그러한 규범들을 고의로 어길 때 우리는 그것이 가져오는 결과들을 견뎌내야만 한다. 때때로 우리는 아무런 잘못도 없이 덜 바람직한 방식으로 살아야만 한다. 귀가 먼 사람들은 그들이 비록 인공 보조 장치의 도움을 얻을 수 있다 할지라도 귀먹은 채로 있어야 한다. 우리가 잘 듣지 못하면서 살아가야 하는 삶과 우리가 바라는 대로의 삶을 살지 못한다는 의미에서, 결함을 갖고 있는 청력이 잘못된 것이다. 우리는 적잖이 다른 사람들과의 일상적인 의사 소통에서 차단되기 때문에 적절하게 기능할 수가 없다. 우리는 자동차가 다가오고 있는 소리를 듣지 못할 때처럼 위험에 처할 수도 있다. 귀먹은 사람들의 권리에 관해 그리고 차별이 가져오는 해악들에 관해 우리가 무슨 말을 하고 싶어한다 할지라도, 그리고 다른 사람들의 어려움들을 냉담하게 등한시하는 것에 관해 우리가 아무리 화를 낸다 할지라도, 그것들이 문제들이라는 사실은 남아 있다. 귀먹음은 삶을 사는 데 장애다. 적절한 청력을 갖는 것은 우리의 본성 안에 있다. 다른 신체적 문제들에 관해서도 이와 같다고 말할 수 있다. 그러한 고통을 겪는 사람들을 적합한 존엄성을 가지고 다루려는 욕망은 인간의 삶을 위해 무엇이 좋은지 나쁜지를 결정하는 것과는 다른 문제다. 우리는 그러한 불운한 사람들을 볼 필요가 있으며, 그리고 바로 그것이 우리가 그러한 사람들을 특별히 고려해야만 하는 이유다. 우리가 남의 기분을 상하지 않게 하려는 마음으로 건강과 신체적인 기능의 기준들이 있다는 것을 쉽게 인정할 수가 없게 되는데, 하지만 우리는 인간으로서 행복하기 위해 그것을 필요로 한다. 그것들이 없다면 우리는 장애에 부딪히게 되는데, 그것은 극복될 수 있으며 우리는 그것을 극복하기 위해 도움을 받아야만 한다. 그럼에도 그것들은 사실이다.

이러한 의미에서 자연은 인간들이 항상 따르지는 않지만 그럼에도 따라야 하는 기준을 포함하고 있다. 어떤 사람들은 귀가 안 들린다 할지라도 들리는 것은 자연스러운 것이다. 때때로 함께 결합된 쌍둥이들이 있다 할지라도 다른 사람들과 신체적으로 분리된 개인이 된다는 것은 자연스러운 것이다. 자연스러운 것은 사태들이 제대로 작동한다면 발생해야만 하는 것이다. 인간 본성이 제대로 작동하고 있다는 것은 무엇을 뜻하는가? 아퀴나스는 아리스토텔레스를 따라서 생명체들이 특정 목적을 향하는 타고난 성향들을 갖고 있다는 것을 인식했다. 그들이 어떤 이유에서든 이러한 목적을 획득하지 못할 때, 그들은 제대로 기능하고 있지 못하며 행복하지 못할 것이다. 이러한 생각에 본래적으로 들어 있는 목적론은 다윈의 추종자들에게 멸시를 받았는데, 완전히 진화 이론 뒤에 서 있는 사람들조차도 인간은 특별한 필요들을 갖고 있는 특정한 종류의 유기체로 진화했다는 것을 인정해야만 한다. 신-다윈주의자들은 인간 본성이 중요한 경우를 강조하면서, 우리는 백지 상태로 태어났기 때문에 경험만이 그 위에 무엇인가를 쓸 수 있다는 경험주의가 주장하는 의심스러운 견해에 반대한다. 이제는 부분적으로는 인간 유전체에 관한 연구 때문에, 경험주의와는 반대로 모든 인간은 특정 방향으로 나아갈 수 있는 성향과 경향들을 갖고 태어난다는 것이 일반적으로 인정되고 있다. 달리 표현해보자면, 우리는 어떤 욕구나 필요들을 갖도록 '배선'되어 있다. 많든 적든 이것들이 충족되지 않는다면 지불해야 할 대가들이 있게 된다.

윤리학은 이에 관해 중립적일 수 없다. 다른 것들이 같다고 한다면, 기본적인 인간의 필요들과 관심들이 충족되는 것이 옳게 보일 것이다. 우리의 욕구들은 종종 우리에게 무엇이 좋은지를 가리키는 지침이 되기도 한다. 우리는 음식과 음료를 원하고 필요로 한다. 욕구들이 이성에 통제되어야 한다는 것은 플라톤 이래로 전통적인 도덕 철학의 견해다. 그것이 바로 아퀴나스가 생각했던 것이다. 이성은 동물로부터 인간을 구별하는 것이기 때문에, 아리스토텔레스의 전통에 따라 그는 이성을 통해 자신의 활동을 지배하는 삶이 인간에게 가장 자연스러운 것이라고 생각했다. 그렇게 되면 우리는 우리의 능력들을 알맞게 발휘할 수 있게 된다.

여기에는 동물들이나 다른 유기체들이 그들의 적합한 본성을 갖고 있으며, 그들이 그것을 발휘하는 데 방해를 받는다면 그들은 행복할 수 없다는 생각이 들어 있다. 예를 들어 그들은 공장식의 축산 농장에서 비좁은 곳에 갇히게 될 수 있다. 그들은 좀더 정상적인 상태에서보다 대개 제대로 살지 못하고 말하자면 더 살이 찔 것이다. 마찬가지로 인간들도 그들의 참된 본성을 따른다면 더 잘살 것이다. 그러나 이것은 맹목적인 과정이 아닌데, 왜냐하면 우리의 본성에서 가장 중요한 요소는 우리의 이성이기 때문이다. 그럼에도 이성은 진공 속에서 작동하지 않으며 그럴 수도 없다. 그것은 우리에게 주어진 본성을 원료로 사용해야 한다. 인간의 필요들과 욕구들은 단지 나의 것만이 아니라 다른 사람들의 것들로서 도덕성의 내용을 제공한다. 우리는 어떻게 그것들을 다루는가? 그것이 도덕에서 첫 번째로 해야 할 일이다.

4. 도덕성은 무엇에 관한 것인가?

도덕성에서 중요한 문제들 중 하나는 왜 우리가 다른 사람들에게 관심을 가져야 하느냐는 것이다. 왜 나는 단지 계몽된 방식으로 나 자신의 욕구들을 증진시키려 해서는 안 되는가? 내가 비록 장기적인 영향들을 생각한다 할지라도, 나는 여전히 세계가 나에게 영향을 미칠 때만 세계를 바라보려 하는데, 그것이 이기주의다. 왜 우리 각자가 우리 자신의 욕구들에 관해 성가시게 걱정해야 하는지를 대부분 아무도 묻지 않는다는 것은 중요할 수 있다. 그것은 바로 무엇인가를 원한다는 것이다. 만약 내가 어떤 것을 원한다면, 내가 그것을 얻으려고 노력하는 이유를 갖는다는 것은 분명해보인다. 그러한 상황에서 다른 사람들이 나를 도와줄 이유가 있는가, 아니면 그들이 어떤 것을 원한다면 내가 그들을 도와줄 이유가 있는가? 이것은 우리 인간의 합리성이 작동하게 되는 곳이다. 내가 나라는 단순한 근거에서 나에게 유리한 대로 예외를 만들어내는 것은 특히 합리적이지 않다. 나에 관해 어떤 특별한 것이 없다면, 다른 사람들이 굶주릴 때 왜 나만 먹어야 하는가? 물론 우리 각자는 자연히 먹기를 원하지만, 가능하다면 왜 나는 내 음식 중 얼마간을 함께 나누어서는 안 되는가? 언제 어디서 특별한 취급이 필요한 특별한 상황들이 있는지를 결정하는 것은 이성의 기능이다. 도덕성은 내가 갑작스럽게 기꺼이 공유하려는 것에 의존할 수는 없다. 도덕성은 그것보다 더 확고한 기초들에서 세워져야 한다. 나는 중요하고 다른 사람들은 그렇지 않다는 생각은 매력이 있을 수 있다. 문제는 무엇이 그러한 생각에 어떤 합리적인 정당성을 부여할 수 있겠느냐는 것이다.

그럼에도 어느 정도 도덕성이라는 주제가 인간 본성에 관한 사실들을 통해 우리에게 제시된다 할지라도 우리는 여전히 자유롭게 그것을 무시한다. 이것은 우리가 인간으로서 소유하고 있는 우리 자신의 도덕적 판단들과 우리 자신의 도덕적 시각을 형성할 수 있는 절대적인 자유를 강조하는 사람들의 통찰이다. 사람들은 정말로 그들의 도덕적 판단들에서 차이가 나지만, 우리는 그러한 판단들이 틀릴 수 있음을 발견할 수 있다. 그것들은 그것들 너머에 있는 것과 관계한다. 그것들은 자연에 관계하는데, 다시 말해 우리 인간의 본성과 세계가 그것에 영향을 미치는 방식 모두에 관계한다. 판단들이 판단될 수 있는 어떤 것이 있다.

이러한 관점에서 볼 때, 도덕성은 주관적인 변덕도 지나가는 유행도 아니다. 그것은 인간에게 무엇이 좋은지 나쁜지에 관한 판단과 관계해야 한다. 우리는 세계를 또는 우리 자신의 본성을 만들어낼 수 없으며, 항상 우리의 의지에 따를 수도 없다. 얻을 수 있는 이익뿐만 아니라 지불해야 할 비용도 있을 것이다. 이것들은 우리의 이해에 따라 구성되지 않는다. 우리의 관심에 관한 문제들에도 똑같은 요지가 적용된다. 나에게 일어날 수 있는 어떤 미래에 닥칠 해악에 나 자신이 관심을 갖지 않는다는 사실이 내가 그것으로부터 미래에 고통을 겪지 않을 것이라는 것을 의미하지는 않는다. 만약 내가 미래의 건강에 위협이 될 수 있는 것보다 현재 담배를 피우는 즐거움을 더 선호한다면, 담배를 피우기로 한 결정은 어쨌든 일찍 죽을 수도 있는 것을 막지는 못할 것이다. 그러한 결정은 정말로 그런 일이 일어나도록 하는 데 도움이 될 수도 있다. 만약 젊은이들이 글자 그대로 귀청 터지는 팝뮤직을 듣고 나중에 몇 년 있다가 귀가 먹게 된다면, 그들은 자신들에게 실제로 객관적인 해를 끼친 책임이 있다. 자연은 우리를 둘러싸고 우리를 구속하며 우리를 죽일 수도 있다. 우리의 도덕적 자유는 그것을 부정할 수 없다.

이전의 자연법에는 우리가 살고 있는 세계로부터 우리 자신을 떼어놓을 수 없다는 생각이 담겨 있었다. 우리는 세계의 필수적인 부분이며, 우리에게 도덕적 자유가 있다 하더라도 우리가 달리 될 수는 없다. 사실 자연법은 특정 방식으로 행동함으로써 발생하는 이익이나 손실과 더불어 누구나 알 수 있도록 열려 있다. 그것은 특별한 신학적인 교리나 형이상학적 학설을 요구하지 않는다. 아퀴나스가 언급했듯이, "이론 문제에서, 진리는 모든 사람들에게 동일하다."[9] 그는 이것을 행위에 관한 문제들과 대비시켰는데, 거기에서 그는 공통적이고 근본적인 원리들의 적용이 항상 같은 결정에 이르게 하지는 않으리라는 것을 인정했다. 손실과 이익은 변함없지만, 그것들을 다루는 방법에 관한 결정들은 특정 상황들에 의존할 수 있다. 상황은 사태를 변화시킨다. 자연법이 비록 로마 교황청에 의해 나중에 성문화되었다 할지라도, 그는 고정된 규칙들을 특정 경우들에 적용시키기가 어렵다는 것을 알았다. 자연법이 우리의 모든 행위를 지배하는 절대적인 것으로 이해되어야 한다고 생각하는 것은 잘못인데, 이러한

9) St Thomas Aquinas, *Summa Theologica*, 1a, 2ae, 943.

생각은 그것을 결정론적 의미에서 우리의 행위를 지시하는 것으로 보는 것이 잘못인 것과 같은 것이다.

도덕적 맥락에서 자연법을 참고하는 것은 우리가 최소한 자연환경에 놓인 자연적 존재라는 것을 우리에게 상기시킴으로써 우리의 결정들을 인도해준다. 우리의 본성은 우리에게 주어져 있는데, 그것은 어느 정도까지 우리의 환경이 우리에게 주어진 것과 같다. 우리는 얼마간 환경을 변화시킬 수 있으며, 심지어는 우리의 인간 본성을 변화시키기 위해서 새로 발견된 인간의 유전적 구성에 대한 지식을 사용할 수 있다고 주장하는 목소리들이 들리기 시작하고 있다. 이러한 생각에 본래적으로 들어있는 위험은 분명히 알아야 하지만, 우리는 우리의 현재의 행위들이 가져오는 손실과 이익들 중 많은 부분을 통제하지 못하고 있다.

그럼에도 만약 자연법이 어떤 강한 의미에서 우리의 선택들을 지배하지 못한다면, 우리가 우리의 행위 결과들을 중요시해야 한다고 요구하는 공리주의와 그것이 어떻게 다른가? 자연법이 이성을 사용할 것을 장려하고 심지어 요구한다고 한다면, 그것은 일상적인 공리주의의 입장과 다른 것인가? 많은 사람들은 자연법과 공리주의를 서로 정반대의 것으로 볼 것이다. 그러나 만약 자연법이 단순히 다른 상황들에서 다른 방식으로 적용될 수 있는 원리들을 인정한다면, 그리고 때때로 큰 대가를 치르는 것이 정당할 수 있다는 것을 그것이 받아들인다면 무슨 차이가 있는 것인가? 그것이 분명 원리를 강조하고는 있지만, 규칙공리주의 또한 이익이 되는 결과들이라는 적용 규칙들을 중시한다고 주장할 것이다.

한 가지 대답은 도덕적 이론들 간의 절대적인 차이점들을 발견하는 것이 흔치 않은 일이라는 것이다. 공리주의는 단지 결과들이 중요하다고 말하지 않는 반면에 그 밖의 모든 사람들은 그것을 부정한다. 문제는 그 결과들의 중요성이 아니라 그것들이 유일하게 중요한 것인가 하는 것이다. 많은 사람들은 부자연스러운 어떤 일을 하는 데에는 본질적으로 무언가 잘못된 것이 있으며, 자연의 성질을 거스르는 것에는 본래적인 위험이 도사리고 있다고 느낄 것이다. 그것은 단지 나쁜 결과들이 때때로 일어나는 경향이 있다는 것이 아니다. 바로 그 행위는 그것이 무엇이든지 간에 해로울 수 있는 방식으로 자연적인 과정들을 방해하지만 미리 알 수는 없다는 것이다. 그렇기 때문에 그것은 공리주의 기준들로는 평가될 수 없는 위험 수준을 포함하지만, 그것은 그 자체로 경고가 될 것이다.

결과들이 도덕적으로 관련이 있다고 강조하는 공리주의에 대해서 항상 걱정스러운 것은 그것이 우리가 그 결과들이 무엇인지를 알 수 있다고 가정한다는 것이다. 자연법에 대한 강조는 어떤 경고가 될 수 있다. 만약 우리가 자연에 거스르거나 그것을 방해한다면, 우리는 분명 정상적으로는 발생하지 않을 일련의 사건들을 준비하기 시작하고 있는 것이다. 이것은 그 자체로 새로운 상황을 만들어내며, 여기에는 숨겨진 위험들이 있을 것이다. 자연의 성질에 맞추어간다는 것은 우리가 생소한 과정이 아니라 진화적 과정들을 통해 시험되어온 방식의 자연적 과정들을 사용한다는 것을 의미한다. 큰 해를 입을 가능성은 걸러져 왔다. 현대 과학 기술의 견지에서 보자면 새로운 기회들은 말하자면 의학적 진보의 가능성을 제공하는 것처럼 보인다. 그러나 우리는 또한 아마도 종의 경계들을 가로질러 유전자들을 들여옴으로써 자연적 과정들을 간섭하는 것이 우리가 미리 알 수는 없지만 극히 해로울 수 있는 상황들을 새로이 조합해낼 수 있음을 깨달아야만 한다. 현대의 사육 방식들은 가축들에게 '부자연스러운' 먹이를 사용함으로써 1990년대 영국에 광우병(BSE)을 퍼뜨리게 했다. 초식성 가축들에게 잘게 썬 뇌와 같은 동물 사료를 먹이는 것은 좋은 생각으로 보였을 것이지만, 이것은 그 가축들에게 해를 끼칠 뿐만 아니라 분명 종적인 장애를 인간에게까지 넘어가게 하는 질병을 가져왔다. 분명 그 당시 공리주의적인 생각은 새로운 사육 방식이 가져오는 재정적 이익에만 집중했을 것이다. 그들은 그 당시 알려져 있지 않은 위험들을 깊이 생각하지 못했다. 알 수 있는 결과들을 다루는 합리적인 공리주의자는 분명 '부자연스러운' 사육을 옹호했을 것이다. 그것은 아마도 재정적으로 비용-효율적으로 보였을 것이다. 좀더 자연스러운 과정이라는 관점에서 생각하고자 한 사람들은 모두 그것을 교란시킨 궁극적인 대가들에 관해 궁금해했을 것이다. 부자연스러운 것을 꺼리는 많은 감정들은 공리주의나 그것과 제휴하고 있는 도덕적 입장들이 인간 지식의 범위에 관해 너무나 낙관적이라는 두려움에서 유래할 수 있다. 우리는 모두 이롭기를 원하며 해를 최소화하기 원할 것이다. 문제는 그것이 무엇을 의미하느냐는 것이며, 우리가 어떻게 그것을 성취해야 하느냐는 것이다. 자연스러운 것들에 대한 강조는 인간의 낙관주의, 더 나아가 인간의 오만을 제지하는 한 가지 방식이다. 그것은 우리에게 우리가 항상 우리의 소망대로 되지는 않는 세계 속에 놓여 있다는 것을 깨닫게 해준다. 우리의 유일한 목표가 인간의 이익을 촉진시키는 것이라 할지라도, 우리는 어떻게 그것이 우리가 기대하는 대로 항상 반응하지는 않는 더 넓은 전체에서 구현되는지를 인식해야만 한다.

제3장

인간의 권리들

1. 정치적 맥락

자연법에 관한 견해들은 '자연적 권리들'에 대한 이야기와 밀접한 관련이 있는데, 그것은 17세기 영국의 철학자 존 로크(John Locke)를 통해 큰 자극을 받았다. 그는 또한 미국의 독립선언을 위한 철학적 기초를 제공했던 사람으로도 인정되고 있다. 그러한 이야기는 '권리들'이 사물들의 본성에 깊이 새겨져 있다는 생각으로부터 그 설득력을 얻는다. 그렇다면 물론 무엇보다도 그것들은 인간으로서 우리 자신의 본성과 연관된다. 하지만 이것은 단지 역사적 관심의 대상만은 아닌데, 왜냐하면 권리들에 대한 호소가 현대의 도덕 언어에서도 커다란 부분을 차지하기 때문이다. '인간의 권리들'은 현대의 많은 도덕 이야기에서 통용되고 있으며, 국제적인 관계들에서 잠재적인 무기 역할을 한다. 사람들은 그들의 권리가 충족되지 않았다고 느낄 때 특히 분개하게 된다. 도덕 캠페인들은 종종 인간의 권리들이라는 용어로 표현된다. 자연법 자체가 종종 무시되는 이때에 이것은 이상해보일 수 있다. 그러나 정치에서 권리라는 용어는 국가 내부와 국가들 간의 관계 모두에 영향을 미친다. 그것은 희생자에게 힘을 줄 수 있으며, 그들에게 자신의 사회적 맥락 너머에 있는 기준들에 호소할 수 있는 기회를 준다.

정확히 무엇에 호소하고 있는가? 인간의 권리들은 무엇이며, 어떻게 그것들이 시행될 수 있는가? 그것들은 무엇에 근거하고 있으며, 우리는 합법적인 권리와 거짓된 권리를 어떻게 구별할 수 있는가? '권리들'은 종종 모호한 방식으로 요구된다. 많은 나라들의 법은 점점 더 인간의 권리를 주목하도록 요구되지만 해석이라는 중요한 문제가 있다. 이따금씩 권리들은 제대로 자세하게 기술되지 않는 경우가 있다. 미국은 법률이 헌법상의 기본적인 권리들을 위반한다는 근거에서 항상 판사들이 법률에 거부권을 행사하도록 하고 있다. 영국의 정책은 의회가 지배자라는 입장이었지만, 최근에는 입법에 대한 사법 심사가 점점 더 일반화되었다. 이 후에 1998년에는 인권법(Human Rights Act)이 등장했는데, 그것은 유럽 인권 조약(European Convention on Human Rights)을 영국의 국내법이 되게 했다. 의회의 결정마저도 인간의 권리들로부터 도출된 어떤 기준들을 확실히 충족시키고 있는지 확인하기 위해 법정에서 면밀히 검토될 수 있다. 캐나다는 이전에 1982년의 캐나다 권리 자유 헌장(Canadian Charter of Rights and Freedoms)과 캐나다 법령 아래에서 그 나라의 법을 인간 권리들에 관한 요구 조건들에 종속시킴으로써 유사한 경로를 택했었다.

그러나 입법이 특정 나라에서 시민의 권리들을 부여할 수 있는 반면, 인간의 권리는 명시적으로 만들기가 훨씬 더 힘들다. 권리들은 종종 입법에서 제정되기보다는 단지 입법이 충족시켜야만 하는 기준들로 나타나기 때문에, 그것들은 본래적으로 실질적인 용어들로 분명하게 구별해내기가 어렵다. 비록 누군가 권리 목록을 갖고 있고, 정부가 그것을 이행할 준비가 되어 있다 할지라도, 이것은 여전히 분명하면서도 이행할 수 있는 입법을 갖는 것과는 거리가 멀다. 히팅어가 지적하고 있듯이, "우리는 권리 법안과 헌장들에서 자주 제대로 상세하게 기술되어 있지 않은 권리들에 대한 표현들을 발견한다. 그러나 그러한 표현들로 인해 발생하는 문제들 때문에 자연적 혹은 인간적 권리들에 관해서 회의적일 필요는 없다."[1] 그가 말하고 있는 요지는 우리가 공표된 이상들을 실행에 옮기기 위해 특별한 법적 절차가 필요하다는 것이다. 그것이 없다면 우리는 도덕적으로 중심이 없는 불법의 세계에 살게 된다. 히팅어가 말하고 있듯이 "사람들은 권리가 무엇인지 정확히 알고 있는 그 어떠한 사람보다도 그들이 우선적으로 권리를 갖고 있다고 믿고 있기" 때문이다. 그러나 그렇게 되면 우리는 사람들이 저지르는 행위에 대해 분명하게 책임도 지지 않으면서 도덕적 주장들과 분노가 표현되는 상황을 맞게 된다. 이것은 도덕성의 토대를 침식할 수밖에 없다. 히팅어가 말하고 있듯이, 권리는 적합하게 상술되어야 한다. 그렇지 않

---

1) R. Hittinger, *The First Grace: Rediscovering the Natural Law in a Post-Christian World*, ISI Books, Wilmington, DE, 2003, p.117.

으면 그가 말하고 있듯이 "아무도 누가 누구에게 무엇을 해야 하는지(혹은 해서는 안 되는지)를 알 수 없다."[2]

그렇다면 인간 권리에 대해 말하는 요지는 무엇인가? 한때 영국에서 빵 만드는 사람들이 파업하는 동안, 성난 노조의 지도자가 인터뷰에 응해서 '은행 휴무일'에 빵 만드는 사람들도 쉬는 것은 인간의 기본 권리라고 주장했다. 그는 은행 휴무일은 특별히 영국에만 있는 생각이며, 그러한 특별한 월요일 휴무를 가질 보편적인 권리는 문제가 될 수 없다는 사실은 알아차리지 못하는 것 같았다. 그러나 만약 인간의 권리가 어떤 것이든 주장하는 것이라면, 그것들은 모든 국가나 시대를 가로지르는 보편적인 적용 가능성을 주장해야만 한다. 인권 서약에서 핵심적인 부분은 단지 어떤 시공간에서도 인간이 절대로 취급되어서는 안 되는 방식들이 있다는 것이다. 우리의 공통적인 인간성은 적합한 취급을 위한 충분한 근거다.

그러나 그 노조 지도자는 첫눈에 보이듯이 그렇게 어리석은 사람은 아니었다. 세계인권선언문(the United Nations Declaration of Human Rights)의 24조는 '모든 사람은 합리적인 노동 시간의 제한과 정기적인 유급 휴가를 포함한 휴식과 여가의 권리를 갖는다'고 선포하고 있다. 그 선언문이 특히 영국의 은행 휴무일을 마음에 둔 것은 아니었지만, 그 노조원은 이것이 단지 그 일반적인 원리를 한정적으로 적용한 것이라고 느꼈을 것이다. 그럼에도 이것은 어떤 권리들이 있는지가 어떻게 결정되는지에 대한 문제를 일으킨다. 그것들은 어디에서 오는가?

현대 세계에서 국제적인 정치에 친숙한 사람들이라면 누구도

---

2) 같은 책, p.130.

인권의 중요성에 대해 의심하지 않을 것이다. 우리는 뉴욕에 있는 국제연합을 방문해서 벽 한쪽을 따라 죽 걸려 있는 액자들 속의 선언문을 보기만 해도 인권 문제가 국제연합과 그 기관들이 하는 일의 중심에 있다는 것을 의심치 않을 것이다. 그러나 역설적인 점이 있다. 여전히 인권을 남용하는 경우들이 많이 있는데, 그것들 중 많은 것들이 본부 바깥에 그들의 깃발을 날리고 있는 바로 그러한 몇몇 정부들의 방책을 통해 저질러진다. 다시 말해 국제연합은 모든 회원국들이 실천에 옮길 수도 없고 믿을 수도 없는 것을 선언한다.

이에 대한 이유들 중 하나는 세계인권선언문을 미국 독립선언문과 비교해보면 명백하다. 전자는 1948년에 채택되었는데, 그 때는 제2차 세계대전의 대학살과 다른 끔찍한 고통의 그림자들이 그 나라들에 드리워 있었다. 세계인권선언문은 '모든 인간 종족 구성원들의 동등하고 양도할 수 없는 권리들과 본래적인 존엄성'을 언급하면서 시작된다. 그것은 이어서 이러한 권리들이 법률을 통해 필히 보호되어야 한다고 말한다. 그러나 이것은 개별적인 국가의 법인가 아니면 국제적인 기초에서 성립된 어떤 것인가에 대한 문제를 일으킨다. 주권 국가들이 있는 한, 그들의 법이 기본적인 권리들을 법제화하는 것이 바람직해보이긴 하지만, '깡패' 국가가 거절할 때는 무슨 일이 발생하느냐는 문제를 갖게 된다.

미국의 독립선언은 다음과 같은 기념비적인 말을 한다. '우리는 이러한 진리들을 자명한 것으로 받아들인다. 즉, 모든 인간은 평등하게 창조되었고, 그들은 그의 창조주를 통해 어떤 양보할 수 없는 권리들을 부여받았으며, 이것들 중에는 생명과 자유 그리고 행복 추구가 있다.' 첫 번째 문장들은 '자연의 법칙들과 자연의 신'을 지칭했으며, 그 선언은 '신의 섭리가 보호함'을 주장하면서 끝을 맺는다. 그 선언 전체는 인간을 창조하고 각 개인의 가치를 보증해준 신에 대한 믿음에 기초하고 있었다. 독립선언문에 서명한 어떤 사람들은 반드시 기독교 성서에 호소하지 않고서도 창조주에 대한 일반적인 믿음을 가졌을 것이다. 그러나 많은 사람들은 독실한 기독교인들이었으며, 그 선언을 기독교적인 맥락에서 보고자 했지만, 여전히 다른 신앙을 가진 사람들을 포용하고 있었다.

반면에 세계인권선언문은 개별적 인간들의 가치를 당연한 것으로 받아들이는데, 여기에서는 단지 그들의 본래적인 존엄성에 대한 '승인'만 언급하고 있다. 그 선언문은 어디에서 이것이 유래하는지 또는 왜 우리가 그것을 갖고 있는지를 말하지 않는다. 우리는 단지 그렇게 할 뿐이다. 1번 조항에서는 '모든 사람은 태어날 때부터 자유롭고, 존엄성과 권리에서 평등하다'고 말한다. 왜 그러한가? 다음 문장은 다음과 같이 의미 있게 말하고 있다. '인간은 이성과 양심을 부여받았으므로 서로에게 형제자매의 정신으로 행해야 한다.' '부여받았다'는 단어는 누가 혹은 무엇이 우리에게 부여했는지를 물어보게 한다. 한 가지 결론은 우리가 신의 형상으로 지어졌다고 하는 것이다. 그러나 그 선언은 '형제자매'라는 단어의 종교적인 의미에도 불구하고 그러한 말을 하지 않는다. 그것은 암묵적으로 하나님 '아버지'라는 개념에 호소한다. 그러므로 우리의 권리의 근거가 될 수 있는 것이 암시는 되지만 진술되어 있지는 않다.

이에 대한 훌륭한 정치적인 이유들이 있다. 권리라는 관념을 궁극적으로 고취시키는 것이 무엇이든, 그것은 무신론적인 소비에트 연방과 같은 나라들에서까지도 승인을 얻어내야 했다. 그것은 그것의 가능한 근거를 찾지 않고 자연법 전통에 호소했다. 그럼에도 이것은 그 선언이 이론적 수준에서 비판받을 수 있게 하는데, 왜냐하면 인간의 권리라는 관념들이 도전을 받을 때, 국제적인 동의를 가리키는 것을 넘어서 그것을 옹호할 방법이 없는 것처럼 보이기 때문이다.

2. 권리들의 지위

어떤 사람들은 인간의 권리를 정당화하는 방법으로 '실용적' 접근을 받아들이고 있다. 마이클 이그나티에프(Michael Ignatieff)는 다음과 같이 말한다. "궁극적인 문제들에 관한 실용적인 침묵은 세계적인 인권 문화가 더 쉽게 출현하게 했다."[3] 신학적인 기초처럼 권리를 위한 어떤 특별한 기초에 관해서는 보편적으로 동의할 가망이 거의 없기 때문에, 단지 우리가 어떤 동의를 할 수 있는지를 찾는 편이 더 나은 것처럼 보인다. 어려운 도덕 문제들을 피하고, 그것들을 어떤 종류의 합의를 얻는 정치적 문제로 환원시키는 것은 늘 우리를 솔깃하게 한다. 이것은 훌륭한 예다. 우리는 권리와 관련해서 우리의 도덕적 원리들을 정당화하는 어떠한 생각들에 대해서도 너그러우며, 단지 우리가 어떤 동의를 할 수 있는지를 타협하려고 한다. 우리는 한 견해가 주장되는 것

3) Michael Ignatieff, *Human Rights*, Princeton University Press, Princeton, NJ, 2001, p.130.

에 만족하며 왜 그것이 그래야 하는지는 조사할 필요를 느끼지 못한다.

앤터니 아피아(Anthony Appiah) 또한 그가 '국제적인 인권법 발전의 엄숙한 교리'라고 칭한 것으로부터 유사한 자유를 옹호한다.[4] 그의 견해는 "대부분의 시민들이 그들의 정부에 대해서 원하는 보호를 우리의 조약들이 제공하며, 그러한 보호는 아주 중요해서, 그들은 또한 다른 국민들이 그들의 정부를 통해 그 조약들을 지지해주기 원한다"고 주장함으로써 우리가 우리의 조약들을 지켜낼 수 있어야 한다는 것이다. 권리는 사람들이 그것들을 원하기 때문에 권리일 수 있는 것 같다.

아피아는 권리들에 대한 이야기는 폭넓은 다양한 전통을 가진 사람들에게 호소하며, 우리는 '그러한 공명하는 동의 때문에' 인간의 권리가 지지될 수 있다고 생각한다.[5] 그러므로 인간 권리의 보편성은 광범한 동의라는 경험적 사실에 의존하는 것 같다. 인간의 권리는 많은 사람들이 중요하다고 생각하기 때문에 중요하다. 그것들은 지지되기 때문에 지지된다. 기껏해야 그것들은 도로 규칙들처럼 협약들이며, 도로 규칙들처럼 그것들은 어떤 곳에서는 다를 수 있다.

아피아와 어떤 사람들은 이러한 접근이 어떤 면에서 결함이 있다고 생각하는 것이 아니라 그것을 덕으로 생각한다. 특히 미국 전통의 실용주의자들은 형이상학을 상당히 의심하며, 항상 실제적인 동의나 구체적인 관례라는 확실한 근거를 선호한다. 그러나 우리는 우선 왜 동의를 해야 하며, 또한 우리가 말한 것을

4) 같은 책, p.108.

5) 같은 책, p.109.

받아들이지 않는 사람들은 어떻게 다루어야 하는가? 이것은 국제적인 사건들의 이론적인 문제가 아니며, 우리가 단지 우리의 견해를 부과하기 위해서 힘에 의존하지 않는다면 아마도 앞으로 나아갈 방법이 없는 것 같아보인다. 누구든 어떤 주장을 펼치기 위해 힘을 사용할 수 있는데, 그러면 순전한 제국주의와 인간의 권리에 관한 '우리의' 의지가 부과한 것 간에 어떠한 차이점도 보기가 힘들다. 오직 어떤 합리적인 정당화에 호소하는 것만이 우리의 입장을 단지 그 자신을 위해 힘을 발휘하면서 그들이 원하는 것을 하고 있는 사람들의 입장과 구별해줄 것이다.

아피아의 입장은 인간의 권리가 형이상학적 논쟁 없이도 지지될 수 있다는 것이다. 그는 다음과 같이 주장한다. "형이상학적 논쟁은 합의를 이루지 못하는 경향이 있기 때문에, 가능한 한 형이상학적 논쟁 없이 인간의 권리들을 승인하고 강화시키도록 하자."[6] 분명 연합국 선언의 틀을 세운 사람들은 그러한 생각을 하고 있었다. 그러나 합의에 기초한 권리들은 합의가 이루어지지 않을 때 그렇게 순조로울 수 없다는 문제가 남는다. 또한 인간의 권리에 관해 동의할 이유가 없다면 왜 어떤 사람들은 그것에 관해 우선적으로 동의해야 하는가? 특히 힘있는 사람들은 힘을 통해 그들의 의지를 부과할 수 있다. 형이상학적 기초들은 어떤 것에 연결되어 있지 않은 쓸모 없는 기계 장치의 부품들이 아니다. 다시 말해, 그것들은 건축물을 지탱해준다. 그것들은 권리들을 존중하기 위한 이유들을 부여한다. 그렇지 않으면 그것들은 단지 우연히 지지되는 한에서만 지지될 뿐이다. 어떠한 합의들도 일시적이며 불확실할 수 있다. 우리가 도덕적 신념들을 정치

6) 같은 책.

적 협상을 위한 항목들로 취급함으로써 우리의 도덕적 원리들을 일단 포기하고 나면, 정치는 도덕성을 통해 통제될 수 없다. 도덕적 입장들은 더 넓은 정치적 과정의 한 요소가 된다.

인간 권리들의 보편성은 이러한 상황들에서는 의심스러운 개념이 된다. 권리들은 단지 보편적인 합의가 있을 때만 보편적일 수 있을 것이다. 권리의 보편성이 없다면 권리들은 정치적 협상을 인도해나가는 것이 아니라 그것에서 도출되는 것이다. 보편적인 권리들에 대한 어떠한 생각도 이리저리 변하는 다양한 정치적 그룹들의 소망이나 욕구들 너머에 있는 어떤 것에 뿌리를 두고 있어야 한다. 그것은 인간이라는 바로 그 관념에 연결되어야 한다. 보편성이라는 관념은 인간들이 깨닫고 있든 그렇지 못하든 그들이 종속하는 보편적인 도덕적 명령이라는 관념에 의존한다. 그러한 보편성은 광범한 동의라는 단순한 사실보다 훨씬 더 심오해야 한다. 인간의 권리들을 주장하는 전체 요지는 그것들이 심지어 인식되지 않을 때조차도 적용된다는 것이다. 그것들에 관해 동의하지 않는 사람들도 의무가 있다. 사람들은 단지 그들이 인간인 덕분에 취급되어야 하는 방식들이 있다. 이것은 그 문제가 인간이라는 것이 무엇인지 그리고 우리의 공통적인 인간성이 왜 그렇게 특별한지를 축으로 해서 돌고 있다는 것을 분명하게 보여준다. 우리는 자연법에 대한 다양한 주장들을 가지고 돌아와 있는데, 미국을 기초한 사람들이 했던 종교적인 대답은 단지 그 문제를 충족시키는 한 가지 시도일 뿐이다.

우리가 인간의 권리들을 존중하기 때문에 인간의 권리를 존중한다고 말하는 권리들에 대한 실용주의적 원칙은 권리들을 널리 인식하고 있는 사회에서는 효과가 있을 것이다. 마찬가지로 모든 사람들이 우리가 공유하고 있는 인간의 특성들의 중요성을 당연하게 받아들일 때, 우리는 인간으로서 사실상 서로를 정말로 존중하게 되며 우리 자신을 동물보다 더 중요하게 생각하게 된다고 말하는 것은 이치에 맞는 것처럼 보일 수 있다. 이것은 얼마간 우리의 기본적인 직관이거나 우리 인간의 편견이다. 그러나 이 모든 것들은 이성이나 세계의 본성에 관한 물음들이 그것과 거의 관련이 없다고 말하는 것이다. 그것은 모두 우리가 어떻게 느끼느냐의 문제다. 아마도 우리가 그러한 뿌리 깊은 도덕적 반응들에 기초해서 우리의 동료 인간들에게 부여하는 가치에 관한 자연법 이론을 확립시키는 것이 가능할지도 모른다. 그러나 우리는 우리가 내리는 도덕적 판단들을 우리 자신에게 설명하는 것이 아니라 그것들에 반대하는 사람들을 설득하는 세계에 살고 있다. 우리는 도덕적으로 상충하는 많은 의견들을 보게 되는데, 이것이 인간의 권리들에 대한 개념 전체로 확장되지는 않을 것처럼 행동하는 것은 태만한 것이다. 우리가 그것들을 존중하기 때문에 존중한다고 말하는 것은 우리가 우리의 나라들과 세계 도처에서 권리들을 무시하거나 좀더 위협적으로 그러한 생각 전체에 도전하는 사람들을 대적하는 데 도움을 주지 못할 것이다.

3. 무엇이 권리들로 간주되는가?

권리들의 지위에 관한 문제들은 한계 설정의 문제와 관련이 있다. 무엇이 기본적인 권리로 여겨져야 하는가? 아주 많은 사람들에게 중요한 자료가 되는 세계인권선언문이 도움이 된다. 그것은 생명과 자유 그리고 안전에 대한 권리로 시작해서 재빨리 논쟁의 여지가 있는 영역으로 과감하게 진행한다. 16조에서는 '가족은 사회와 국가의 자연적이고 기본적인 그룹 단위다'라고 주장한다. '가족'이 무엇인지에 관해서는 약간 애매할 수 있으나, 자연스러운 것에 대한 호소는 자연법에 대한 동의를 보여주며, 아이들의 양육을 위해 생물학적으로 연결된 체계들이라는 전통적 견해에 동의한다. '가족'은 특히 아이들이 포함되어 있다면 어떠한 일시적인 사회 집단도 의미할 수 있지만, 그러한 임의적이고 변하는 그룹들은 '자연스러운' 것으로 간주되기는 어렵다.

그 선언문이 소극적인 권리들에서 좀더 실질적인 권리들로 옮겨갈 때, 사태들은 훨씬 더 물의를 일으키게 된다. 소극적인 권리들은 우리를 다른 사람들로부터 보호하고 자유로운 행위자로서 우리의 역할을 보전하기 위해 설계된다. 예를 들어 어떠한 사람도 노예가 되어서는 안 된다. 사회적 정의에 대한 적극적인 권리들은 다루기가 더 어렵다. 22조에서는 모든 사람들은 사회적 안전 보장에 대한 권리를 갖는다고 말하고 있는데, 이것이 경제적인 면을 포함하고 있다는 것은 분명하다. 마찬가지로 모든 사람은 일할 권리를 갖고 있는데(23조), 이는 경제적인 이유로 직업들이 없을 때조차도 해당될 것이다. 부모는 그들의 아이들에게 주어지는 교육의 종류를 선택할 '우선적인' 권리를 갖는다(26조). 그것은 종교적 인종적 또는 다른 입장들에서 파편화된 교육의 공급을 원치 않는 사람들의 항의를 보여주는 것 같다. 그것은 수업료를 지불하는 사립 교육을 보호하는 것으로 보일 수 있다.

이러한 권리들은 두 가지 규약들로 법제화되어 1966년 국제연합 총회를 통해 채택되었다. 국민의 권리와 정치적 권리에 관한 국제 규약은 '인간의 권리들을 증진시키려는 국제 사회의 노력에서 획기적인 사건'[7]으로 국제연합에 의해 널리 알려졌다. 국제연합의 말에 따르면, '그것은 생명에 대한 권리를 옹호하며, 어떠한 사람도 고문이나 노예 상태와 강제 노동이나 임의적인 구금을 당할 수 없으며, 또는 활동이나 표현과 집회와 같은 자유들이 제약을 받을 수 없다'고 규정한다. 그 규약의 관계자들이 이러한 권리들을 수호하기 위해 법령으로 규정하면 좋겠는데, 그 서명자들 중 많은 사람들이 이러한 훌륭한 염원에 생명을 불어넣으려는 시도를 하지 않는다는 것은 참으로 놀랄 일이다.

경제와 사회 문화적 권리들에 관한 두 번째 국제 규약은 '사람들이 권리와 자유 그리고 사회적 정의를 동시에 누릴 수 있다는 생각에 근거해서, 개인을 완전한 인격체로서 확실히 보호하기 위해'[8] 고안되었다. 그러나 권리들은 권리들 위에 첩첩이 쌓인다. 그것은 이제 단지 개인적인 자유의 문제가 아니다. 사회적 정의에 대한 호소는 적절한 생활 수준을 위해 문화적 삶에 참여할 권리, 사회 보장에 대한 권리, 신체적 정신적 건강을 가장 높은 수준으로 획득할 수 있는 권리를 분명히 요구한다. 과학적 진보가 주는 이점을 향유할 권리 또한 거기에 속하며, 그것은 이런 식으로 계속 이어진다. 비록 때때로 논쟁이 있을 지라도, 도덕적으로 가치 있는 목적들은 모두가 소유하는 권리가 된다. 역사적으로 오직 부유한 사회에만 가능했던 이점들을 모든 사람들이

7) Two Covenants, in *Mutilateral Treaty Framework: An Invitation to Universal Treaty Participation* (Johannesburg Summit), United Nations, New York, 2002, p.2.

8) 같은 책, p.7.

권리로 요구할 수 있다.

우리는 도덕적 열망들이 권리로 불린다면 그것들에 관한 논의에 어떤 것이 첨가될 수 있는지 물을 것이다. 생명의 권리와 같은 단순한 권리는 그 밖의 모든 것들의 전제 조건이며, 그것은 어떠한 사람도 취급되어서는 안 되는 방식들이 있다는 사실에 주의를 불러일으킬 수 있다. 고문과 노예 상태는 이와 같은 종류의 범주에 해당할 수 있다. 고문과 노예 상태는 우리의 행위의 자유를 제한하기 위해 고안된 것이며, 사람을 물건으로 바꿔버리는 것들이다. 이런 의미의 권리는 카드 게임에서 으뜸패와 같으며, 그 밖의 모든 것에 우선한다. 어떤 것이 살인이나 고문으로 분류된다는 사실은 절대적인 금지를 의미한다. 그것은 인간이 그러한 취급으로 인해 유린되어서는 안 되는 본래적인 가치를 소유하고 있다는 것을 가정한다.

그럼에도 일단 권리가 많아지고 바람직한 모든 것이 자동적으로 권리가 되고 나면, 으뜸패로서의 권리에 대한 생각은 파괴되지는 않는다 할지라도 묽어질 수밖에 없다. 모든 카드가 으뜸패들이라면 으뜸패가 없는 것과 같다. 권리들이 더 많아질수록 그것들은 더 많은 갈등을 빚게 될 것이며, 우리는 그것들을 질서지울 어떤 원리를 가져야만 할 것이다. 어떠한 국가도 무제한의 자원을 갖고 있지는 못하며, 건강과 교육 중 어느 것이 더 우선적이냐에 관해 항상 어려운 선택이 이루어져야만 한다. 국제연합이 '기본적인 인간의 권리들'을 언급할 때, 같은 항에서 영양 실조나 문맹에서 무주택까지 인간의 궁핍함과 관련한 많은 문제들을 열거하고 있다.[9] 국제연합은 15억 명이 넘는 사람들이 깨끗한 식

9) 같은 책.

수와 위생 시설을 갖추지 못하고 있다고 지적한다. 이것 모두가 훌륭한 도덕적 관심에 대한 커다란 도전이 된다. 그러나 그것들이 인간의 삶에 아무리 중요하고 기초적이며 따라서 인간의 행복이라는 생각에 밀접히 관련되어 있다 할지라도 이것들이 '권리들'로 고려될 필요가 있는 것인가? 만약 그것들이 권리들이라고 한다면 으뜸패들이 으뜸패들과 경쟁하게 될 것이며, 그 결과 권리들의 지위가 격하될 것이다. 우리는 노예를 삼거나 고문하는 것을 불법으로 만들고자 하는 요구와 알맞은 식수를 제공하고자 하는 기특한 열망을 구별해야만 한다. 정부들이 그들의 시민을 고문하지 못하게 할 수는 있지만, 바람직한 모든 것을 할 수 있는 경제적인 자원들을 갖고 있지는 못할 것이다.

4. 누가 우리에게 우리의 권리를 부여하는가?

인간의 권리에 대한 이야기는 사회에 대한 개인주의적 시각에서 생겨났는데, 이러한 개인주의적 시각은 사회를 유기적 전체가 아니라 분리된 원자들의 집합으로 보며, 이러한 원자들은 자칫 서로 충돌하기 쉽다. 그것이 말하는 것은 우리가 각자 영위하고자 하는 종류의 삶을 자유로이 선택한다는 것이며, '권리들'은 시민들이 그들의 정부로부터 보호받고자 하는 욕구에서 생겨난다는 것이다. 그것은 사회계약론의 그림인데, 이에 따르면 개인들은 함께 살면서 어떤 조건들이나 금지들에 복종하기로 동의한다. 어떤 확립된 조항들을 입안하고 있는 헌법이 비유가 될 수 있는데, 그것은 그 당시 정부의 마음대로 변경될 수는 없었다.

그러한 권리들은 개인들 간의 동의에서 유래한다. 그럼에도 이러한 그림은 시민의 권리들과 대립되는 인간의 권리들이라는 관념과 매우 불편한 관계를 갖는다. 특정 나라의 시민들은 법적인 보호를 요구할 것이다. 그럼에도 인간의 권리들에 대한 호소는 그 내용이 실로 모든 사회들을 넘어서는 것이기 때문에 그 힘을 갖고 있다. 그것의 보편성은 그것이 어떤 현실적이고 가공적인 동의의 산물이 아니라는 것을 말한다. 권리들은 그 본성을 통해 인식되는 것이지 구성되는 것이 아니다. 우리가 동의하든 그렇지 않든, 권리들은 우리의 공통적인 인간성이라는 사실로부터 생겨나든지 아니면 그것들은 존재하지 않는다.

국제연합이 후원한다 할지라도 동의가 인간의 권리들을 만들어내지는 못한다. 동의가 인간의 권리들을 만들어낸다면, 그 동의안을 받아들이지 않는 사람들은 비판을 두려워하지 않고 그 권리들에 대한 이야기 전체를 거부할 수도 있다. 그러나 인간의 권리들에 관한 문제들을 외면하는 나라들은 말하자면 유로(euro)와 같은 공동 통화를 갖는 데 동의하지 않기로 한 나라들과는 다른 도덕적 입장에 있는 것으로 보인다. 그들은 자신들을 도덕적 비판과 심지어는 국제적인 조처에 열어놓는 것으로 보인다. 그러나 어떤 사람들은 인간의 권리들에 대한 이야기는 단지 서구의 현상일 뿐이며, 특별한 종류의 사회 조건들에 뿌리를 두고 있는 것이라고 주장할 것이다. 그들은 권리들이 사회 전체의 구조와 관련된 문제들에 밀접히 연관되어 있다는 것을 아주 정확하게 본다.

권리들은 사회적 진공 상태에서는 존재할 수 없으며, 어떤 사회에서 단지 소수의 선택으로 기능할 수도 없다. 그것들은 공통적으로 주장되는 도덕성의 힘을 요구한다. 그것들은 법으로 제정될 수 있지만, 그때조차도 법을 지탱하려는 자발성이 있어야 한다. 권리들은 도덕성을 만들어낼 수 있는 것이 아니라 오히려 그것을 전제한다. 권리들은 권리와 의무 그리고 책임이 모두 서로서로 깊이 관여하는 두터운 상호 관계망에 의존한다. 세계인권선언문 29조에서 '모든 사람은 다만 자유롭고 완전히 그의 인격 발달이 가능한 사회에 대해서 의무를 갖는다'는 진술을 다루고 있다는 점에서 어렴풋이 이러한 점을 인식하고 있다. 그러나 이것은 중요한데, 왜냐하면 개인들에게 권리가 주어질 것이라는 기대와 더불어 그들 스스로 권리를 소유하고 있는 개인들에 대한 그림은 전체 사회적인 차원을 도외시하기 때문이다. 도덕성은 단지 개인의 문제가 아니다. 만약 그것이 개인의 문제라면, 그것이 우리에게 적합한지를 연구하는 것은 주관적인 시험의 문제가 될 것이다. 그러나 사회는 상호적인 기대와 이해의 그물망에 의존한다.

우리 모두는 우리가 의존하고 있지만 또한 공헌해야 하는 더 넓은 전체의 일부로 보여야 한다. 개인들은 중요하다. 하지만 그들은 서로를 필요로 한다. 우리는 가족으로 태어나며, 가족들은 더 넓은 그룹의 지지를 필요로 한다. 각각의 구성원들이 그 밖의 모든 사람들에게 보호받기를 기다린다면 어떠한 사회도 존재할 수 없다. 도덕성은 능동적인 문제며, 우리가 하는 것과 연결되어 있는 것이지 우리가 되는 것에 연결되어 있는 것이 아니다. 권리들을 강조하면서 우리가 다른 사람들에게 그것들을 제공하도록 요구할 권리가 있다고 암시하는 것은 문화의 어려운 측면들 중 하나다. 그들에 대한 우리의 책임이 아니라 우리에 대한 다른 사람들의 의무들이 강조된다. 그러나 가장 근본적인 권리들은 행위자의 전제 조건이며, 그것들은 우리 자신들이 도덕적으로 행동할 수 있을 때 요구되는 것이다. 생명이나 자유가 없다면 우리는 아무것도 할 수 없다. 노예 상태와 고문은 한 사람의 도덕적 자유를 유린하고자 한다는 것을 의미한다. 임의적인 체포나 구금 또는 추방도 우리가 책임 있는 행위자들이 되지 못하게 하는 것으로 보일 수 있다. 우리가 사회에서 어떤 역할을 하기 위해서는 방해를 받지 않아야 한다. 자유와 책임은 서로 밀접하게 쌍을 이룬다.

권리들이 증가될 때 문제가 발생하며, 자유는 단지 실제적이거나 은유적인 속박으로부터 풀려나는 소극적인 것이 아니라, 우리가 충족한 삶을 사는 데 필요한 것을 우리에게 적극적으로 제공하는 것이다. 우리는 책임감 있게 행동할 수 있기 위해서는 알맞은 음식과 교육, 일과 건강 보호 등이 필요한 듯이 보일 것이다. 제대로 돌아가고 있는 사회에서는 이러한 모든 것들이 모두에게 쉽게 이용할 수 있어야 하며, 또한 우리는 모든 사람들의 조건들을 개선하기 위해 일해야 한다. 문제는 이러한 것들을 '권리들'이라 부르는 것이 도움이 될 만하냐는 것이다. 아마도 적당한 음식은 그럴지도 모른다, 하지만 일단 더 큰 사회적 안건들이 권리들이라는 용어 안에 삽입되고 나면, 사태는 그다지 분명치가 않다. 사람들에게는 그들이 도덕적 행위자가 될 수 있게 해줄 존엄성과 자유가 부여되어야 한다. 그것이 바로 도덕성이 존재하기 위한 전제 조건이다. 행위하기 위해서는 사람들이 무엇을 필요로 하는지에 대한 질문들에 이어서 사람들이 무엇을 갖는 것이 도덕적으로 바람직한지를 가리키기 위해 권리들이라는 용어를 계속 사용하기가 쉽다. 그러나 그러한 용어는 그들이 이러한 것들을 받을 것으로 기대해야 한다는 것을 함축한다. 오노라 오닐(Onora O'neill)은 다음과 같이 말한다. "인간의 권리들에 대한 수동적인 문화는 우리가 뒤에 앉아서 다른 사람들이 우리의 권리를 가져다주기를 기다릴 수 있다는 것을 암시한다. 우리가 정말로 인간의 권리들을 원한다면, 우리는 서로에 대한 우리의 의무를 다해야 한다."[10)]

한 사회에서 권리들은 누가 그것들에 책임이 있는지에 대한 인식이 없다면 의미가 없다. 고문이나 노예 상태를 절대적으로 금지시킴으로써 생기는 좋은 점은 누구도 다른 사람들에게 그러한 것들을 가해서는 안 된다는 것이다. 인간의 권리들이 갖는 '으뜸'의 측면은 이 점에서 명백하다. 어떤 것이 고문이라면 그것으로 충분하다. 누가 고문을 가하지 않을 의무가 있는지 상세히 설명하는 것은 쓸데없는 짓이다. 권리의 교리에 따르면 어떠한 사정이 있든 아무도 그럴 수 없다. 교육이나 다른 이익들에 대한 '적극적인' 권리들은 이런 식으로 총괄적으로 적용시킬 수가 없다. 아무도 나를 고문해서는 안 된다. 하지만 모든 사람들이 나를 교육해야 한다거나 나를 의료적으로 돌봐야 한다는 것은 그것과는 사정이 다르다. 그러한 권리들은 가치 있는 삶에 대한 동경의 대상들이며, 그것들은 역점을 두어 다룰 필요가 있다. 하지만 정부와 같은 어떤 단체나 사람들이 그렇게 하는데 책임을 져야 한다. 참된 도덕적 문제는 단순히 어떤 사람들이 그에 관한 어떤 것을 할 자격이 있느냐가 아니라 누가 그것을 할 책임이 있느냐는 것이다. 우리 자신은 누구에게 책임이 있는가? 우리는 무엇을

10) Onora O'neill, *A Question of Trust*, Cambridge University Press, Cambridge, 2002, p.37.

해야 하는가?

권리를 선언하는 것은 단지 기대와 요구만 불러일으킨다. 그것은 많은 사람들이 그들의 '정당한 권리들'이 충족되지 않기 때문에 자신들을 희생자들로 보게 한다. 이것은 가장 일반적인 수준, 더 나아가 형이상학적 수준의 권리들과 관계한다. 일단 정부와 다른 기관들이 구체적으로 사람들의 권리들을 확립시키는 법체계들을 만들고 나면 사정은 더 쉬워진다. 예를 들어 어떤 사람에게 연금에 대한 권리가 부여되면, 그 재정적인 계획은 어떤 것인지, 누가 그것을 지불할 책임이 있는지, 그리고 어떤 조건들에서 그것이 이루어지는지가 분명해야만 한다. 그 법 체계는 권리들을 충족시키는 데 책임이 있는 관계 기관들에 대한 자세한 설명을 포함해야 한다. 어떤 사회에서 시민의 권리들인 '시민권'은 그에 대한 책임이 분명하게 정해지는 방식으로 법제화될 수 있다. 어떤 나라의 법정은 권리들이 충족되지 않을 때 그 구제책들을 밝히는 일을 하는 법들을 적용시킬 수 있을 것이다. 그러나 인간의 권리는 그 본성상 매우 일반적이다. 그래서 만약 그것들이 특정 기관이나 개인들에 의한 조치를 요구한다면, 그것들은 어떤 권리 헌장에서 상술되기가 힘들 것이다. 그래서 그것들은 분명 그것들을 충족시키는 수단들을 규정하고 있지 않은 기준들을 세워놓으면서 일종의 연옥과 같은 중간 지역에 매달려 있다.

5. '권리들'은 단지 서양의 관념인가?

인권과 관련된 모든 이야기들에 대해 끊임없이 제기되는 비난은 그러한 권리에 대한 이야기가 단지 일정 기간의 어떤 한 사회의 견해를 표현하고 있다는 것이다. 이러한 비판은 예를 들자면 '권리'는 개인의 역할을 너무 많이 강조한다는 말에서 이미 암암리에 나타나 있다. 그것이 함축하는 것은 '인권'에 대한 옹호가 현대의 서구 문명이라는 특정 환경에서 생겨났다는 것이다. 그것이 현대의 자유주의 의제들과 대단히 쉽게 어울린다는 점이 그러한 의구심을 생기게 한다. 에이미 굿맨(Amy Gutmann)은 다음과 같이 말하고 있다.

> 많은 비평가들이 대단히 완고하게 주장하고 있듯이, 만약 인간의 권리가 오로지 유럽 중심적인 관념에만 근거한다면, 그리고 이러한 유럽 중심의 생각들이 서양이 아닌 다른 나라들과 문화들에 대해 편향된 것이라면, 인간의 권리 이야기에 대한 정치적 합법성이나 인간의 권리 규약들 그리고 인간의 권리 집행에는 이의가 제기될 것이다.[11]

예를 들어 사람들을 그들의 사회적 역할과 배경을 가지고 정의하는 것이 가장 좋다고 생각하는 사회는 한 사람을 다른 사람과 따로 떼어놓고 권리를 주장하는 그러한 사람들에 대한 생각에 쉽게 동조하지 않을 것이다. 개인의 자율성에 대한 서구의 사랑은 의심스럽게 생각될 것이다. 만약 그 사회가 어쨌든 권리들에 대해 어떤 주의를 기울인다면, 사회적 정의라고 생각한 것을 추구하기 위해 경제적 사회적 권리들에 우선권을 주는 경향이 있을 것이다. 그렇게 근본적으로 국제 사회의 생각과 사실들이 일치하지 않는다는 것을 고려해보면, 무엇보다도 중요한 도덕적

11) Amy Gutmann, 'Introduction', in Ignatieff, *Human Rights*, p.xvii.

명령을 통한 정당화 문제가 좀더 긴급하게 요구된다. 우리는 우선 권리들을 타당하게 하고 더 나아가 그 한계를 설정할 때, 사람들의 주장과 열망보다는 다른 수단들을 가져야만 한다. 가장 기본적인 권리들조차 인정하고 강화하고자 하는 의지가 부족하다고 해서 권리들이 단순히 정치적 동의들에 의존할 수는 없다. 물론 권리들은 강력한 나라들이 그들의 의지를 발휘하는 힘의 문제가 될 수도 있다. 비록 그러한 나라들이 도덕적 통찰을 통해 그렇게 한다 할지라도, 그들은 단순히 그들의 힘을 통해 다른 나라들에 그것을 부과하고 있다는 사실은 남아 있다. 그러나 권리들에 대한 호소가 의미하는 것은 도덕적 주장들이 권력 사용을 제한하고 그에 대한 대안으로 도입된다는 것이다. 만약 권리들이 권력 정치의 도구가 된다면, 권리라는 개념 전체가 부정된다.

권리가 한 문화의 결과물이라는 생각에 대해 답할 수 있는 한 가지 가능한 대답은 권리 주장이 다른 도덕적 견해들이 있다는 것을 인정하는 도덕적 다원주의와 양립할 수 있다고 말하는 것이다. 아마도 인간의 권리는 동시에 많은 기초들에 의존할 수 있을 것이다. 예를 들어 이그나티에프(Ignatieff)는 세계적인 인권 보호 제도가 "도덕적 다원주의와 양립할 수 있어야 한다"[12]고 주장하고 있다. 무엇이 훌륭한 인간의 삶을 구성하는지에 관해서는 일치하지 않으면서, 인간의 권리들에 관한 동의가 있을 수 있다. 그는 '다른 문화에서 온 사람들이 무엇이 좋은지에 대해 계속해서 동의하지 않지만, 그럼에도 무엇이 두말할 것도 없이 정말로 나쁜지에 관해서는 동의할 수 있을 것이라고 말한다. 그렇게 부분적으로 겹치는 합의는 아마도 다른 종교들의 교리에

12) Ignatieff, *Human Rights*, p.56.

동시적으로 호소해서 정치적으로 성취할 수 있을 것이지만, 인간의 권리에 대한 주장은 그 이상의 것을 요구해야 한다. 그것은 어떤 일정 장소에서 얼마만큼이나 그것들이 인정되는지와 독립해서, 모든 곳에서 인정되는 객관적인 타당성에 대한 주장들을 포함한다.

우리가 곧 알게 되겠지만, '다원주의'는 특히 도덕적 맥락에서 항상 파악하기 힘든 말이다. 그것은 단지 다른 문화와 전통들 간의 차이점들로부터 유래하는 다른 견해들과 불일치들이 있다는 진부한 사실을 의미할 수도 있다. 그것이 이러한 의미를 넘어서 확장되면, 그것은 종종 사태들을 바라보는 단 하나의 올바른 방식은 없다는 것을 암시한다. 그러면 아무도 대안적인 견해들을 판결하거나 그것들 중 어떤 것이 잘못이라고 말할 수도 없다. 이러한 다원주의는 인내심을 권면하는 것으로 보일 수도 있지만, 그것은 인간의 권리들에 대한 주장에 아무런 도움을 주지 못한다. 우리는 여전히 인간의 권리들이 있다는 것을 인정하기는 고사하고, 그것들에 대한 말을 모든 조직이 채택하지는 않을 것이라는 달갑지 않은 사실에 직면해야만 한다. 에이미 굿맨은 도덕적 다원주의를 옹호하고자 하지만, 또한 "보편적인 인권을 다루는 제도가 도덕적 다원주의와 양립할 수 있어야 한다고 말하는 것은 그것이 모든 믿음 체계와 양립할 수 있어야 한다고 말하는 것은 아니라는 점을"13) 인정한다. 그녀가 생각하기에, 권리들은 그것을 인식하지 못하는 압제자들 앞에서 도덕적으로 방어할 수 있는 것이다.

진정으로 권리라는 관념을 갖고 있는 누구든 그것들이 인식되

13) Gutmann, 'Introduction', p.xx.

지 않을 때조차도 적용된다는 것을 믿어야만 한다. 그럼에도 이것은 다원주의와는 거리가 멀다. 진정한 다원주의와 공존했던 그러한 권리들에 대한 한 입장은 그 개념을 거부했던 똑같이 타당한 입장들이 있다는 것을 인정해야만 할 것이다. 다른 견해들에 대해 인내하고 독단적인 것을 거부하는 다원주의가 생각하는 이점들을 얻으려면, 어떤 견해들이 그 자신의 견해와 완전히 양립 가능하지 않을 수도 있다는 것을 인정해야 하는 불리한 처지에 처하지 않을 수가 없다. 우리는 보편적이고 객관적인 인간의 권리의 타당성을 채택하든지, 아니면 다원주의를 받아들이고서 인간의 권리들을 받아들이지 않는 사람들에게 기준을 적용시키지 말든지 해야만 한다. 우리는 어쩌면 정치적으로 동맹을 맺고 인간의 권리를 강화하는 것에 관해 어떤 동의를 얻어낼 수 있을지도 모른다. 그럼에도 이것은 정치적인 문제며, 공통된 인간성 때문에 인간들이 어떻게 다루어져야 하는지를 주장하는 높은 도덕적 근거로부터는 멀리 떨어져 있는 것이다.

국제적 맥락에서든 특정 사회에서든, 아무리 우리가 도덕적 진리를 옹호한다 할지라도, 그것을 그저 다른 사람들에게 부과하는 것으로는 충분치 않다. 우리가 보아왔듯이, 가장 기본적인 권리들을 보호하는 근본적인 이유는 우리의 자유로운 행위자를 보호하려는 것이다. 도덕성과 선택할 자유는 분리될 수 없다. 그러므로 기본적인 권리 조항과 그것들 기저에 놓여 있는 가정들 간에 그리고 권리와 자유 간에 긴장이 있을 수밖에 없다. 어떤 사람들이 소유하고 있는 권리들은 다른 사람들의 자유를 감소시킬 수 있다. 우리는 개인의 자유를 보장하고 그것을 존중해야 한다. 이것은 특히 다수의 소망들이 항상 소수에게 부과되어서는 안 되는 민주주의에 해당하는 것이다. 중요한 도덕 문제들에서 나의 행위에 대한 자유는 내가 다수와 잘 맞지 않는다 할지라도 보존되어야 한다. 마찬가지로 다수가 하기로 결정한다 할지라도, 내가 그렇게 취급되어서는 안 되는 어떤 방식들이 있다. 이것은 불가피하게 민주주의 정치에 문제들을 일으키는데, 민주 정치 체제에서는 다수의 폭정에 대한 공포가 항상 적잖이 있기 때문이다. 개인의 자유가 얼마나 보호되어야 하는지에 관한 논쟁들이 일어날 것이다. 대부분 사람들은 내가 믿지 않는 종교를 받아들이도록 강요되어서는 안 된다는 것에 동의할 것이다. 내 모국어가 아닌 다른 언어를 얼마나 공적으로 사용해야 하는지는 종종 논쟁거리다. 내가 양심적인 근거에서 나의 나라를 방어하기 위해 싸울 의무와 같은 몇 가지 시민의 의무들을 이행하지 않을 수 있는지 없는지는 우리가 돌아보아야 할 부담스러운 문제다.

이것들은 모두 민주주의 사회에서도 나타나는 문제들로서, 어떤 권리들이 있는지를 누가 결정해야 하며, 어떻게 그것들이 설명되어야 하는지에 대한 문제를 반영한다. 문제는 그러한 결정들 자체가 근본적인 권리들에 제약을 받아야 한다는 것이다. 그러한 결정들은 권리를 만들어내지 못한다. 결정들이 권리를 만들어낸다고 한다면, 그 정의에 따라 다수가 어떤 권리들이 존재해야 하는지 결정했기 때문에, 박해받는 소수는 반대할 근거를 갖지 못하게 된다. 국제적인 관계들에서 일어나는 문제들처럼, 권리들에 대한 이야기는 도덕적 주장들이라는 사전의 망을 가정해야 하며, 국내 정치뿐 아니라 국제적인 동의는 이에 종속되어야 한다. 다시 말해 인권의 객관성과 보편성이 도덕적 풍토를 만들어내며, 거기에서 모든 결정들이 이루어져야 한다. 인간들은 어떤 한정된 인간의 결정의 결과가 아닌 한에서 '자연스럽다'고 불릴 수 있는 도덕적 명령의 일부분이다. 만약 권리들이 동의와 협약을 통해 구성된다면, 바로 그 관념은 붕괴되고 의미 없는 것이 될 것이다. 그것은 그것을 거부하는 사람들에게는 적용될 수 없다. 그러나 그들도 도덕적 판단에서 고려해야 할 사람들이다.

물론 인간의 권리들에 대한 이야기를 거부할 수는 있다. 하지만 우리가 해서는 안 되는 것은 그러한 권리라는 이야기를 이용해서 진리를 유린하는 주장들에 편승하면서, 도덕들의 객관성과 인간의 권리들이 인간으로서 우리의 특성들과 맺고 있는 본질적인 연관들에 관해 그것이 지니고 있는 의미를 받아들이지 않는 것이다. 인간의 권리들은 도덕 영역에 속하며, 도덕적 주장으로 논의되어야 한다. 그것들은 거대한 정치적 법적 함의들을 지니지만, 우리는 그 주제를 도덕성에서 정치나 법으로 변경할 수 없다. 도덕성은 그 자체로 중요하다. 그것이 없다면 정치와 법은 심각하게 표류하게 될 수도 있다.

제4장

자연적 권리들과 법

1. 법들이 불공정할 수 있는가?

우리는 인권에 대한 현대의 이야기가 어떻게 17세기의 자연적 권리들에 대한 이야기로 거슬러 올라가는 전통에 뿌리를 두고 있는지 보았다. 이러한 견해에 따르면 도덕성은 지상에서 제정된 '실정'법에 대해 독립적이어야 한다. 질서가 잘 잡혀진 사회에서는 정말로 도덕성은 법을 지지하고 그것에 정당성을 부여한다. 자연적 권리들은 특정 나라에 있는 시민의 권리들과는 대비되는 것으로서 법이 제정될 수 있는 틀을 제공한다. 영국의 관습법은 수세기에 걸쳐 발전했으며, 정의감과 개인의 자유에 대한 요구들로부터 법 체계를 수립했다. 차례로 이러한 유산이 계승되어 미국 헌법에서 더욱 성문화되었다. 자연적 권리라는 어떠한 관념도 분명 자연법 관념과 밀접히 연관되어 있다. 이 두 관념들은 어떻게 인간들이 다루어져야 하는지에 대한 견해들을 사물들이 존재하는 방식에 관한 문제들과 연관시킨다. 누가 존중할 가치가 있는지 없는지 그리고 누가 존엄성을 가지고 다루어져야 하는지 결정하는 것은 개인적으로나 집합적으로나 우리에게 달려 있지 않다. 게다가 누가 도덕적으로 중요하게 생각되어야 하는지를 결정하는 것은 우리에게 달려 있지 않다. 그것은 자연법이 주장하듯이 사물들의 본성에 깊이 새겨져 있다.

자연적 권리들에 대한 믿음은 분명 현실적인 법이 사람들의 자연적 권리들을 무시하기 때문에 불공정할 수 있다는 인식 결과를 초래한다. 그러한 상황들에서 추론할 수 있는 것은 사람들이 그런 방식으로 지배되는 데 대해서 그들의 동의를 정당하게 철회할 수 있다는 것이다. 철학자 존 로크(John Locke)는 실패로 끝난 '몬마우스 반란(Monmouth Rebellion)'에 자금 조달을 도왔는데, 그때 몬마우스 공작은 1685년에 제임스 2세를 폐위하려고 영국의 서쪽에 상륙했었다. 그 반란은 서머싯의 세지무어 전투에서 비참하게 끝났지만, 3년 후에 로크는 네덜란드로부터 출범한 메리 여왕과 함께 배에 올라 있었으며, 피를 흘리지 않고 군주들을 교체해서, 윌리엄과 메리는 왕좌를 받아들였고 가톨릭 왕 제임스 2세는 도망을 쳤다. 로크는 그 당시의 법들이 특히 종교적인 자유에 제약들을 가하는 데에 불공정하다는 것을 근거로 그러한 법들을 거부했었다. 그는 혁명을 철학적으로 정당화했다. 법은 단지 권력의 후원은 말할 것도 없고 역사와 선례들에 의존할 수는 없다. 그것은 공정해야 하며, 지금 우리가 인간의 권리라고 부르는 것을 인정해야만 한다. 그리하여 영국의 이러한 사건이 이후의 미국 혁명에 선례로 주어졌고, 나중에 조지 3세의 권위를 거부하게 했다. 권위와 권력은 어떤 더 높은 권위에 근거해야만 하고, 인간으로서 우리의 기본적인 본성에 관한 문제들과 연결되어야 하기 때문에, 권위에 대한 존중은 충분치 못하다고 생각되었다.

아마도 그러한 시각은 대단히 혁명을 부추길 것인데, 이에는 아주 많은 위험들이 동반한다. 분명 프랑스와 러시아 혁명은 모두 그 여파가 명백히 이롭지만은 않았다. 그럼에도 그것은 법 자체가 불공정할 수 있으며, 법 체계 전체가 잘못된 기초를 가질 수 있다는 것을 강하게 증명해준다. 미국의 한 저자는 다음과 같이 말한다. "미국의 법은 자연법의 존재를 매우 진지하게 받아들이고 그것을 실정법의 척도로 그리고 혁명에 대한 권리를 궁극적으로 보증해주는 것으로 받아들임으로써 시작될 것이다."1) 다시 말해, 실질적인 정의의 원리들이 있는데, 그것은 인간으로서 우리의 역할과 관련되어 있으며, 실정법에서 제정된 것이 정의로운지를 판단하기 위해 사용될 수 있다. 정의는 지상의 법에 한정되지 않고 그것에 반영되어야만 한다.

인간의 권리들은 추상적인 개념이며 관습법의 원리들 안에서 뚜렷하게 조항들을 갖고 있지 않은 것으로서 영국의 법에서는 큰 역할을 하지 못했다. 실정법의 기초로서 자연법에 대한 관념도 미국에서보다 영국에서 더 그다지 눈에 띄지 않았다. 하지만 그 문제가 결코 완전히 사라진 것은 아니었다. 1953년 6월에 전날 대관식을 알리는 런던 『타임(*The Times*)』지에서, 대관식을

1) Hadley Arkes, *Natural Rights and the Right to Choose*, Cambridge University Press, Cambridge, 2002, p.12.

언급하고 있지 않은 몇 가지 기사들 중 하나는 은퇴한 판사로부터 온 편지였는데, 그것을 주목해보면 아주 흥미롭다. 거기에서 그는 '우리나라의 법률 지식이 자연법에 의존한다는 모든 인식이 사라짐으로써 그것이 우리의 사법 체계에 끼친 손해'를 개탄했다. 그러나 국제 정치와 국내 정치에서 인간의 권리가 점차 강조되면서 그 문제는 이제 더 이상 무시할 수가 없다. 언뜻 보기에도 인간의 권리들은 자연적 권리들이어야 한다. 우리가 보아왔듯이 영국의 법이 그러한 권리들의 근거가 무엇이든 간에 그것들을 고려해야만 한다는 것은 어쨌든 이제 분명하다. 제정된 법이 인간의 권리에 대한 요구들에 종속되어야만 할 것이기 때문에, 이것이 의회와 법정 간의 전통적인 균형을 얼마나 뒤흔들지는 아직 미지수로 남아 있다. 판사들은 정확히 이러한 권리들이 법적인 용어로 어떻게 해석되어야 하는지에 대해 넓은 재량권을 가질 것이다. 의회의 의지는 더 이상 법에서 최종적인 기준으로 보이지 않는다. 의회의 활동들은 이제 법적인 조사에 응해야 하며, 매우 추상적인 원리들에 비추어 판단되어야 한다. 이러한 원리들이 어디에서 오는지 그리고 무엇이 그것들을 적법하게 하는지에 대한 이해들이 있어야 한다. 분명히 그것은 지상의 법이 아니다.

2. 도덕적 배경

현대 사회에서 가장 해결하기 어려운 많은 문제들은 어떤 권리들이 가장 중요한지와 관계가 있다. 어떤 사람들은 특히 선택권과 사생활권과 같은 권리들을 강조하기 원한다. '선택할 권리'

는 특히 낙태의 문제와 연관이 있고, 사생활에 대한 권리는 성적인 문제들과 연관되어 있지만, 이러한 권리들은 훨씬 더 광범하다. 그것들 각각은 모두 개인적 자유가 갖는 탁월한 역할과, 그 결과 공공의 비난으로부터 개인을 보호하고자하는 욕구를 강조한다. 개인들은 그들 스스로 결정할 수 있어야 하며, 그들이 사적으로 행한 것에 대한 비판이나 간섭으로부터 보호받아야 한다고 생각된다. 그러나 역설적인 것은 많은 사람들이 이러한 권리들이 공적으로 인정되고 통용되기를 원한다는 것이다. 그들은 그들의 개인적인 결정과 행위에 관해 공적인 조처가 이루어지기를 원한다. 그들은 공적으로 인정되는 도덕적 기준들은 있을 수 없다고 하는 주관주의적 윤리를 받아들이고 있는 것이 아니다. 주관주의자들은 각자의 결정이 그러한 결정을 한 개인에게는 옳은 것이라고 믿는다. 모든 권리들을 고무하고자 하는 활동은 공적인 기준들이 필요하다는 것을 받아들여야 한다. 그것은 단지 그들이 어떠해야 하는지의 문제일 뿐이다. 사생활과 선택의 자유를 가질 권리에 호소하는 것은 행위자 개인에게 집중할 것이지만, 그것은 공적인 승인을 요구한다.

현대의 많은 논쟁들에는 팽팽한 긴장이 나타난다. 사생활과 선택에 대한 권리를 주장하는 사람들은 종종 개인의 도덕적 선택들이 그 개인 너머에 있는 어떤 것에 제약을 받는 것으로 보기를 꺼려한다. 그들은 그들이 잘못일 수 있다거나 그들의 선택이 인간 본성의 요구들에 비추어 판단되어야 한다는 말을 듣고 싶어하지 않는다. 그러나 권리라는 바로 그 관념은 우리가 개인의 결정 문제가 아닌 문제들을 다루고 있다는 것을 함축한다. 당신이 사생활에 대한 권리를 갖고 있는지는 당신에게 달려 있을 수 없다. 권리들은 모두에 대해 주장하는 것이며, 개인의 결정 문제로 인정되거나 거부될 수 없다. 선택과 사생활에 대한 권리들은 모든 것을 개인들의 선호나 취향으로 남겨두는 도덕성을 강화하는 것으로 보일 수도 있다. 그러나 사실상 그것들은 객관주의적인 윤리의 모든 요구들에 직면할 수밖에 없다. 그래서 윤리는 사적이고 개인적인 것이 아니라 공적이고 사회적인 문제가 되어야 한다. 그것이 바로 제기되는 주장들을 법적으로 인정하기를 요구하는 압력이 있는 이유다. 그러므로 그러한 논쟁들에서 문제는 '자연적' 권리들이 있느냐 하는 것이 아니다. 문제는 그것이 어떤 것인지, 그리고 어떤 것이 우선성을 갖는지 하는 것이다.

이러한 객관적인 도덕성 문제는 우리가 인간을 고려하는 방식에 관한 함의를 갖고 있다. 우리가 비록 항상 인정받지는 못한다 할지라도 인정을 요구하는 인간들에게 속해 있는 '객관적' 권리들이 있을 수 있다는 것을 받아들일 것이다. 그러나 우리가 일단 그렇게 하고 나면, 인간성이라는 관념 또한 어떤 객관적인 도덕적 무게를 가져야 한다는 것은 분명해진다. 따라서 우리가 우연히 어떤 사회에 속하느냐의 문제가 아니라 인간임이 문제라는 사실이 결론으로 나온다. 아르케스(Arkes)는 그 문제를 다음과 같은 방식으로 표현한다.

> 만약 '자연'이나 '인간의 본성'에 속한 객관적 진리가 없다면, 만약 몇몇 급진적인 여권 운동가들이 말하듯이 인간이라는 바로 그 의미가 항상 우연적이고 항상 '논쟁'에 열려 있다면, 우리들 중 누가 객관적인 지위를 갖고 있는 권리의 소유자가 될 수 있을 것인가? 결국 우리 자신들은 그렇지 않으면서 우리의 권리는 객관적 지위를 가질

수 있을 것인가?[2)]

이러한 종류의 질문은 우리가 인종 차별이나 노예 제도를 대할 때 특히 적절해진다. 우리가 인간은 그러한 방식으로 취급되어서는 안 된다고 말할 수 없고 우리의 공통적인 인간성이라는 사실에 호소할 수 없다면 문제가 아닐 수 없다. 그러나 일단 '인간성'이 사회적 구성물이며, 따라서 인간이라는 것이 무엇을 의미하는지가 시간과 장소에 의존한다면, 인종주의와 노예 제도는 다른 사회적 제도의 산물이라고 쉽게 주장될 수 있으며, 그것은 다른 사회의 기준들에 의해 비판을 받을 수 없다. 그렇게 되면 그러한 기준들에 도전할 아무런 합리적 근거가 있을 수 없다. 인간의 본성이라는 관념과 그것의 지위가 어떤 한 사회의 창조물이 아니며, 정치적으로 타협할 수 없는 것이라고 인정될 때만, 한 사회는 권력을 쥐고 있는 자들이 어떻게 생각하든지 간에 독립적으로 유지되는 객관적 기준을 통해 판단될 것이다.

이것은 법이 단순히 한 사회에서 사람들이 함께 살 수 있게 해주는 장치여서는 안 된다는 것을 보여준다. 함께 살 수 있는 많은 방식들이 있으며, 어떤 사회는 노예 제도를 이용할 수도 있다. 그것은 그 사회 안에 새겨진 세계관에 의존할 것이다. 로크와 미국 창시자들은 불공정한 법들이 있을 수 있다는 것을 의심치 않았다. 그렇다면 정의는 법에 의해 구성되지 않고 그 안에 반영되어야 한다.

법에 대한 두 가지 그림들이 자주 대비된다. 그 중 하나는 정의를 구현하고 있으면서 권리들에 구속되는 법에 대한 그림이다.

---

2) 같은 책, p.181.

그렇게 되면 실정법은 자연법을 반영한다. 어떤 사람들은 심지어 법정을 중립적인 정의의 중재자로도 볼 수 있는데, 이는 입법부와는 대비되는 것으로, 입법부는 경합하는 특별한 이해들을 전달해주는 수단으로 보일 수 있다. 그럼에도 양심적인 입법가가 어떤 판사만큼 도덕성에 따르지 않아야 할 이유는 없다. 반대로 판사들 자신도 그들에게 가해지는 정치적 압력에 적잖이 영향을 받는다. 반면에 자연법이라는 관념이 웃음거리가 된다면, 우리는 특정 장소들에서 발효되는 실정법에 내맡겨지게 된다. 지상의 법은 분명히 사람들의 대표자들의 민주적 통제 아래 있는 것으로 보인다. 그때 법은 정치적 타협의 산물이라고 말할 수 있다. 많은 도덕적 문제들에 관해 거의 동의가 이루어지지 않는 것으로 보이는 다원주의 사회들에서, 민주주의는 (비록 소수의 비참한 처지가 문제로 남는다 할지라도) 유일한 결정 방식으로 보인다. 종종 사람들은 도덕적 차이점들 때문에 법이 도덕적 중립성을 얻으려 노력해야 한다고 생각한다. 그때 개인의 자유와 상호 인내가 대개 칭송을 받는다. 그러나 자유와 관용을 소중하게 여기는 것은 중립적인 입장을 표하는 것이 아니다. 그것은 특별한 종류의 사회를 옹호하는 것과 관계가 있는데, 그러한 사회는 자유주의적 민주주의를 흡사 닮아 있는 것으로 보인다. 그러한 종류의 사회를 위한 틀을 제공하는 법들조차 인간에게 무엇이 중요한지에 대한 시각으로부터 출발한다. 그것은 적잖이 개인의 중요성을 강조한다.

어떠한 법도 도덕적 견해로부터 중립적일 수 없다. 한 사회에서 어떤 것이 허용된다는 사실은 금지와 마찬가지로 도덕적 의미를 전한다. '잘못된' 선택에 대해서까지 자유를 허용하는 것은 자유의 관념이 중요하다는 생각을 전달한다. 사람들이 종종 도덕적 주장에만 만족하지 않고 그들의 입장에 법적인 효력이 주어지기를 원한다고 강하게 느낄 때 그것은 우연한 일치가 아니다. 이것은 강제의 수준과 관련이 있지만, 많은 사람들은 어떤 것들이 묵인되는 사회에서 살기를 원치 않는다. 동물 학대에 관해 강한 견해를 갖고 있는 사람들은 여우 사냥을 단지 탄핵만 하지는 않는다. 그들은 그것을 불법화시키기 위해 캠페인을 벌인다.

법과 도덕성이 분리되어야 한다는 생각은 개인의 자율성에 대한 주장과 함께 성장해왔다. 우리는 안전한 사회에 대한 요구라는 한계에서 어떻게 살아야 할지 각자 선택해야 한다고 생각된다. 그러한 경우에 특정한 삶의 양식이 법을 통해 부과되어서는 안 된다. 자유가 모든 것이다. 그러나 이러한 자유주의는 강조되고 있는 종류의 사회에 관한 근본적인 문제들로까지 확장해 들어가지 못하고 있다. 자유주의 사회는 그 자체로 법을 통해 지지되는 그러한 특별한 종류의 사회다. 법은 항상 교사라는 것을 우리는 받아들여야 한다. 그것은 사람들에게 무엇이 금지될 만큼 중요한지 보여준다. 예를 들어 인종적인 증오를 퍼뜨리는 것을 금하는 법은 사람들에게 어떤 종류의 행위가 받아들일 수 없는 것인지를 가르쳐준다. 한편, 자유로운 표현의 권리는 만약 법의 효력이 주어진다면 우선권을 취득할 것인데, 이것 또한 우리에게 한 사회에서 도덕적으로 중요한 것들에 관해 말해준다. 아르케스(Arkes)는 입법조치가 어떤 행위들을 사적인 영역으로부터 제거하는 것이며, 이것은 불가피하게 그러한 행위들을 '도덕적 귀결의 문제들'로 취급하는 것이라고 지적한다. 그는 다음과 같이 말한다. "대중들이 법에 포함되어 있는 옳고 그름에 대해 이해하게 됨에 따라, 대중들의 특성은 더 좋거나 더 나쁘게 형성된다."[3] 실정법을 통해 어떤 의미들이 전달되든 간에 그것들은 영향을 미칠 것이다. 우리는 자유를 소중하게 여길 수 있다. 아니면 우리는 어떤 것들이 너무나 끔찍해서 불법이 되어야 한다고 생각할 수도 있다. 어떤 방법으로든 우리는 우리가 살기 원하는 종류의 사회를 결정한다.

그러나 법은 여전히 도덕적 견해로부터 규제를 받을 것이다. 도덕적 문제에서 개인의 자유와 책임은 항상 법적인 해명의 문제를 넘어서야만 하는데, 이는 특히 법의 기능이 도덕적 기초를 전제하기 때문이다. 법에 대한 복종은 비록 그것이 도덕적 의무로 간주될 수 있다 할지라도 충분한 것이 못 된다. 우리는 여전히 어떻게 살아야 할지 그리고 어떻게 남들을 대해야 할지에 관해 스스로 결정을 내려야만 한다. 법은 결코 인간사의 모든 복잡다단함을 예측할 수는 없으며, 우리가 자유롭고 책임 있는 존재로 대우받고자 한다면, 법은 그렇게 하려고 해서도 안 된다. 법은 미리 존재하는 도덕적 틀을 전제하는 것이지 그것을 만들어낼 수는 없는 것이다.

게다가 법은 모든 가능한 상황을 예측하고 정확한 처방을 내릴 수는 없기 때문에, 우리는 종종 우리가 스스로 내리는 판단에 의존해야만 할 것이다. 또한 이것은 판사들에게 법정에서 그들이 내리는 판결에 대해 얼마간의 자유재량권을 주기 위한 논변이다. 입법부는 종종 강제적인 재가를 함으로써 그들의 손을 묶어놓고자 한다. 그리고 판결을 위한 규범들은 사법권에 일관성

---

3) 같은 책, p.3.

을 부여하는 유용한 안내 역할을 할 수도 있다. 그럼에도 살인 사건들조차도 다양하며, 아무도 모든 유형의 형량 경감 요인을 예측할 수는 없다. 특정 사건의 정황에 따라 행위들에 대한 과실을 부과하고 그에 해당하는 적절한 처벌을 결정하는 데에서 도덕적 분별력이 요구된다. 속도 위반과 같은 사소한 사건에서조차 스포츠카를 타고 뽐내는 젊은이와 생명을 구하기 위해 급히 달린 구급차 운전자 간에는 차이가 있다.

3. 교사로서의 법

법을 집행하는 것은 정의를 실현하는 것이며, 그것은 결코 도덕적으로 중립적이지 않다. 어린아이들조차도 무엇이 '공정'하지 않은지에 대해 뿌리 깊은 생각을 갖고 있다. 정의의 기본적인 관념은 우리 모두에게 너무나 깊이 뿌리 박혀 있기 때문에, 그것은 매우 기본적인 인간의 요구와 충동에 걸맞은 듯이 보인다. 대부분의 사람들은 어떤 법적인 훈련이 되어 있지 않더라도, 자신이 저지르지 않은 어떤 것에 대해 처벌받는 것은 뭔가 잘못이라는 것을 알 수 있다. 마찬가지로 문제의 행위가 발생되고 난 얼마 후에 통과된 법에 의해 당신이 유죄인 것으로 밝혀진다면, 대부분의 사람들은 그것이 매우 공정하지 못하다고 생각할 것이다. 그러한 인간의 반응은 널리 퍼져 있는 것이며, 최소한 그러한 반응이 단순히 사회적인 조건이나 교육의 산물은 아니라고 주장할 수 있다. 그것은 우리의 바로 그 인간 본성으로부터 분출하는 정의에 대한 기본적인 이해를 보여준다. 도덕성이 그렇게 깊숙하게 흐르고 있는지는 논쟁의 여지가 많다. 그러나 도덕성이 사회적 협약의 문제로 생각되면 될수록, 그리고 법이 단순히 특정 사회의 임의적인 선호를 나타내는 것으로 보일수록, 그 각각은 더욱더 가치가 떨어진다. 법은 도덕성에 대한 공적인 표현이기 때문에 중요하다. 그러나 만약 도덕성이 임의적이고 상대적으로 보이게 된다면, 그것의 중요성과 진지함은 그로 인해 줄어들게 될 것이다.

도덕성이 없다면, 법은 무엇을 해야 하고 무엇을 해서는 안 되는지에 대해 거의 생각하기 힘들 것이다. 도로 규칙들처럼, 모든 법은 정말로 조절 기능을 갖지만, 조절의 목적과 의도에 대한 어떤 생각이 없다면 이것은 그 자체로 무의미해보일 수 있다. 교통법규들조차 인간의 생명은 보호되어야 한다는 가정에 근거하고 있다. 우리가 알고 있듯이 법은 교사다. 우리는 개인의 자유를 너무나 소중하게 여기기 때문에 때때로 이러한 기본적인 사실을 보지 못한다. 우리는 법적인 재가라는 강제력에 종속되지 않고 사람들이 바라는 대로 자신의 삶을 살 수 있는 넓은 공간이 남겨져 있어야 한다고 느낀다. 그러나 무엇이 법으로 제정될 만큼 중요한지 우리가 결정함으로써 어떤 의미가 전달된다. 어떤 것을 개인의 결정에 남겨두는 것은 항상 그것을 사회에서 중요치 않아보이게 할 수 있는 위험이 있다. 예를 들어 현대의 어떤 문명사회가 노예들을 부릴지에 대해 그것을 개인의 판단에 남겨둘 것이라고 생각하기는 어렵다. 이는 인간의 자유를 중요한 것으로 생각하는 믿음이 모든 인간들에게 확장되어야 하기 때문이다. 그러나 이것은 중요한 점을 시사한다. 개인의 자유와 인간의 평등을 소중하게 여기는 어떠한 사회도 그러한 도덕적 통찰들에 근거한 법적 체제를 가질 것이다. 그것은 여러 세대를 거쳐 유유히 전승된 사회적 틀의 일부가 될 것이다.

도덕성은 종종 법보다 더 높은 기준들을 설정할 수 있는데, 이는 도덕성이 도덕적 행위자들로 하여금 책임감 있는 방식으로 그들의 자유를 사용하기를 기대할 것이라는 점에서 그러하다. 이것은 법이 비록 우리의 행동을 제약하고 우리에게 얼마나 훌륭하게 행동해야 하는지 그리고 무엇을 하지 말아야 하는지를 보여주는 역할을 갖고 있다 할지라도, 법만으로는 충분하지 못하다는 것을 의미한다. 정말로 도덕 교육이 필요한 곳이 있음에 틀림없다. 아리스토텔레스는 유덕하게 행동하는 방법을 배울 때 습관이 중요하다고 생각했는데, 그것이 옳다면, 어른이 되어서 올바른 행동이 자연스럽게 나오기 위해서는 아이들이 행동하는 방법에서 훈련을 받아야 한다는 결론이 나온다. 이것은 (학습이 자동적으로 반응을 일으키는) 조건화 문제 이상의 것이며, 본질적으로는 합리적인 과정이어서, 우리는 왜 저 방식보다는 이 방식으로 행동하는 것이 더 나은지를 알게 된다. 자유주의적 관점에서 보자면 도덕적 훈련이라는 생각은 부당해보이며, 모든 도덕 교육은 어떤 기준 설정을 하지 않는 것으로 보인다. 자유를 너무나 많이 강조하기 때문에, 마치 무엇을 하는 것이 가장 좋은지 뿐만 아니라, 무엇이 좋거나 나쁜 것으로 혹은 옳거나 그른 것으로 간주되어야 하는지를 개인이 결정해야 하는 것처럼 보일 수 있다. 그러한 상황에서 법을 도덕적 안내자로서 생각하는 것은 증오스러운 것이다. 법은 어떤 특정한 선에 대한 관념이나 사회에 대한 어떤 한 가지 모습을 부과할 수 없을 것이다.

법과 도덕성에 관한 자유주의적 입장은 다음으로 요약할 수 있다. '각 시민은 그에게 무엇이 좋은지 결정할 수 있는 가장 훌륭한 재판관이다. 그리고 정부가 하는 일은 각 시민이 어떻게 살아야 할지에 관해 스스로 선택할 권리를 보호하는 한편, 어떤 특별한 선택이나 생활 양식을 지지하기 위해 나라의 권력을 사용하지 않는 것이다.'[4] 개인의 선택에 대한 보호는 그 자체로 도덕적 입장으로서 중립적이지 않으며, 그것은 특정 규칙들과 기준들의 강화를 포함한다. 비록 그 목적이 각자 다른 사람들의 일에 간섭하는 것을 막는 것이라 할지라도, 그것은 사람들의 행동에 대한 구속을 의미할 것이다. 인내를 지지하려는 욕구가 어떤 관행들은 불법화되어야 한다고 주장하는 도덕적 입장들과 마주칠 때 어쩔 수 없이 충돌이 일어나게 될 것이다. 인내하는 사회는 성적인 문제에서 개인의 결정을 존중하는 동시에, 우리 모두가 어떤 종류의 사회에서 살아야 하는지에 관해 모든 사람들이 자신의 견해를 주장할 수 있는 권리를 모두 가질 수는 없다. 많은 사람들은 낙태나 동성애의 부도덕성에 관한 사적인 믿음을 유지하기 바랄 뿐 아니라, 그들 자신의 기준과 똑같은 기준들을 갖고 있는 사회에서 살기를 바란다. 그러나 그것은 '자유주의' 사회가 아닐 것이며, 자유주의자들에게 그것은 선택지로 논의조차 될 수 없다. 제약에서 인내로 변하는 것처럼, 특정 행위들을 용인하는 사회로부터 그것들을 불법화하는 사회로 바뀌는 것은, 특별한 도덕적 견해를 그러한 모든 견해들과는 독립적으로 연구된 것들로 교체하는 것이 아니다. 그것은 단순히 도덕적 변화며, 우선적인 것들을 다르게 질서지우는 것과 관련이 있다. 이것은 자

4) Peter Berkowitz, *Virtue and the Making of Modern Liberalism*, Princeton University Press, Princeton, NJ, 1999, p.x.

유주의에 반대하는 논변이 아니다. 그것은 단지 법이 도덕들에 관여하지 않는다는 자유주의적 관념이 환상이라는 것을 지적할 뿐이다. 동성애에 관한 법이 변한 만큼 사회에서의 태도 또한 변했다는 것은 부정할 수 없다.

어떤 행위가 법의 주목을 받지 못할 때마다 사회에는 강한 의미가 전달된다. 예를 들어 개인적 자유는 어떤 사람들의 도덕적 선택 내용보다 더 소중하게 여겨지고 있다. 이것이 좋은지 나쁜지는 문제가 아니다. 법을 바꾸는 것은 모든 것을 이전처럼 남겨두지 않고 행동에서의 변화로 이끌 것이다. 이것은 마약에 관한 법을 자유화하는 것에 관한 논변들에서 종종 논의되는 점이다. 말하자면 헤로인 판매에 관한 법을 바꾼다는 단순한 사실은 그 자체로 행동에서의 변화를 긍정적으로 조장할 것이다. 법의 제약과 그 법을 통해 표현된 대중의 의견이 보여주는 제약은 결정적으로 제거될 것이다. 게다가 이것이 의도된 것이든 아니든, 사회의 태도가 변했으며, 더 이상 어떤 것들을 분명히 잘못된 것으로 보지는 않는다는 의미가 전달될 것이다. 공공 장소에서 담배를 피우는 것에 관한 법을 강화시키는 것은 반대 방향으로 법이 작동한다는 것을 보여준다. 이전에는 사회적으로 받아들일 수 있었던 것이 이제는 받아들이기 힘든 것이 되었으며, 그리고 이것은 불가피하게 공적인 규제들에 반영된다.

4. 자유주의와 법

도덕적 견해들은 자발적으로 그것을 받아들이지 않는 사람들에게 어느 정도까지 부과될 수 있는가? 법이 그것을 할 수 있는 수단인데, 이것이 자유로운 사회에서 커다란 문제들을 일으킨다. 이것은 법이 사람들의 이익을 위해 필요한 곳에서 가장 심각한 문제를 일으킨다. 모든 입법은 우리를 구속하며, 그래서 우리는 어떤 제약들은 불가피하다는 것을 인식해야만 한다. 도로 규칙들은 우리의 자유를 제한할 수 있다. 하지만 모든 사람들은 자신이 살아 있기를 원한다면 그것들이 필요하다는 것을 받아들일 것이다. 그러나 그 법이 내가 원치 않을 때 내가 나를 위해 어떤 것을 하도록 강요할 수도 있는지, 그리고 그 법이 그 밖의 아무도 해롭게 하지 않을 것인지는 항상 논쟁의 여지가 있다. 예를 들어 모든 사람들은 좌석 벨트를 해야 하거나 흡연을 그만두도록 강요되어야 하는가? 이러한 문제들에는 한 가지 해답이 없는 듯이 보인다. 그것은 상황에 의존할 수 있을 것이다. 아마도 개인의 자유는 소중하기는 하지만 유일하게 중요한 것은 아니다. 자유주의 사회는 그 밖의 모든 것을 배제하는 정도까지 그것을 소중하게 여길 수 있지만, 이것은 그 자체로 특정한 도덕적 결론에 이르는 것이다. 좀더 온정주의적인 견해는 때로 사람들을 보호하기를 바랄 수도 있다. 그것이 요즈음 유행하는 견해는 아닐지라도 그것이 항상 잘못된 것인지는 분명치 않다.

법이 다양한 도덕적 견해들을 중재하는 장치가 될 수 없는 한 가지 강력한 이유는 사람들이 도덕적으로 일치하지 않는다는 사실이다. 도덕적 문제들이 진리와 어떤 연관을 갖고 있다는 신념이 약화될 때 이는 더욱 그러하다. 시민들이 그들 자신에게 무엇이 좋은지에 대한 가장 훌륭한 재판관이라는 생각은 도대체 선에 대한 객관적 기준이 없다는 생각과 아주 밀접하다. 그렇게 되면 도덕적 견해들은 취향의 차이들과 같아보인다. 나는 바나나를 싫어할 수 있으며, 너는 낙태에 대해 용인하지 못할 수 있다. 이 두 가지 태도들은 우리에 관한 어떤 것을 말하고 있는 것이지, 우리가 어떤 종류의 사회를 형성해야 하느냐에 관해 말하고 있는 것이 아니다. 그러나 슬그머니 기어 들어온 주관주의가 도덕적 문제들에서의 진리를 단순히 '어떤 사람들을 위한' 진리로 만들면서 자유주의적 견해와 함께 엉거주춤 걸터앉아 있다. 인간의 평등과 개인적 자유에 대한 믿음은 그 자체로 실질적인 도덕적 믿음이다. 사람들은 글자 그대로 그것들에 기초한 사회를 건설하기 위해 싸워왔다. 프랑스혁명은 자유(liberté), 평등(égalité), 박애(fraternité)를 획득하기 위해 투쟁했으며, 그러한 단어들은 여전히 파리재판소(Palais de Justice) 앞에 새겨져 있다. 그러한 원칙들이 받아들여져야 하는지에 대해서 그것은 개인의 결정에 남겨질 수 없으며, 정의는 개인적 취향의 산물 그 이상의 어떤 것이다.

자유주의는 때때로 주관주의를 장려하는 것으로 보일 수 있지만, 사실 자유주의는 그 자체로 분명히 주관주의에 의해 파괴된다. 문제들을 개인의 결정에 위임하는 것은 개인에 대한 깊은 존중에서 나올 것이다. 그러나 그것들이 법과 아무런 관련이 있어서는 안 된다고 말하는 것은 그것들이 공적인 조처가 이루어질 만큼 그렇게 중요하지 않다고 말하는 것으로 이해될 수 있다. 개인적인 자유는 절대적인 우선권을 가져야 한다. 이것은 사람들이 원하는 종류의 사회를 가리킬 수도 있지만, 그것은 도덕적 논쟁을 필요로 하는 문제가 될 것이다. 어떤 문제들을 공적인 논의의 장을 벗어나서 개인의 결정에 맡기는 것은 어떤 문제들의 도덕성에 관한 공적인 논쟁을 금지하는 효과를 갖는다. '공적인 이유들'로 허용되는 것은 매우 특별한 종류의 것이며, 도덕적 문제들은 심지어 그것들이 사적이라는 근거에서 배제되기까지 할 수 있다. 이것은 아마도 부분적으로는 도덕적 문제들이 종교적인 문제들과 뒤얽힐 수 있다는 두려움 때문일 것인데, 하지만 종교에 관한 공적인 논쟁이 해롭다는 것은 분명치 않다.

많은 사람들이 비록 도덕적 문제들이 진리와 연관이 있다는 것을 충분히 받아들인다 할지라도, 도덕적 문제들을 법률로 정하는 것에는 여전히 반대할 수도 있다. 그들은 사람들에게 친절하라고 강요하는 것은 문제가 있다고 느낄 것이다. 참된 도덕성은 정말로 자유로운 선택에서 나오는 것이지 강요에서 나오는 것이 아니다. 법 또한 당연히 사적인 것을 간섭하면 경솔하다고 말할 수 있다. 그것은 주관성과 객관성을 구별하는 것과는 다른 것이다. 법은 본성상 공적인 규정들을 만들어내고 공적으로 집행되어야 한다. 많은 사적인 행동은 단지 그러한 상황들에서 법을 집행하기가 어렵기 때문에 법의 한계를 넘어설 수도 있다. 집행할 수 없는 법은 항상 나쁜 법이다. 많은 사람들은 또한 법이 글자 그대로든 아니면 은유적으로든 열쇠 구멍을 통해 염탐하는 것을 조장한다면 불편한 느낌을 가질 것이다. 현대의 과학 기술은 이보다 훨씬 더 많은 것도 할 수 있는 여지를 제공한다. 그러나 공적인 것과 사적인 것이라는 이분법은 항상 어느 정도 인위적일 것이다. 많은 사적인 행위들이 공적인 효과들을 내며, 법은 그것들을 고려해야만 한다. 살인은 극히 사적인 조건에서 저질러졌을 때라도 범죄가 아닐 수 없다.

법과 도덕성은 결코 차원이 같을 수 없다. 법이 사람들을 강제로 선해지도록 할 수 있는 것은 아니지만, 그들이 그렇게 되기가 더 쉽거나 더 어렵게 하는 상황들을 만들어낼 수는 있다. 사람들이 어떤 행위들을 삼갈 수밖에 없을 때, 그들은 그로 인해 유덕한 것도 아니고 가장 훌륭한 동기에서 행동하고 있는 것도 아니다. 법 자체는 미리 존재하는 도덕적 기초를 필요로 한다. 그것의 본성은 입법가의 도덕성에 의존하며, 그것의 효력은 그것에 복종하는 것을 의무로 생각하는 시민들의 도덕성에 의존한다. 대부분의 사람들의 복종에 근거하지 않고 단지 그것이 법이기 때문에 전적으로 법적인 강제력의 위협과 단속에 의존하는 법은 매우 허약한 기초를 갖는다. 부패한 입법가는 부정한 판사와 부정직한 경찰들처럼 스스로 법의 규칙을 훼손한다. 법은 도덕성이라는 좀더 우선적인 틀에 의존한다. 덕은 법에 선행하는 것이지 그것을 통해 만들어질 수는 없다.

아르케스는 그가 설명하고 있듯이 "사회학이나 중국 요릿집의 점괘 과자에서 오늘날 너무나 널리 찾아볼 수 있는, 절대로 '도덕성을 법률로' 정해서는 안 된다는 진부한 표현"[5]을 언급한다. 그는 "우리는 오직 도덕성만을 입법화할 수 있을 것이다"라고 말해야 한다고 주장한다. 자유주의 원리를 익힌 사람들에게 처음에는 이것이 놀라운 것으로 보이며, 우리가 사람들을 도덕적이게 할 수 있다고 말하는 것으로 보인다. 그러나 이것이 말하는 바는 법이 도덕성의 요구들을 무시할 수 없다는 것이다. 모든 법은 도덕적 원리에 기초해야 한다. 그것이 특정한 영리적 이윤을 제공하는 것과 같은 어떤 다른 동기들을 가지고 만들어지고 있을 때, 우리는 그것을 매우 주의 깊게 의심해보아야 한다. 도덕적

---

5) Hadley Arkes, *First Things : An Inquiry into the First Principles of Morals and Justice*, Princeton University Press, Princeton, NJ, 1980, p.27.

진공 상태에서 작동하거나 더 나아가 부정에 기초한 법은 시민들의 복종과 동의를 명할 수 없다.

법이 단지 두렵기 때문에 지켜져야 하는 것이 아니려면 그것은 존경을 받아야 한다. 민주주의 사회에서 법은 임의적으로 시행될 수 있는 것이 아니라 그것의 영향을 받을 사람들의 동의를 필요로 하는 것이다. 단지 사회의 어떤 특정 부분에 속한 사람들만이 아니라 모든 사람들의 관심이 고려되어야 한다. 이것은 우리가 어떻게 함께 살면서 서로를 존중해야 하는지에 관한 문제다. 그것이 전형적인 도덕 문제다. 법은 도덕성에 기초해야 하며, 법의 본성과 범위에 관한 결정은 깊은 도덕감에 의존해야 한다. 도덕성 자체가 또한 법을 요구한다. 인간으로서 우리의 어떤 주된 관심들은 사회를 위한 기준들을 정하는 방식으로 어떤 구체적인 표현 수단을 가져야 한다. 그러나 법은 우리의 시중이지 주인이 되어서는 안 된다. 도덕성이 없다면 법은 위험스럽고 임의적일 수 있다. 또한 법이 힘이 없다면 도덕성 자체는 무력할 수 있다.

5. 법은 고문을 허용해야 하는가?

세계인권선언문 5조는 '누구도 고문이나 학대 또는 비인간적이거나 품위를 떨어뜨리는 취급이나 처벌을 받아서는 안 된다'고 주장한다. 이것은 우리가 인간으로서 갖는 근본적인 특성, 다시 말해 우리들 각자는 존중되어야 하는 존엄성을 지닌 자들이라는 것으로부터 따라나오는 것으로 생각된다. 연합국은 아마도 그러한 권리가 단지 여전히 그 위상이 모호한 국제법 안에 신성하게 안치되어 있을 뿐만 아니라 회원국들의 법에서도 성문화되기를 기대할 것이다. 고문은 세계적으로 불법이 되어야 한다. 법은 도덕성에 따라서 자유롭고 책임 있는 행위자로서 우리가 지니는 지위를 훼손시키는 것들을 금지시켜야 할 것이다. 정말로 법이 도대체 도덕적 견해를 분명하게 표현하고자 한다면, 그것이 어떻게 고문을 허용할 수 있을지 상상하기 어렵다.

그럼에도 고문은 왜 잘못된 것인가? 분명히 그것은 사람이 원치 않는 고통을 고의로 부과하는 것과 관계한다. 모든 것이 직접적으로 신체적일 필요는 없다. 그의 가족의 안전을 위협하거나 심지어 그 사람 앞에서 그들에게 고통을 가함으로써 그를 고문할 가능성도 있다. 그러나 고문의 목적은 사람으로 하여금 그러한 고통을 정지시키는 것에만 관심을 갖도록 만드는 것이다. 그것의 목적은 사람들을 비인간적인 방식으로 다룸으로써 그들의 자율성과 이성을 무너뜨리는 것이다. 그러한 잔학한 행위는 노예제와 마찬가지로 대단히 나쁜 것이며, 어떤 사람의 인간성 존중에 역행하는 기능을 한다. 칸트의 유명한 용어를 빌리자면, 그것은 어떤 사람들을 목적이 아니라 수단으로 취급하는 것이다.

그럼에도 어떤 사람들은 포로가 된 테러범으로부터 얻게 되는 정보가 아주 중요할 수 있기 때문에, 많은 생명을 구하기 위해서는 인간의 생명에 대한 존중마저도 우리가 그러한 정보를 얻을 수 있는 어떤 수단들에 의존한다고 확신할 것이다. 결과들에 관한 공리주의적 계산법들이 효과가 있을 것이다. 우리는 한 사람의 고통과 많은 생명을 구할 수 있는 가능성을 비교할 수도 있다. 아마도 우리는 좀더 큰 테러범의 공격을 예방할 수 있을 것이다.

심지어 민주주의 국가들조차도 그러한 상황들에서 기꺼이 고문을 하는 것으로 비난받는다. 또한 무엇이 '고문'이나 '비인간적' 취급을 구성하는지에 대해서 때로는 자기에게 유리한 쪽으로 논의가 이루어진다 할지라도 항상 논쟁의 여지가 있다. 계획적으로 오래도록 잠을 못 자게 하는 것은 좀더 직접적으로 신체적인 방법을 사용하는 것과는 다를 수 있지만 그것의 효과는 더욱 참혹한 것일 수 있다. 그럼에도 그 방법이 무엇이든 간에 손익을 따져보면, 미국의 변호사 알란 더쇼위츠(Alan M. Dershowitz)가 다음과 같이 말했을 때 그의 말에 동의하게 될 것이다. "아무런 죄 없이 수많은 희생자들이 죽도록 하는 것보다는 분명 테러 행위를 막는 데 필요한 정보를 불법적으로 보유하고 있는 한 테러범에게 치명적이지는 않은 정도의 고통을 가하는 것이 더 낫다."[6] 모든 공리주의적 계산법들이 그렇듯이 문제는 대개 그렇게 간단치가 않다. 우리는 통상 의심과 위험들만 다룬다. 문제는 우리가 모든 정보를 갖고 있지 않다면, 우리는 대개 유죄를 확신할 수 없다는 것이다. 만약 우리가 정말로 모든 정보를 갖고 있다면, 우리는 고문에 의지하려는 유혹을 받지 않을 것이다.

위험스럽고 절망적인 사람을 다루어야만 하는 어떠한 사람도 차를 마시면서 정중하게 묻고 대답함으로써 사실이 밝혀질 수 있으리라고는 생각하지 않을 것이다. 만약 심문자들이 모욕죄로 해고되지 않을 수 있다면 어떤 종류의 압력이 가해져야만 할 것이다. 그럼에도 문제는 그 압력이 어떤 종류의 것이며 얼마나 가

6) A. M. Dershowitz, *Why Terrorism Works : Understanding the Threat, Responding to Its Challenge*, Yale University Press, New Haven, CT, 2002, p.144.

해질 수 있느냐는 것이다. 한 가지 문제는 과도한 압력이 대답을 얻을 수는 있지만 진실이 아닐 수 있다는 것이다. 아주 기진맥진한 어떤 사람은 고문관이 듣기 원하는 것을 말하고 싶어할 것이다. 그 유일한 동기는 무엇이든 말해서 그러한 압력을 제거하는 것일 것이다. 무자비함을 통해 '유죄' 고백을 받아내기는 쉽겠지만 그렇게 되면 죄가 없는 사람들조차도 그러한 처지에 놓이게 될 것이다. 바로 그러한 비인간적인 과정이 진실과 거짓의 구별을 쉽게 제거해버리는 것이다. 고문을 멈추게 하는 것이 중요할 뿐이다.

그러나 어떤 테러범이 핵 폭탄이 위치한 곳을 알고 있으며, 도시를 구하기 위해 그것을 자백하게 만들어야 하는 가설적인 시나리오를 구성해볼 수 있다. 더쇼위츠가 진지하게 제시하고 있는 한 가지 제안은 어떤 그러한 고문이 가능하려면 판사에게서 교부된 '고문 영장'이 먼저 있어야 한다는 것이다. 그의 논변은 "공식적이고 가시적이며 설명할 수 있는 중앙 통제 체계가 임시적이고 비공개적이며 레이더 스크린 밑에서 보이지 않는 체계보다 다소 통제하기가 더 쉽다"[7]는 것이다. 이러한 절차는 어쨌든 발생할 수 있는 상황을 정비하려는 것으로 보일 수 있다. 침묵과 가면의 정책을 추구하는 대신 국가는 고문이 정책의 도구로 필요하다는 사실을 마주하게 된다. 따라서 국가는 중립적인 관찰자인 판사들에게 어떤 상황들에서 이것이 법적으로 허용될 수 있는지를 결정할 권리를 부여한다. 이것은 아마도 그 체제의 악용을 방지할 것이다. 그러나 그것은 즉시 법으로 하여금 대부분의 사람들이 모든 상황에서 절대적으로 배제되어야만 한다고 생

7) 같은 책, p.152.

각하는 관행을 인정하고 심지어는 그것을 승인하게끔 한다. 그것이 세계인권선언문의 요지다. 법은 도덕성이 절대적으로 배제하는 어떤 것을 받아들일 수 있는가? 어떤 공리주의자는 아마도 한 특정 상황에서 배제시킨 결과들이 그렇게 하지 않을 때보다 더 나쁘다면, 그런 경우에 어떠한 것도 배제될 수 없다고 대답할 것이다.

그러나 많은 사람들은 어떤 상황에서도 고문을 합법화하는 것은 이미 법의 규칙을 대단히 남용한 것이라고 느낄 것이다. 게다가 만약 지상의 법이 고문을 허용한다면, 법에 그 의의를 부여하는 바로 그 자연법에 거스르게 될 것이다. 법이 결코 승인할 수 없는 어떤 것들이 있다. 많은 사람들은 모든 살해가 똑같이 금지되어야 한다고 말하면서 사형 선고를 배제시킬 것이다. 분명 정치적인 수단인 암살은 정당화되기가 힘들 것이다. 공리주의자들은 세상에서 위험한 독재자를 제거함으로써 생기는 이점들에 관한 논변을 만들어낼 수 있을 것이지만, 어떤 합법적인 체제가 어떻게 그것을 분명하게 허용할 수 있는지 이해할 수 없다. 비록 상황이 그 형량을 경감시키고 관대한 처벌을 내리게 한다 할지라도 그 행위는 살인이 될 것이다. 그러나 더쇼위츠 또한 '표적이 된 암살'을 테러범들을 다루는 수단으로 묵인할 준비가 되어 있으며, '위협이 크고 확실성이 높으면서 그러한 위협을 저지시킬 수 있는 다른 방법들이 없는 대단히 극단적인 경우들에는' 그것에 공식적으로 권한을 주어야 한다고 주장한다.[8] 문제는 일단 법에서 절대적인 금지에 제한이 가해지면 항상 파악하기 힘든 사면은 점점 더 많은 예외들을 인정하도록 만든다는 것이다. 고

---

8) 같은 책, p.184.

문할 준비는 기꺼이 암살로 이어질 것이며, 그것은 정의로운 목적으로 간주되는 것을 성취하기 위해 더욱더 의문의 여지가 있는 수단들을 사용하게 할 것이다. 결국 자유와 정의의 옹호자들은 그들이 대결하고 있는 독재자들과 구별할 수 없게 된다.

고문에 대한 합법적인 규정을 허용하는 것은 결코 묵인되어서는 안 되는 것을 묵인하는 것이다. 만약 절망적인 상황들이 고문을 하게끔 한다면 비록 덜 비난받을 수 있는 요인들이 있다 할지라도 그들은 여전히 부도덕하고 법에 거슬러 행위하고 있는 것이다. (만약 판사들이 특히 관찰자들의 역할을 해야 한다면) 어떤 판사들이 고문을 기꺼이 허용하겠는가? 아마도 많은 사람들은 그러한 행위를 허용하는 법을 선언하기보다는 그 직위를 그만둘 것이다. 우리가 잔인한 행위를 인정하는 것에 관해 그다지 커다란 양심의 가책을 갖지 않는 사람들의 손에 맡겨질 것이라고 믿기는 어렵다. 이것은 고문이 인간의 가치와 인간들이 어떻게 다루어져야 하는지에 관한 폭넓은 견해들에서 대단히 분리될 수 없는 문제라는 것을 보여준다. 더 큰 선을 위해 사람들을 희생시킬 수 있다고 생각하는 사람이나 법 체계는 엄격한 공리주의 원리들에 따라 움직이고 있는 것이다. 그럼에도 일단 불의한 행위가 분명하고 필수적인 정책의 일부로 받아들여지고 나면 전례가 생겨난다. 공공연하게 고문을 행하는 정권들은 대개 더 큰 부정과 억압이라는 죄도 짓는다.

모든 부정에 대항하는 원칙적인 기준만이 죄 없는 사람들을 보호하고 정의를 실현하는 도구인 법의 완전성을 보전할 수 있다. 일단 실정법과 정의가 분리되고 나면 법의 도덕적 효력은 약화된다. 그것은 국가의 도구가 되어 자의적인 방식으로 사용된다. 그것은 더 이상 그것이 보호해야 하는 사람들의 권리를 준엄하게 수호할 수 있는 것이 아니다. 법은 부정한 행위들을 성문화함으로써 타협할 수 있는 것이 아니다. 고문이나 살해라는 극단적인 상황에 몰리는 사람들은 여전히 어떤 경감 사유가 있다 할지라도 법정에서 그들의 행위에 대해 책임을 져야 한다. 법은 타협될 수 없으며, 근본적인 도덕적 원리들과 그것의 관계는 본래대로 남아 있어야 한다. 도덕성과 법은 동일하지 않으며, 오히려 모든 법은 그것이 복종해야 하는 도덕적 권위에 의존한다. 일단 법이 단순한 권력의 도구가 되고 나면, 그것의 효력은 그것을 집행하는 지위에 있는 사람들의 권력에 엄격하게 비례할 것이다. 일단 도덕성에 뿌리를 두고 있는 법의 규칙에 대한 존중이 제거되고 나면 전체주의적 방법들이 불가피할 것이다. 그렇게 되면 남아 있는 것은 권력뿐이다.

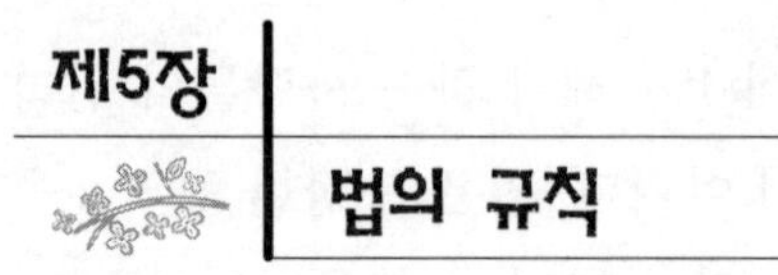

제5장 법의 규칙

1. 도덕 규칙들과 법의 차이는 무엇인가?

법과 도덕성은 서로 얽혀 있지만, 우리는 그것들이 분명하게 다르다는 것을 알고 있다. 그런데 그것들은 평행한 방식으로 기능하는가 아니면 그것들은 서로 아주 다른 것인가? 어떤 면에서 도덕 규칙들은 지상의 법과 같은가? 만약 도덕 규칙들이 객관적 진리를 요구해야 하고 인간의 본성과 관계가 있다면, 중요한 차이점은 그것들이 보편적으로 적용되어야 한다는 것이다. 법은 지역에 한정된다. 비록 같은 원리들에서 도출된다 할지라도, 영국의 법은 미국에 적용되지 않으며 그 역도 마찬가지다. 이렇게 도덕과 법을 구별하는 것은 상대주의자에게는 통하지 않는다. 그들에게는 도덕성 자체가 지역적인 것이며 관습적인 것이다.

그렇다면 도덕 규칙과 법의 유일한 차이점은 법을 어기는 데 대한 제재가 성문화되어 있다는 점뿐이다. 우리가 관습을 우습게 여길 때는 부끄러움이나 비난이 있을 것이지만, 법을 어길 때와 같은 방식으로 분명하게 인정된 처벌은 없다.

많은 사람들은 도덕성이 법처럼 특별한 경우들에 적용되도록 하기 위해 일련의 규칙들로 전달되도록 하는 생각에 반대할 것이다. 그러나 도덕성이 결국에는 자의적일 수밖에 없는 개인의 결정이라는 늪 속으로 용해되도록 놔두어서는 안 된다. 나의 행위들에 적용시킬 수 있는 일련의 기준이나 원리들이 있어야 한다. 그것은 내가 어느 한 순간 우연히 그 곁에 머무는 일이 있든 그렇지 않든 마찬가지다. 상대주의자는 아마도 공적으로 시행되는 한 사회의 협약과 관습들을 지적할 수도 있다. 그렇다면 우리는 특정 지역의 법과 유사한 것을 갖는 것이다. 고대 그리스에서조차 법과 관습, 특정 장소의 규칙(nomos)들에서 도덕성을 추적했던 사람들과 자명하게 모든 곳에서 똑같은 자연(physis)에서 보편적인 근거를 찾으려 했던 사람들 간의 중요한 논변들이 있었다.

그렇다 하더라도 도덕적 원리가 어떤 면에서 법과 비교될 수 있는가? 법 자체의 경우, 그 아래에 놓여 있는 원리들과 실제적인 법 간에 차이점이 있다. 때때로 그러한 원리들은 헌법 안에 신성하게 간직되어 있다. 예를 들어 언론의 자유를 옹호하는 가정이 미국 헌법의 첫 번째 수정 조항에 명확히 기록되어 있다. 그러나 우리가 알고 있듯이 미국의 헌법조차도 '모든 사람들'의 자연적인 평등과 관련한 좀더 근본적인 원리들에 의존한다. 이것은 법이 세계의 기본적인 도덕적 관점을 반영하기 때문에 법이 준수되어야만 한다는 생각을 반영한다. 법은 그것이 법이기 때문에 법이며 그 이상의 정당성을 증명할 필요는 없다고 말하는 것은 그 자체로 우리를 도덕적 상대주의 쪽으로 밀어넣는 것이다. 그렇게 되면 한 사회가 받아들이는 것이 그 사회의 법과 도덕성의 현실을 구성할 것이다.

제대로 행하기 위해서는 모든 사람들이 일련의 법을 아는 것이 분명 그들에게 이롭다. 우리는 어떻게 해야 하고 다른 사람들은 어떻게 해야 하는지를 우리는 알고 있다. 우리는 아마도 대략 예측할 수 있는 인간 세계에 살고 있기 때문에, 모든 사람들은 서로에게 의존할 수 있다. 사람들이 어느 쪽 길로 운전하고 있는지를 알 때 우리는 똑같이 할 수 있고 모퉁이를 돌아섰을 때 놀라지 않을 수 있다. 최소한 도덕성에서 규칙들은 그러한 이점들을 가져다준다.

윌리엄 겔스턴(William Galston)은 합법적인 판단에 관한 두 가지 다른 개념들을 병렬시켜 보여준다. 우리는 엄격하게 예외 없는 규칙들을 고수할 수도 있다. 아니면 우리는 각각의 경우들이 보여주는 사실들만을 보는 '형평성에 기초한' 법제를 채택할 수도 있다. 윤리적 입장에도 유사한 점이 있다. 규칙들을 엄격하게 고수하는 견해는 특정 맥락에 비추어서만 도덕적 결정이 이루어져야 한다고 생각하는 (상황윤리학과 행위공리주의와 같은) 견해와 비교될 수 있다. 겔스턴은 다음과 같이 말한다. "엄격한 규칙들이 갖고 있는 문제는 그것들이 적용될 때 어쩔 수 없이 가혹하고 비합리적으로 보이는 예외적인 경우들과 충돌할 것이라는 점이다. 느슨한 형평성에 있는 문제는 그것이 거의 예측 가능성이나 통일성을 요구하지 않으며, 법의 규칙이 주는 중요한 이점들을 희석시킨다는 것이다."[1]

법의 규칙은 종종 자유로운 사회의 표시로 간주된다. 여기에는 법이 결국 구속하는 일을 하기 때문에 자유와 구속이 대치하고 있는 듯이 보인다는 점에서 역설이 있어보인다. 그러나 자유는 안정성을 요구한다. 법은 개인들이 안전하고 두려움 없는 자유 안에서 그들이 바라는 대로 자신의 삶을 영위할 수 있는 틀을 제공한다. 지침으로서의 법을 갖고 있지 못하고 단순히 추상적인 원리들에 호소하는 것으로는 그러한 틀을 제공할 수가 없다. 법이 지켜지기 위해서는 널리 알려져야 하기 때문에 법은 공적이어야 한다. 법의 본성은 적용의 공정성이나 일관성과 밀접하게 관련되어 있다. 사람들은 자의적이거나 일관성 없고 악의적인 힘을 발휘하게 하는 법이나, 법에 생명을 불어넣는 원리들을 출렁거리는 관료제의 세부 사항들에 익사시켜버리는 법의 규칙에 따라서 살 수는 없다. 정의와 평등의 문제를 제쳐두는 원칙 없는 법 절차는 시민들이 자신의 삶을 자유로이 영위할 수 있는 틀을 제공하는 것이 아니라 그들을 짓밟는다.

이러한 이유로 법의 소급 적용은 불공정하고 정의롭지 못하다. 법은 시민들이 함께 살아갈 수 있도록 행위를 지도하는 역할을 해야 한다. 서로에게서 이득을 취하려는 유혹에 굴복하지 않는 완전한 존재자들로 구성된 사회조차도 여전히 지침이 필요할 것이다. 소급 효과를 갖는 법은 분명 이러한 법의 기본적인 목적을 실현하지 못한다. 법을 참작해서 자신의 행위를 조절할 수 없었던 사람들을 포함시키기 위해 어떤 법이든 소급시켜 적용하는

1) William Galston, *Liberal Pluralism*, Cambridge University Press, Cambridge, 2002, p.72.

것은 법의 규칙을 강화시키기보다는 오히려 그것을 훼손시킨다. 도덕적으로 크게 잘못된 것들에 대해도 단지 그것이 악하다는 이유로 소급적으로 법을 적용시키는 것은 불공정한 것이다. 우리는 범죄자들을 비난할 수 있지만 법을 도입하는 목적은 그들에게 그들의 행동 방식을 변화시킬 기회를 주는 일일 것이다.

공적인 법의 본성은 그것이 성문화된다는 것이며, 평등이나 정의에 대한 행정 장관이나 판사들의 어떤 사적인 이해에 맡겨져서는 안 된다는 것이다. 그러나 엄격한 규칙들은 때로 예외에 부딪힐 때 수정되어야 한다는 겔스턴의 요지는 항상 문제가 되는 것임에 틀림없다. 우리는 때때로 충돌할 수 있는 도덕 규칙들의 경우들에서 그 문제로 되돌아갈 것이다. 겔스턴은 '가정의 법체계'를 옹호하고자 하는데, 그것은 "명료함과 예측 가능성, 통일성이라는 규칙의 이점들을 융통성과 분별 그리고 상식이라는 이점들과 결합시키려는 시도로 나타난 것"[2]이라고 한다. 합법적인 가정들은 법의 규칙에 뿌리를 두고 있을 것이지만, 어떠한 법도 그것이 적용될 수 있는 모든 정확한 상황을 예측할 수는 없다는 것이 인정된다. 그러므로 법에서 어떤 예외 없는 절대적인 원리들이 결코 있어서는 안 된다. 겔스턴은 "절대적으로 보이는 것들은 사실상 특정 상황들에서 극복될 수 있는 강한 가정들"이라고 말한다.[3]

여기에는 법과 도덕 간에 주장되고 있는 유사점이 있다. 겔스턴은 다음과 같이 주장한다. "법적인 규칙들처럼 도덕적 · 정치적 원리들은 반박할 수 있는 가정들 위에서 작용한다. 절대적이

2) 같은 책, p.73.

3) 같은 책.

고 예외가 없는 원리는 없다."[4] 우리는 나중에 도덕 원리들을 설명할 때 이에 대해 질문을 던질 것이지만, 법에서도 또한 문제가 발생한다. 적절하게 입안되고 반포된 법은 쉽게 파기되어서는 안 된다. 특별한 경우의 사실들이 주어진다면, 분명히 법이 적용되지 않을 수도 있다. 그것은 그 사람이 우선 그 법을 어기지 않았다는 것을 의미한다. 들치기로 기소된 사람은 사실상 그 상품의 값을 지불했을 수도 있다. 그러나 겔스턴은 비록 법이 정말로 적용되는 듯이 보일지라도 예외가 있을 수 있다고 생각하는 것으로 보인다. 각각의 맥락이 다르기 때문에 각각의 사건은 시비곡직에 따라 경청되어야 하지만, 그것은 법이 적용되어서는 안 된다는 것을 의미하지는 않는다. 들치기조차도 우리가 피고에게 공감할 수 있는 이유가 있거나 그 사람이 도움이 필요하다고 생각할 수 있는 맥락에서 발생할 수도 있다. 그러나 그것은 법에 따르는 유죄 문제를 변경시킬 수는 없다. 그것은 단지 가능하다면 적합한 처벌의 문제를 제기할 뿐이다.

법의 집행은 연민과 동정을 가지고 이루어져야 하겠지만, 집행되고 있는 것은 법이지 행정 장관이나 판사의 개인적 판단이 아니다. 법의 규칙은 그 아래 놓여 있는 도덕적 원리들처럼 단순한 가정의 위치로 추락할 수 없음을 요구한다. 만약 법이 형평성의 관심 때문에 파기되어야 한다면, 형평성의 원리는 국가의 요구가 압력을 가할 때 파기되어야 하는가? 각각의 경우들은 다양할 것이며, 각각의 특별한 상황들에는 마땅한 주의가 기울여져야 한다는 사실에는 아무런 의심할 바가 없다. 처벌들은 다양할 것이며, 처벌을 내리는 것이 심지어는 적합하지 않을 수도 있다.

4) 같은 책, p.75.

영국의 어떤 사람들은 상황이 보장한다면 완전히 책임을 면할 수도 있다. 그러나 그들이 법을 어겼을 때 비교적 책임이 없을 수는 있지만, 그들이 정말로 법을 어겼다는 점은 인정된다. 그들은 분명하게 표시가 되어 있지 않은 속도 제한을 어겼을 수도 있다. 법은 적용되지만 사실들이 고려된다. 그것은 법이 적용되지 않는다고 말하는 것과는 같은 것이 아니다.

2. 사법 적극주의

사법의 자유 재량권 문제는 가장 높은 수준에서 판사들의 기능에 대한 문제를 일으킨다. 미국에서 연방대법원은 의회의 의지와 충돌하는 방식으로 헌법을 해석해야 한다. 일단 시민들의 기본권을 입안하고 있는 성문 헌법이 있는데, 그러한 기본권들을 적합하게 발휘할 수 없게 하는 것으로 보이는 법들이 쉽게 통과될 수 있다. 게다가 그러한 헌법은 정확히 압제적인 법에 대항해서 시민들을 확실히 보호하기 위해 있는 것이다. 의회와 연방대법원의 투쟁은 미국에서는 흔한 일이지만, 그것은 점점 더 그 이외의 곳에서도 친숙한 상황이 되어가고 있다. 유럽연합은 더욱더 그 시민들을 위해 헌법으로 보호되는 권리들을 제정하고 있는데, 이는 한 나라의 국회의 권위에 불가피하게 도전해야 하는 방식으로 이루어질 수밖에 없다. 완전히 국제적인 입장에서도 국제사법재판소의 출현은 민주적으로 선출된 정치가들에 대해서조차도 인간의 권리를 남용한 것에 대해 규탄할 수 있는 가능성을 제공한다.

민주 국가에서 누가 권리들에 관해 최종적인 결정권을 가져야 하는가? 아무리 완벽하지 않다 할지라도 의회나 국회가 국민의 의지를 대표할 수 있어야 하는 것인가? 아니면 권리는 냉정하고 중립적인 것으로 생각되는 법정의 판결을 통해 보호되어야 하는 것인가? 이것은 힘에 관한 정치 문제로 보일 수 있지만, 그것은 가장 중대한 원리의 문제들을 일으킨다. 일단 개인들의 권리가 보호되어야 한다는 것을 우리가 받아들이고 나면, 그러한 권리는 단순히 대중 투표 결과에 달려 있을 수는 없다는 생각이 든다. 그것은 다수의 의견에 달려 있을 수는 없다. 권리가 변덕스러운 정치적 동맹이나 권력 투쟁에 좌우되지 않고 보호될 수 있는 방식이 있어야 하는 것 같다. 훌륭한 의도를 가진 정치가들조차 다수의 이익을 위해 소수를 희생시킬 준비가 되어 있을 수 있다. 공리주의자들은 항상 권리에 대한 이야기를 의심스럽게 보아 왔는데, 왜냐하면 그것은 전체적인 이익에 관해 계산하는 사람들의 방식에 어려운 장애를 제공하기 때문이다.

그럼에도 일단 권리가 법정을 통해 보호되면, 정치가들의 힘은 필히 제한될 수밖에 없다. 입법은 좌절될 수 있다. 많은 사람들은 정치가들에 대해 냉소적인 견해를 갖고 그렇게 하는 것이 좋다고 생각하면서, 또한 가장 유능한 판사들이 능력과 합리성을 갖고 있으며 더 나아가 정치적 중립성을 갖고 있을 것이라고 대단히 낙관적으로 생각할 것이다. 하지만 누가 더 믿을 만한가가 중심 문제는 아니다. 그것은 때때로 아주 다양할 수 있다. 문제는 어떻게 사회가 조직되어야 하는지에 대한 결정권을 원칙적으로 누가 갖느냐는 것이다. 자연법에 대한 믿음은 판사들이 그 원리들에 따라 판단할 수 있도록 판사들에게 권한을 부여하는 것으로 보일 수 있다. 그러한 자연법은 정치적 계산이 아니라 이성에 접근할 수 있어야 한다. 그러나 실정법이 불공정할 수 있다 하더라도, 문제는 여전히 누가 그것을 불공정하다고 결정하고 그 사태를 바로잡아야 하느냐는 것이다. 왜 판사들만이 도덕적으로 요구되는 것에 관한 합리적인 결정을 할 수 있는 자격이 있는가? 그들이 사회의 도덕적 기초에 대한 통찰력을 갖고 있는가? 그러한 문제가 주교들의 심사원단을 통해 결정하게 되어 있다면 아마도 많은 사람들이 반대할 것이다. 왜 판사들은 어떤 다른 위치에 있어야 하는가? 그들은 특정 나이대의 일부 한정된 지식 계급 출신일 것이다. 아마도 그들은 단지 그들의 시대와 지역의 편견을 보여줄 것이다.

많은 사람들은 분명 사법권의 확장과 그것이 포함하고 있는 소위 사법 적극주의를 우려하고 있다. 로버트 조지(Robert George)는 로널드 드워킨(Ronald Dworkin)과 같은 이론가들을 언급하는데, 로널드는 판사들이 어려운 사건들에서 도덕 철학과 정치 철학에 도움을 청해야 한다고 주장한다. 로버트는 이것을 "판사들의 그러한 역할을 염려하면서 어떤 사건에서도 미국의 헌법이 그러한 역할을 판사들에게 주지 않아야 한다고 주장하는" 로버트 보크(Judge Robert Bork) 같은 사람들과 대조한다.[5] 그럼에도 이것은 미국만의 편협한 논변이 아니다. 문제는 판사들이 얼마나 정의의 객관적 기준들과 깊은 원리 문제에 관여해야 하느냐, 아니면 그들이 그들의 재판권에 속하는 특정 법들에 제약을 받아야 하느냐는 것이다. 그것은 어떤 나라에서든 다양한 방식

5) Robert George, *In Defense of Natural Law*, Oxford University Press, New York, 1999, p.110.

으로 발생하는 문제다. 판사들은 압제적 정권에 저항하기를 바랄 것이다. 동시에 민주주의의 많은 사람들은 그것을 국민을 대표하는 사람들에게 맡겨야 한다고 생각할 것이다.

사람들은 자연법이 있다고 한다면 그것이 모순되지 않기를 바랄 것이지만, 만약 민주주의 입법부가 분명하게 그것을 어기는 것으로 보이는 결정을 한다면, 문제는 판사들이 그 법을 파기할 수 있는 권리를 갖느냐는 것이다. 우리는 단지 낙태에 관한 논변을 보기만 해도 법정이 최종 결정권을 갖느냐 아니면 입법부가 갖느냐가 얼마나 중요한지 알 수 있다. 비록 모든 정당이 자연법이 있다고 동의한다 할지라도, 그와 같이 논쟁의 여지가 있는 사건들에서 자연법이 무엇을 요구하는지를 누가 결정할 수 있는가? 만약 우리가 자연적 권리들에 대해 생각한다면, 산모의 권리에 우선권이 주어져야 하는가 아니면 태어나지 않은 아기에게 그것이 주어져야 하는가? 그러한 경우에 누군가 법을 결정해야 하며, 법정과 법률 제정자들은 같은 결론에 이르지 못할 수도 있다.

3. 판사들의 역할

비록 실정법이 진공 상태에서는 존재하지 않으며 기저의 도덕적 명령을 반영함으로써 많은 힘을 얻는다는 점이 받아들여진다 할지라도 문제는 여전히 남아 있다. 무엇이 옳고 그른지 뿐만 아니라 그러한 판단들이 얼마나 공적으로 집행되어야 하는지를 누가 결정할 수 있는가? 판사들은 직업적으로 공평하다고 생각되지만 그들은 나머지 우리들만큼이나 편견을 가질 수 있다. 어떤 사람들은 종교적이거나 반종교적인 딴 속셈을 갖고 있을 수도 있다. 많은 사람들이 (특히 어떤 나라들에서는) 정치 세력에 밀착해서 약속을 하고 심지어는 정치적인 안건을 따라야 하기도 한다. 그들이 플라톤의 철인 왕처럼 기능할 수 있으며 틀림없이 무엇이 옳은지를 구별하고 그것을 이행할 수 있을 것이라고 바라는 것은 아마도 너무나 과한 희망일 것이다. 입법부나 국회 같은 것들은 최소한 국민의 의지를 좀더 직접적으로 대표한다고 주장할 수 있다. 민주주의 국가에서 의원들은 선거를 통해 선출되었을 것이며, 그들의 유권자들에 대해 책임을 질 수 있다. 만약 그들이 대표하는 사람들의 도덕적 신념을 위배한다면 그들은 다시 선출되지 못할 것이다.

자연법에 대한 믿음이나 도덕성에 대한 이유가 불가피하게 법제정자들보다 판사들에게 우선권을 주도록 할 필요는 없다. 공공의 의견을 대표하는 사람들보다 판사들이 더 그것의 효력을 알 것 같지는 않다. 그것은 민주주의를 불신하는 두드러진 엘리트주의 형식이며, 판사들은 신뢰할 수 있고 정치가들은 신뢰할 수 없다고 가정하는 것이다. 이러한 믿음의 근거는 판사들이 정치적 압력에 독립적일 수 있다고 생각하기 때문이다. 다시 말해 일반적인 사람들이 생각하는 것은 중요치 않다. 그러나 민주주의와 일반적인 사람들의 상식을 믿는 사람들이라면 그 누구도 우리의 사회 형태에 관한 중요한 결정들을 지적인 일부 소집단의 엘리트들에게 넘겨주지는 않을 것이다.

예를 들어 외설물은 판사들에게는 유감스러운 것으로 보일 수 있지만, 이는 자유로운 표현의 권리가 낳은 불가피한 결과며 삭제되어서는 안 된다. 그러나 일반적인 유권자들은 그들의 텔레비전 화면과 그 밖의 곳에서 이용할 수 있는 것의 한계에 부딪히게 될 것이다. 어떤 검열이 도대체 정당하게 인정될 수 있을지를 판사들만이 결정할 수 있는 힘을 갖고 있다면, 그 결과는 한 사회의 점진적인 변형이 될 것이다. '자유로운 표현'은 (비록 나체 춤이 무엇을 표현하고자 하는지가 전적으로 분명치는 않다 할지라도) 그와 같은 것들을 포함하도록 확장될 수 있다. 대중 오락에서 한때는 받아들일 수 없는 것으로 생각되었던 것이 정상적인 것이 된다. 그러나 다수의 시민들의 소망과는 반대로 검열이 여전히 발생할 수 있다. 법은 단지 판사들이 그것을 해석하는 방식 때문에 사회적 변화의 매체가 된다. 그렇게 되면 법의 바람직함에 관해 민주적으로 토론할 필요가 없다.

자연법 해석이 판사들에게 맡겨져야 하는지의 문제는 자연법 자체와는 아무런 관계가 없다. 새로운 법을 만드는 판사들의 능력은 실정법이 어떤 기초에 의거해야 하는지와는 다른 문제다. 자연법이 있다 할지라도 판사들의 권한을 제한하기 위해 해야 할 말이 많을 것이다. 판사들이 법령으로 입안되고 판례법으로 해석된 것을 과감하게 넘어서기 위해 재판상 추상적인 원리에 호소하는 것은 솔직히 위험해보일 것이다. 그것은 판사들에게 현재의 법을 명백히 넘어설 수 있는 권리를 부여하며, 공적인 토론이나 협의도 없이 전체적인 법적인 틀을 갑작스럽게 변경시키게 한다. 결과적으로 그것은 투표로 선출되고 효과적으로 통치하는 정부의 능력에 도전한다. 영국에서 의회의 통치권은 항상 가장 중요하게 여겨졌다. 일단 의회가 어떤 다른 기관에 복속하게 되면, 민주적으로 자신들을 지배하는 국민의 능력은 훼손된다. 유럽연합의 제도들은 어떤 사람들에게는 영국의 민주주의를 위협하는 것으로 보인다. 분명 영국 의회의 통치 정책은 그러한 제도들이 권위를 획득할 때 수정되어야만 할 것이다. 비슷한 방식으로 판사들에게 '인간의 권리'나 '자연법' 같은 이름으로 특정 입법을 전복시킬 기회가 주어진다면 그러한 통치권은 도전을 받는다.

한 나라가 판사들에게 자연법을 해석하고 실정법을 통해 그것을 해명하는 책임을 맡기기로 결정하는 것을 막을 수 있는 것은 아무것도 없다. 예를 들어 '인간의 권리'는 권리 선언문에 묘사될 수 있으며, 판사들은 그들 자신의 도덕적 판단을 사용해서 그들이 실제적으로 적용할 것을 추려내도록 위임받을 수 있다. 그럼에도 그것은 한 나라의 특정 헌법에 의존한다. 요지는 사법의 힘 자체가 제정된 법에 제한된다는 것이다. 일단 판사들이 법이 무엇이라 말하든 상관없이 '정의'에 의존하기 시작하면 그들은 그들의 권력을 넘어서고 있는 것이다. 로버트 조지는 이 문제를 미국적 배경에서 다음과 같이 말할 때 아주 잘 요약하고 있다. "판사들에게는 헌법 하에서 자연적 정의의 원리를 실정법으로 번역할 수 있는 힘이 주어지지 않은 만큼, 그 힘은 그들이 즐길 수 있는 것도 아니며, 그들이 당연하게 발휘할 수 있는 것도 아니다."[6] 그들의 권력과는 상관없이 정의(혹은 그들이 정의라고 생각하는 것)에 의해 그들 자신이 정의의 근본 원리를 위반하고 있다는 것은 참으로 역설적이다. 그들은 그들 자신의 권력을 남용해서는 안 된다. 모든 판사의 책임은 일정한 법을 관리하는 것이며, 그들 자신의 기능은 법을 통해 정해진다. 그들은 그들에게 재판권을 부여한 똑같은 법적인 기초에 도전하도록 그들의 역할

6) 같은 책, p.111.

을 확장시켜서는 안 된다.

자연법에 대한 믿음은 그러한 법이 틀림없이 이성으로 이해할 수 있어야 하며, 모든 사람들이 이해할 수 있어야 한다고 제안한다. 자연법은 보편성을 주장하며, 그것은 이치에 맞게 추론하고자 하는 다른 사람들에게는 허락되지 않고 지적인 엘리트에게만 허락되는 그러한 것이 아니다. 자연법의 원리가 있다고 한다면, 그것을 대법원이나 법관의원만 알 수 있고 의회나 일반적인 유권자들은 알지 못할 이유는 전혀 없다. 법적인 전문 지식을 갖고 있는 사람들이 반드시 대단한 도덕적 통찰력을 갖고 있는 것도 아니다. 판사들은 분명 가끔씩 모호한 방식으로 권리들에 호소해서 동의를 구하는 범위를 확장시키고자 하는 유혹을 받는다.

모금 운동을 제한하는 조치가 미국 의회에서 통과되고, 그런 다음 그 조치가 언론의 자유를 제한한다는 근거에서 대법원에 의해 차단될 수도 있다. 그러나 정치적 운동에 자금을 조달하기 위해 과도한 양의 돈을 요구하는 것은 결국 부패하고 반민주주의적이라고 주장할 수 있다. 어떤 후보의 후원금을 모금하지 못하게 하는 것은 자유에 대한 공격으로 보일 수 있지만, 부유한 후원자들과 줄이 닿아 있는 사람들에게 효과적인 선거 제한을 하는 것도 마찬가지로 자유에 대한 공격일 수 있다. 문제는 누가 옳으냐가 아니라, 그 문제가 판사들을 통해 결정되어야 하느냐 아니면 국민의 대표자들을 통해서 결정되어야 하느냐는 것이다. 정치가들에 관한 견해가 아무리 냉소적으로 주장된다 할지라도, 법정에 더 많은 결정권이 주어질수록, 민주주의적 통제는 더욱 약해질 것이라는 점은 분명하다. 비록 법정이 정치가들보다 더 건전한 판단을 하는 경향이 있다 할지라도, 엘리트들에 의해 통제되고 적절하게 질서를 이룬 사회가 시민들 스스로가 어떻게 통치되어야 하는지에 관해 어느 정도의 영향력을 갖는 사회보다 더 바람직한지에 대한 문제는 여전히 남아 있다.

4. 이의 제기와 민주주의

법에 도덕적 기초가 있어야 한다는 생각은 법이 서로를 보호하기 위해 모인 개인들의 산물이라고 생각하는 계약 이론과 반대된다. 그래서 홉스가 생각했던 것처럼 안전이 결여된 '자연 상태'와는 반대로 우리는 단결하여 자기 이익을 위해 법을 갖는다. 정말로 법과 개인의 이익 간에는 틀림없이 어떤 관계가 있다. 왜냐하면 법은 그것이 정말로 공정하고자 하고 도덕적인 이해를 반영하고자 한다면, 무엇이 인간에게 좋은지와 관계를 해야만 하기 때문이다. 그러나 법을 지키는 것이 항상 자신의 이익 때문이라고 생각하고, 또한 그렇게 연관을 짓는 것이 때로 법을 어기는 것을 합리적인 것으로 보이게 할 수도 있다고 생각하는 것은 정말로 큰 잘못이다. 만약 법을 어기는 것이(특히 걸리지 않고 그렇게 할 수만 있다면) 더 편리하다면 왜 사람들은 약속을 지키거나 계약을 이행해야 하는가? 만약 우리가 사회와 그것을 성립시키는 법의 도덕적 기초를 이해하지 못한다면 이러한 문제는 항상 발생할 것이다. 도덕성과 자기 이익의 추구가 어떻든 얽히게 된다면 그러한 문제가 발생하게 될 것이다. 유일한 해결책은 법의 도덕적 힘을 아는 것이며, 또한 법이 최소한 정의를 명확하게 표명하고자 하는 한에서 단지 그것이 법이기 때문에 그 법에 복종하는 도덕적 의무를 받아들이는 것이다.

심히 분열된 사회는 무엇이 이롭고 해로운 것을 구성하는지 그리고 법이 무엇을 고무해야 하는지 무엇을 저지해야 하는지에 관해 동의를 이룰 수 없을 때 큰 어려움에 처한다. 법이 어쨌든 중립적인 조정자가 될 수 있다는 생각을 갖고 있는 자유주의적 관념들이 종종 그러한 상황에 처하게 된다. 게다가 공적인 법을 사적인 것에서 분리시키려는 목적으로 공적인 것과 사적인 것을 구별한다. 우리가 이미 이해했듯이 법으로 통치되는 사회는 개인의 선택이나 임의적인 입장 또는 개인적인 이익 추구 이상의 도덕성을 필요로 한다. 만약 시민들이 어떤 법을 지킬지를 고르거나 선택할 수 있다면, 어떠한 합법적인 체제도 살아남을 수 없다. 그러한 체제는 그것이 지켜져야 하는지 그렇지 않은지에 관해 중립적일 수 없다. 사람들은 도덕적 원리 문제로서 기꺼이 법을 준수해야 한다. 한 사회의 구성원은 책임과 의무를 갖는다. 그것은 법에 우선한 것이지 법을 통해 만들어지는 것이 아니다.

행정 장관과 판사에게 요구되는 공평성은 그 자체로 도덕적 요구다. 그러나 단지 법과 도덕의 밀접한 관계 때문에 여기에는 주의해야 할 점이 있다. 법에 소중하게 간직된 도덕적 견해를 공유하지 않는 사람들은 어떠한가? 도덕성의 주요 원천인 개인의 자유를 존중할 필요가 있기 때문에, 그것은 한 사회의 일부 견해가 다른 사람들에게 부과되도록 하는 것에 관해 우리가 주의하도록 만들 것이다. 단지 도덕성과 법의 관계 때문에, 법의 기능은 항상 도덕적 책임을 옹호하고 강화해야 하는 것이지, 우리에게서 도덕적 선택을 할 자유를 빼앗음으로써 도덕적 책임을 훼손시켜서는 안 된다. 만약 법이 정말로 도덕성을 반영하고자 한다면, 그것은 또한 그것의 기초 다시 말해 양심의 자유를 촉진시켜야 한다. 우리가 우리 자신의 의향에 따라 무엇을 해야 하는지 알 수 없다면, 우리는 결코 법을 유지하기 위해 요구되는 종류의 도덕적 행위자가 될 수 없다. 인내와 상호 존중에 대한 요구는 이로부터 나오지만 분명 그 한계들을 갖고 있다. 많은 사람들은 여전히 그들이 반대하는 어떤 것들을 허용하는 사회에서 살고자 하지 않을 것이다. 그럼에도 우리는 법을 통해 도덕적 복종을 부과하는 것에 주의를 기울여야 한다. 일단 법 자체가 이의를 불러일으키고 사람들이 도덕적 근거에서 그것을 어기도록 한다면 법의 규칙은 위험에 처한다.

어떤 수준의 불일치는 민주주의의 본성에서 그리고 최소한 본래적인 인간의 본성에서 나오는 것 같다. 완벽한 세계에서는 사람들이 아마도 모두 동의할 수 있을 것이지만, 인간의 오류 가능성이 주어졌을 때 이러한 세계에서는 다양한 견해들에 관한 합리적인 논변과 토론이 무성할 것이다. 민주주의가 그 자체의 도덕적 정당성을 획득할 수 있는 것은 각 시민이 정책 구성에 참여할 수 있는 권리와 의무 그리고 그들의 도덕적 책임을 진지하게 받아들임으로써 가능해진다. 민주주의는 다수의 선택에 의존하는 것이 아니라 모든 사람들의 자연적 평등에 대한 믿음에 의존한다. 인간은 그들의 합리성을 통해 심지어 가장 지적인 동물들조차도 할 수 없는 방식으로 행위와 정책의 정당성을 이해하고 토론할 수 있다. 그들은 그들이 결정한 것에 대해 책임을 질 수 있다. 이것이 가난한 자나 부유한 자, 남성이나 여성 그리고 모든 인종들에게 타당한 인간 본성이 보여주는 사실이다. 하들리 아르케스(Hadley Arkes)는 다음과 같이 말하면서 아주 분명하게 민주주의를 자연법에 따르도록 하고 있다. "동의에 의한 정부의 공정함은 단지 인간을 동물과는 다르게 만드는 본성에 뿌리를 두고 있다."[7] 우리는 그러한 본성을 변화시킬 수 없으며 그것에 따라 조화롭게 살아야 한다.

예나 지금이나 다양한 많은 형태의 정부들이 있다는 것을 특히 생각해본다면, 어떤 특정 형태의 정부가 자연법에 의존해야 한다고 생각하는 것은 너무나 과감해보인다. 그러나 어떤 헌법 체제도 인간의 본성이 갖는 근본적인 사실들을 무시할 수 없으며, 인간의 자연적 평등을 진지하게 받아들여야 한다. 그러한 평등은 무엇을 근거로 하는지 그리고 왜 인간의 본성은 그러한지에 대해 여전히 논쟁이 있을 수 있다. 그러나 부나 사회적 지위와 같은 자의적인 근거에서 사람들을 다르게 취급하는 어떠한 체제도 인간성의 가장 근본적인 특징에 도전하는 것이다. 평등에 대한 주장은 모든 사람들이 똑같은 기준에 의해 대우받아야 한다는 도덕적 주장이다. 정의는 지역적으로 혹은 특별하게 적용될 수 없다. 그것은 또한 자유로운 사회의 법에 관한 중요한 사실을 포함한다. 모든 사람은 법 앞에서 동등하며, 아무도 그것을 어겼을 때 정당하게 면책을 주장할 수 없다.

아르케스는 입헌 정부, 다시 말해 법에 의한 정부를 '공화정'으로 정의한다. 그가 생각하기에 그것의 첫 번째 공리는 "권력을 갖고 있는 사람들은 자신의 이익을 넘어서 있는 어떤 법을 그들 자신의 공식적인 행위의 근거로 인증해야 한다"는 것이다.[8] 정

---

7) Hadley Arkes, *First Things : An Inquiry into the First Principles of Morals and Justice*, Princeton University Press, Princeton, NJ, 1986, p.42.

부에 있는 사람들에게 부과되는 법의 제재와 공평성은 자의적인 권력 사용에 대항할 수 있는 견고한 방벽을 제공하며, 변칙적인 방식으로 체포되거나 처벌을 받을 두려움이 없는 방식으로 삶을 살 수 있게 해준다. 이것을 당연하게 여기기 쉽지만, 그것은 자유로운 사회에서 가장 소중하고 없어서는 안 될 요소다. '공화정'이라는 용어 사용은 그것이 어떤 군주제와도 양립할 수 없다고 암시한다는 점에서 유감스럽다. 그것은 미국의 견해일 수도 있다. 법의 제약을 받지 않는 군주는 공평하고 헌법을 갖춘 정부의 이상에 어떤 다른 참주나 독재자보다도 더 큰 위협인 반면, 입헌군주제는 그 자체로 공화정의 적당한 표본이다. 그 왕관은 공정하고 불편부당한 정부의 상징으로 그리고 사법부의 독립성을 보증해주는 것으로 법의 규칙을 위한 유력한 도구가 될 수 있다. 특정 국가의 역사 덕분에 그 군주는 입헌 정치를 글자 그대로 구현하며, 법의 기본적인 권리들을 보증하는 전통과 관습에 따라 행위한다.

5. 양심적인 거부자들

민주주의에서 법의 규칙이나 일치하지 않는 의견에 대해 말하는 것은 모두 다 괜찮다. 그러나 법이 정식으로 통과될 때 그리고 소수가 도덕적 근거에서 그것을 받아들일 수 없다고 생각할 때는 무슨 일이 일어나는가? 사람들의 도덕적 견해는 존중되어야 하지만, 어떠한 사회도 시민들이 정식으로 통과된 법을 무시해

---

8) 같은 책, p.31.

버리는 것을 그냥 지나칠 수는 없을 것 같다. 만약 우리가 정부의 정책에 찬성하지 않는다면(그리고 아마도 우리가 찬성한다 할지라도), 우리 모두는 세금을 내고 싶어하지 않는다. 그러나 아무리 민주주의라 할지라도 그 나라의 결정이 집단적으로 시행되지 않는다면 그 사회는 곧 무너질 것이다. 문명 사회에서는 균형이 이루어져야 한다는 점이 대체로 인정된다. 전쟁에서 싸우는 것과 같이 사람들이 그들의 양심에 거슬러 행하도록 강요되어서는 안 되는 어떤 것들이 있는 것 같다. 퀘이커교도(Society of Friends)들과 같은 평화주의자들이 전쟁 동안 구급 대원과 같은 다른 방식으로 봉사하긴 하지만, 그들은 오랫동안 전투에서 면제되어 왔다. 그러므로 양심적인 병역 거부자들은 전투에 공헌하지는 않지만 '무임 승차'의 이익을 얻는 것은 아니다. 이것은 중요한 문제인데, 만약 한 사회에서 어떤 사람들은 위험을 무릅써야만 하고 심지어 죽기까지 하는데, 다른 사람들은 위험을 면한다면 많은 사람들이 분개하는 것도 당연할 것이기 때문이다.

양심적인 거부자들을 면제해주지 않는 것에 관해서도 논란이 있을 것이다. 우리는 전쟁에 관해 도덕적 판단을 하고 있는 사람들을 보게 된다. 그들이 옳다면, 우리는 우선적으로 싸워서는 안 된다는 결론이 나온다. 그러나 우리가 일단 그 상황에서 싸울 수밖에 없다고 생각하면 우리가 어떻게 그들의 판단을 존중할 수 있는가? 우리가 만약 전쟁이 아무리 악할지라도 가장 나쁠 수 있는 선택지는 아니라고 생각한다면, 그러한 존중은 무엇에 해당하는가? 우리는 그 거부자들이 잘못이라고 생각하기 때문에 분명히 그들이 나머지 우리들보다 더 정당하거나 더 존중할 만하다고 생각할 수 없다. 우리는 그들이 더 도덕적으로 민감하다고도 생각할 수 없는데, 그렇게 되면 다시금 그들이 옳다고 인정하는 것이기 때문이다. 만약 우리가 정직하게 그들이 잘못이라고 믿는다면, 우리는 왜 그들이 다른 사람들은 하기 싫어도 이행해야만 하는 의무들로부터 면제되어야 하는지에 대한 문제를 주시해야만 한다.

많은 사람들은 이러한 판단들이 전쟁과 평화에 관한 도덕적으로 복잡한 문제를 해결하지 못한다고 생각한다. 평화주의자들이 아닌 사람들마저도 평화주의가 훌륭한 입장이라고 생각할 것이다. 완벽한 세계에서는 살해가 없을 것이다. 평화주의자와 그렇지 않은 자들 간의 문제는 우리가 불완전한 세계에서 얼마나 도덕적 이상에 미치지 못할 준비를 해야 하느냐는 것이다. 평화주의자의 입장은 전형적으로 절대주의적 입장이며, 규칙을 강조하고 상황과 관계없이 예외를 허용하지 않는다. 평화주의자들은 도덕적 이상에 관해 어떤 도덕적 순수함을 갖고 있으며, 아마도 그들은 우리에게 전쟁의 공포를 일깨우는 데에 소중한 기능을 수행하는 것 같다.

그렇다면 양심적인 거부자들이 단순히 실수한 것이거나 사적인 민감성을 충족시키고 있다고 너무 쉽게 말할 수는 없을 것이다. 살해가 잘못된 것이라는 견해는 세계에 대한 어떠한 도덕적 이해에서도 매우 중요하게 생각되어야만 한다. 누구든지 살해는 특별한 상황에서만 정당화될 수 있다는 것, 그리고 그것은 우리가 무엇을 하든 대개 인간의 생명이 위태로운 상황에만 가능하다는 것을 받아들여야 한다. 양심적인 거부자는 결과가 어떠하든 간에 상관없이 잘못된 것에 참여하기를 거부하는 데에서 우리 나머지 사람들과 구별된다. 이것이 완전한 도덕을 추구하는 데에서 어느 정도 칭찬할 만한지 그리고 어느 정도 순전히 무책임한 것인지가 도덕적 논쟁에 알맞은 주제다. 그것은 쉽게 해결되기가 어려울 것이며, 문제는 다수가 동의하지 않는 소수를 어떻게 취급해야 하느냐는 것이다. 도덕적 차이들과 잘못할 수 있는 권리는 선택의 자유가 가져오는 필수적인 결과다. 우리가 보아왔듯이 도덕성의 부과는 그 자체로 도덕성의 기초에 대한 공격이 될 수 있다. 사람들이 시키는 대로 행동하는 체제 순응적 사회는 도덕적으로 책임 있는 개인들의 사회가 아니다.

도덕적 진리에 대해 이야기하는 도덕성 견해들은 포용력이 없고 개인의 양심을 질식시킨다고 비난받을 수 있다. 일단 그 도덕성이 단지 특정 사회의 견해이기 때문에 강요된다면, 그 상황은 사회에 대한 상대주의자 견해와 비슷하게 된다. 그렇게 되면 무엇이 옳은지에 관해 일치하지 않거나 혹은 개인들이 그들 자신의 믿음에 따를 수 있는 여지는 없다. 그러나 사회 전체가 잘못이라고 말할 용기를 가진 선각자들이 있었다. 우리는 노예 제도 철폐나 좀더 최근의 인종 차별 정책 폐지에 대해 생각해보기만 해도, 때때로 한 사회에 과감히 맞서는 도덕적 이상가들이 필요하다는 것을 알 수 있다. 양심적인 거부자들을 단순히 잘못된 것으로 취급하는 것은 개인의 도덕적 판단의 중요성을 진지하게 받아들이지 못하는 것이다.

사람들은 각 개인이 결정한 것은 그 개인의 권리라고 말하는 주관주의로 빠지기 원치 않기 때문에 여기에는 세심한 균형이 필요하다. 그러나 마찬가지로 인간은 오류를 저지를 가능성이 있기 때문에 누구도 혹은 어떤 그룹도 완전한 도덕적 이해를 가질 수 있으리라고 바라는 것은 비현실적이다. 양심적인 거부자들이 강제로 순응하게 되지는 않을 것이라고 말하는 것은 도덕적으로 다른 의견들을 받아들이는 원칙에 의거해서 나아가는 것이다. 그것은 도덕적으로 다른 의견들이 법을 적용할 때 반영되어야 한다는 것을 인정하는 것이다. 이것은 다양성 자체를 위한 다양성을 쉽게 묵인하는 것과는 다르다. 그것은 평화주의와 전쟁 거부에서 나타나는 진지한 도덕적 도전을 인정하는 것이다.

사람들이 그의 나라를 방어할 의무에서 어느 정도 면제될 수 있는가는 항상 성가신 문제가 될 것이다. 게다가 20세기 초에 오래도록 미국은 공인된 평화주의자들이 시민권자가 되는 것을 허용치 않았다. 예를 들어 1929년에 한 여성평화주의자는 이미 그녀가 나이와 성 때문에 군 복무의 자격이 없음에도 불구하고 바로 그러한 근거에서 시민권이 인정되지 않았다. 이제 양심적인 거부가 어떤 형식의 종교적 믿음과 관련이 있는 한, 그것은 더 이상 시민이 되는 것을 막을 수 있는 장벽이 아니다. 영국에서는 양심적인 거부가 오래도록 자리잡은 믿음의 결과라는 것이 입증될 수 있는 한에서, 그것은 징집일에 무장 군대에서 복무하기를 거부할 수 있는 근거가 되었다.

원칙에서 나온 도덕적 판단들은 그것이 다수의 의견과 일치하지 않는다 할지라도 자유로운 사회에서는 가능한 한 용인되어야 한다. 사회에 기여하지 않고 시민의 의무를 수행하지 않는 것과, 그가 확고하게 잘못이라고 믿는 것을 하도록 강요되는 것은 아주 다른 것이다. 그러나 어떤 문제들에 관한 공적인 정책이 있어야만 한다. 그 정책을 이행해야 할 책임이 있는 사람들은 때때로 그것이 도덕적으로 아주 모순된 것이라고 생각하기 때문에 그는 심지어 사임을 해야만 할 수도 있다. 낙태에 참여할 수밖에 없는 의사들과 간호사들은 이것을 깊숙이 자리하고 있는 믿음들에 거스르는 행위라고 생각하고 그들의 직위와 믿음 중에서 하나를 선택해야만 한다고 생각할 수도 있다. 판사들은 자신이 반대하는 법(사형 선고)을 집행하게 될 때 그들은 그렇게 하기보다는 차라리 걸어내려 올 수도 있다. 민주주의 사회에 사는 우리는 어느 정도 동의하지 않는 사람들이 있다 할지라도 정책이 시행되기를 기대해야 한다. 그러나 행위 과정에 대한 효율성이나 지혜에 대해 일상적으로 의견을 달리하는 것과 무너지고 있는 것으로 추정되는 인간 생명의 가치에 관해 깊이 자리하고 있는 원칙 간에는 차이점이 있다.

시민이 되는 것과 양심적인 거부에 관해 말하는 요지는 사람들이 그의 직업을 포기하는 것과는 달리 그 사람이 시민임을 쉽게 단념할 수는 없다는 것이다. 우리는 단순히 그 사회의 의지를 강요하는 사회를 원하는지 아니면 도덕성을 진지하게 받아들여서 그 생존이 위태로울지라도 도덕적 반론을 조정하는 사회를 원하는지 결정해야 하는 처지에 있다. 어떤 사람들이 잘못이라고 대부분의 사람들이 생각할 때조차도, 심각한 문제들에 관해 그 사람들의 양심을 용인하는 것은 사실상 사회의 기초로서 도덕성이 중요하다고 인정하는 것이다. 우리는 감히 다른 사람들의 도덕적 원리를 마구잡이로 다룰 수 없는데, 만약 우리가 그렇게 한다면 우리는 도덕성이 순응보다 덜 중요하다고 암시하는 것이기 때문이다. 그것은 상대주의 자체로 가는 길이다. 정치적 조치는 다수의 투표에 의해 결정되어야 한다 할지라도, 도덕적 문제들은 결코 그렇게 해결될 수는 없다. 도덕성의 객관성에서 중요한 측면은 실수와 잘못이 항상 가능하다는 것이다. 우리가 동의할 수 없는 사람들의 견해를 존중하는 것은 우리에게 그러한 간단한 진리를 상기시켜준다.

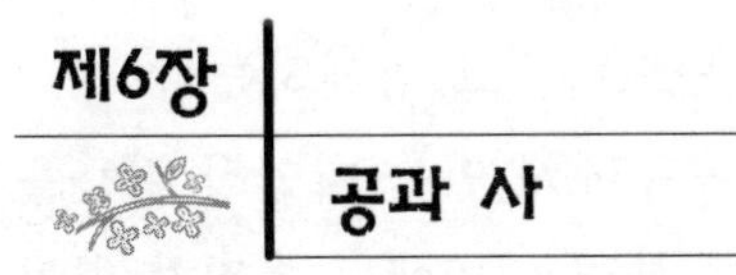

제6장 공과 사

1. 정치적 다원주의는 윤리적으로 중립적인가?

우리가 신봉하고자 하는 도덕 원칙들이 다양함에도 불구하고, 우리는 도덕성이 궁극적으로는 인간에게 무엇이 좋은지 나쁜지와 관련이 있어야 한다는 것을 알았다. 바로 이것에 관해 전형적으로 사람들은 심각하게 도덕적 의견을 달리하고 있다. 우리는 상황이 매우 복잡해서 더 커다란 해가 잇따라 일어날 수 있으며, 누군가를 죽이지 않으면 더 많은 생명을 잃게 될 수 있다는 것을 인정하면서도, 인간의 생명을 빼앗는 것이 결정적으로 나쁘다고 주장하는 평화주의자들의 입장에 동감할 수 있다. 도덕성은 우리 모두가 잘 살도록 도와주는 것에 관한 것이며, 이러한 의미로 소위 자연법에 대한 인식은 단지 우리가 공유하고 있는 인간 본성으로 인해 우리의 행복을 도와주고 방해하는 것을 인식하는 것이다. 그것은 또한 우리 모두에게 있는 자연적 평등을 받아들이는 것을 포함한다. 그러나 분명 여기에는 솔직히 일치하지 않는 부분들이 많이 있다.

이렇게 도덕성을 이해하고 있는 사람들은 세계의 객관적인 상황들을 이해하라고 강조한다. 우리는 무엇이 인간을 돕는지에 관해 잘못 생각할 수 있다. 자연법의 보편성 또한 관련이 있다. 우리는 무엇이 해를 끼치는지 알기 위해 중국인이나 유럽인이 되기보다 미국인이나 아프리카인이 될 필요는 없다. 우리는 모두 세계가 어떻게 작동하며 어떻게 그것이 인간 본성에 영향을 미치는지 알 수 있다. 예를 들어 신체적 고통은 국경에 차별이 없다. 그것을 느끼는 것은 인간 구조의 일부며, 우리는 불필요한 고통을 가하는 것이 도덕적으로 나쁘다는 것을 이해하기 위해 대단한 이론을 필요로 하지 않을 것이다. 좀더 복잡한 문제들에서는 다양한 생각들, 심지어 세계적인 견해들을 통해 좌우되는 판단 요소가 개입될 것이다. 모든 사람들이 똑같은 방식으로 이익과 손해를 보지는 않을 것이다. 그럼에도 결국 그러한 판단들은 자의적이지 않다. 진리가 문제다.

도덕적 결정들을 하기에 알맞은 요소들이 객관성을 갖고 있다고 강조하고 그러한 요소들이 보편적으로 이용 가능할 것이라고 생각하는 입장은 작금의 많은 도덕성 개념들에 도전해야만 한다. 사실과 가치의 분리는 도덕성에 대한 견해를 세계의 상황들로부터 분리시키는 쪽으로 나아가게 했다. 도덕성은 단지 사람들에 관한 것이며 그들의 태도와 선택에 관한 것이다. 이것은 정치에서 민주주의는 그 구성원들의 다양한 견해들에 대해서 판정을 내리지 않고 그것들을 참작하기만 하면 된다는 생각으로 이끌어갔다. 사람들은 강한 믿음들을 갖고 있을 것이며, 우리 모두가 함께 살고자 한다면 그것들이 조정되어야 한다는 것이 중요한 모든 것이다. 그러한 생각은 강한 윤리적 다원주의 견해를 통해 고무되고 또한 그것을 장려한다. 이것은 단지 사람들이 다른 의견들을 갖고 있다는 것을 받아들일 뿐 아니라, 원칙적으로 도덕성에 관한 차이점들을 해결할 방법이 없다는 것을 주장하는 것이다.

이런 의미에서 다원주의를 지지하는 정치는 윤리적 판단을 사회를 구성하고 있는 다양한 그룹들과 개인들의 생각에 맡긴다. 그것은 무엇이 좋은지에 관한 입장을 취하지 않으며, 심지어는 명백한 중립성을 자랑하기까지 한다. 비록 무엇이 공정한지에 대한 생각 자체가 중요한 도덕적 개념이라 할지라도, 다원주의는 여하튼 그렇게 하는 것이 좀더 공정한 사회를 만드는 것이라고 생각한다. 그것은 국가의 기능이 단지 심판자가 되는 것이며 사람들이 함께 살아가도록 해주는 것이 국가가 할 수 있는 가장 훌륭한 일이라고 생각하는 것이다. 그렇게 되면 법은 관리하는 것이며, 따라서 시민들은 무엇이 좋은 사회나 좋은 삶을 구성하는지에 대한 어떤 특별한 견해를 강요받지 않고 그들이 선택한 대로 살 수 있다. 다양한 견해들이 충돌할 때는 정치적 타협과 협상이 있어야 할 것이다. 이러한 그림에서는 공적인 삶에서 누가 옳은지를 결정하기 위한 실질적인 도덕적 논변을 위한 여지가 없다.

대중들이 있는 데서 얼굴을 가리고 다녀야 하는 어떤 이슬람교 여성들에 대한 요구가 좋은 예가 될 수 있을 것이다. 이것은 다른 그룹들의 관습은 아니지만, 민주주의 사회에서 여자들이 원치 않는다면 베일을 하지 않고 다녀야 한다고 주장하는 것은 잘못된 것으로 보일 것이다. 여자들이 이런 식으로 행동해야 하는지에 관해 논쟁할 필요가 없다. 어떤 사람들은 원할 수도 있고, 그들의 소망은 존중되어야 한다. 그러나 여권이든 운전면허증이든 법이 신분 확인을 목적으로 누군가의 얼굴이 나온 사진을 요구할 때는 무슨 일이 일어나겠는가? 어떤 여자는 베일이 벗겨진 얼굴을 보이는 것에 대해 심하게 항의할 수 있다. 그러나 그녀는 여행하거나 운전하기 바랄 것이다. 이 시점에서는 정치적 고찰이 특히 보안상 이유로 활약하기 시작할 것이다. 가려진 얼굴 사진을 내놓거나 전혀 사진을 내놓지 않게 되면 다양한 종류의 묵인할 수 없는 보안상의 위험을 초래하게 될 것이다. 다수의 사람들이 갖고 있는 정치적 관심은 그 여자의 믿음은 존중되어서는 안 된다고 요구할 것이다.

이 모든 논변의 어디에서도 여자들의 베일의 근본적인 문제가 제대로 다루어지지 못할 것이다. 비록 어떤 사람들의 눈에는 그것이 여자들에 대한 부도덕한 첨가물의 상징이라 할지라도, 그 문제는 한쪽 편에 남겨진다. 여자들이 바라는 것들은 단지 더 이상의 어떤 윤리적인 문제도 제기되지 않은 채 사실로 받아들여진다. 유일한 문제는 함께 살아가는 것에 대한 관심으로 무엇이 용인되며 무엇은 용인될 수 없는지에 관한 정치적인 것이다. 그러나 이렇게 명백하게 중립적인 입장조차도 어떤 관습의 가치에 관해 편들기를 거부하면서 무엇이 좋은 사회인지에 대한 가정을 하고 있다. 그것은 민주주의 사회이고 거기에서는 다수가 결정을 하지만 가능한 한 사람들 간의 차이점들이 인정되고 유지되는 곳이다. 다양성은 그 자체로 소중하게 여겨지며, 관용은 중요한 덕이 된다.

그러나 다원주의는 차이라는 사실을 주목함으로써 시작할 것이지만, 곧장 그것이 정말로 바람직하다는 것을 받아들이게 된다. 이로부터 선에 대한 어떤 특별한 생각에도 우선권이 주어져서는 안 된다는 결론이 나온다. 윤리적으로 중립적인 입장은 곧 윤리적인 입장이 된다. 목표는 다원주의자 사회 아니 좀더 정확히 말하자면 다문화 사회며, 거기에서는 도덕적 문제에서 자유가 가장 좋은 선으로 간주되고 오직 우리가 함께 살 수 있다는 제약 조건에만 구속받는다. 차이에 대한 존중은 도덕적 동의를 이루는 방식에 방해물로 간주되는 것이 아니라 오히려 윤리적 원칙이 된다. 자신의 견해를 다른 사람들에게 부과하거나 심지어는 그들의 견해가 옳은 것이라고 대담하게 제안하는 누구든 바로 사회 조직에 분명히 도전하고 있는 것으로 보인다. 공유하고 있는 도덕성은 공동체를 함께 유지해주는 접착제가 되는 것이 아니라 바로 그것의 존재에 대한 도전으로 보이게 된다.

윤리적인 중립성은 어쨌든 우리가 어떤 종류의 사회를 가져야 할지에 대한 실질적인 생각과 결합되어 있다. 관용이 널리 전파되고, 다른 종류의 사회를 더 좋아하는 사람들에 대한 관용이 실제로 발휘된다. 무엇이 좋은지에 대한 한 가지 생각에 사회가 뿌리내리고 있어야 한다는 어떠한 생각도 그 자체로 선에 대한 한 가지 생각이라는 이름으로 거부된다. 그러므로 '중립적인' 사회와 '자유주의' 사회는 명백히 세속적으로 될 것이다. 그것은 그 자신을 오로지 코란에만 기초하려고 하는 어떠한 이슬람 사회에도 대립될 것이다. 그것은 아무리 모호하고 자비로운 방식일지라도 특정 기준들을 세워놓고 있는 기존의 서양 교회의 생각과도 대립될 것이다.

기존의 서양 교회에 대한 이해는 자유주의 특히 미국의 다양성에 대한 몇 가지 역사적 뿌리들을 이해하는 데 도움이 된다. 그것은 어떤 영국 성공회 주교들의 위계에 대한 미국인의 불신과 미국에서 종교의 자유를 찾으려는 결정에서 나온다. 그러나 여기에서조차 항상 모호함이 있었다. 오늘날 '자유'를 선언하는 똑같은 미국 동전들이 또한 '우리가 믿는 신 안에서'라고 말하고 있다. 그들은 또한 미국이 여럿으로 이루어진 하나(e pluribus unum)를 구성한다고 주장한다. 모든 수수께끼는 이러한 말들이 의미하는 것들에서 분명해진다. 자유는 사람들이 바라는 대로 사는 자유를 갖는다는 것을 요구하지만, 신에 대한 언급은 미국이 특별한 종류의 종교적 기초를 갖고 있다는 것을 보여준다. 사람들이 기도하는 신은 가톨릭과 장로회뿐만 아니라 이슬람과 유태의 신일 수도 있다. 그는 분명 무신론자들의 신은 아니며, 아마도 불자들과 그 이외의 사람들의 신도 아닐 것이다. 그래서 우리는 한 사회가 무엇이 좋은지에 대한 어떤 생각을 공유하지 않고 사회로서 존재할 수 있는가 하는 문제로 돌아온다. 어떠한 사회나 공동체든 어느 시점에 어느 장소에 우연히 함께 모이는 다양한 사람들의 집합 그 이상이어야 한다. 어떤 사회도 분명히 '많은 사람들'로 구성되어 있을 뿐만 아니라 어떤 '하나'라는 느낌이 있어야 한다. 다른 대륙으로 오가는 길에 공항을 서둘러 가는 한 무리의 사람들이 있으며 그 중의 어떤 사람들은 단지 그 나라에서 비행기를 갈아타기 위해 잠깐 들른 사람들이 있는데, 그러한 무리는 모두 함께 한 장소에 있다. 그들은 다양한 전통과 관습을 갖고 있는 사람들이고 다양한 언어를 사용한다. 그러나 그들이 '사회'일 수는 없다.

2. '무지의 베일'

최소한 사람들이 함께 살 수 있기 위해서는 무엇이 더 필요한가? 우리가 도입 부분에서 보았듯이 사회에 대한 자유주의적 이해는 미국의 정치 철학자 존 롤스의 작품에서 감동적으로 표현된다. 그의 '무지의 베일'은 무엇이 좋고 나쁜지에 관한 특정 믿음들로부터 상상적인 사회 계약 당사자들을 차단할 것이다. 그러므로 단지 더 특정한 계층의 이해들을 위해 어떤 동의가 이루어지지는 않을 것이다. 그들은 한 사회를 조직하는 데에서 실제로 그 안에서 그들이 어떤 믿음을 갖게 될지 알지 못할 것이다. 롤스가 말하고 있듯이, "사람들의 광범한 믿음들을 무지의 베일 뒤에 놓는 것은 우리로 하여금 중첩하는 여론의 초점이 되는 정의에 대한 정치적 이해를 발견할 수 있게 해주며, 따라서 합리적인 다원주의의 특색을 갖고 있는 사회에서 정당함을 증명하는 공적인 기초로 사용될 수 있다."[1] 그러한 생각은 우리가 공정하고 정의로운 사회가 어떠할지를 결정하게 되면 특정 전통에서 유래하는 좋고 나쁜 것에 관한 모든 실질적인 믿음들이 하나가 될 것이라는 것이다. 우리는 한쪽으로 치우치지 않는 것이 옳다고 생각하기 때문에 한쪽으로 치우쳐서는 안 된다. 왜냐하면 무

1) John Rawls, *The Law of Peoples*, Harvard University Press, Cambridge, MA, 1999, p.32.

지의 베일 뒤에서, 우리는 실제 사회에서 우리가 정말로 그러한 믿음을 갖고 있을지를 우리가 알지 못할 것이기 때문이다. 그러므로 우리는 믿음들 간에 공평성을 유지해야만 할 것이다. 롤스는 그 사회가 비록 용인되어야 하는 믿음들에 어떤 한계가 있어야 한다 할지라도 그 사회는 '다원주의' 사회라고 가정해야만 한다고 말한다. 그것들이 그릇되다 해서 혹은 우리가 그것들에 동의하지 않는다 해서 그것들이 배제되지는 않을 것이다. 그것들이 반자유주의적이고 '공정한' 사회 성립을 불가능하게 한다는 의미에서 그 문제는 단지 정치적일 것이다. 요구되는 것은 정치적인 일치이지 진리에 대한 동의가 아니다.

사태를 이러한 방식으로 보는 것은 공적 영역에서 허용되는 종류의 추론은 개인들이 사적으로 사용하는 것과는 아주 다를 것이라는 것을 의미한다. '공적'인 것과 '사적'인 것, 사회적 배경에서 허용되는 것과 개인들이 사적으로 믿을 수 있는 것에서 근본적인 분열이 있다. 그러한 생각이 보여주는 것은 한 사회에서 공존하는 다양한 전통과 믿음들이 있을 때 그들은 부과되는 어떤 공통 관점을 가지고 함께 살 수는 없다는 것이다. 단지 함께 살기 위해서 그리고 어떻게 우리가 그렇게 할 수 있는지에 관한 논의들을 진정시키기 위해서 필요한 법과 절차들에 관한 동의만이 있을 것이다. 그렇게 되면 근본적인 문제들에서 동의하지 않는 사람들도 분명 공적 영역에서 이루어지는 모든 논의들을 받아들일 수 있다. 그 목적은 다른 사람들이 하는 것을 방해하지 않으면서 자신의 믿음대로 살기 위해 서로에게 최대의 자유를 허용하는 것이다.

공적인 것과 사적인 것에서 나타나는 분열은 분명하게 가려내기가 쉽지 않지만, 그것은 정치적 자유주의의 관념에서 근본적인 부분을 이루고 있다. 그것은 공적인 역할과 강한 개인적인 믿음들을 결합시켜야만 하는 사람들에게는 낯선 것이 아니다. 그들이 원하는 대로가 아니라 있는 그대로 그 나라의 법을 실시해야만 하는 판사들이나 행정 장관을 예로 들 수 있다. 특허청의 직원들은 알코올을 아무 데서나 살 수 있다는 것에 대해 개인적으로는 항의할 수도 있지만, 그것은 법적인 견지에서 합당하다면 그것을 팔기 위해 면허를 신청하는 것을 그들이 거부해야 한다는 것을 의미하지는 않는다. 그러한 항의를 할 수 있기 위해서는 공적인 질서를 위협하는 것과 같은 확인할 수 있는 공적인 근거들이 있어야 할 것이다. 공적인 법의 단속은 결코 사적인 확신을 과시하는 데 사용될 수 없다. 사적인 믿음들과 공적인 역할은 분리되어 있으며, 무지의 베일의 그림은 이러한 사실에 호소한다. 우리를 지배하는 사회의 구조들과 절차는 개인적으로 싸워야 할 이유를 갖고 있는 사람들의 노리개가 될 수는 없다.

롤스는 다음과 같이 말하고 있다. "우리는 인간 본성에 대한 설명은 접어두고, 대신에 사람들을 시민으로 생각하고 그들의 정치적 이해에 의존한다."[2] 문제는 모든 인간 본성에 대한 생각이 무엇이 좋은지에 대한 견해를 담고 있을 것이라는 점이다. 게다가 그것은 자연법이 갖고 있는 전체 요지다. 롤스는 우리가 다양한 믿음들이 제거될 수 없는 정치적 무대에서 사람들의 관계에 주의를 집중해야 한다고 생각한다. 정의에 대한 도덕적 이해는 정치적인 것을 위해 한쪽 편으로 밀려나 있어야 한다. 우리는 이러한 맥락에서 세계의 본성이나 그 안에 있는 인간의 본성과

2) 같은 책, p.172.

관계할 수 없는데, 왜냐하면 우리의 초점이 여론의 일치를 획득해야만 하는 것에 있기 때문이다. 우리는 무엇이 좋은지 공동으로 결정하지 않고, 서로 얼마나 훌륭하게 살아야 하며 서로의 행위를 용인해야 하는지를 타협한다.

이것은 우리가 중요한 문제들에 관한 다양한 의견에 부딪혀서 그러한 반론들을 해결할 분명한 방법을 갖지 못할 때 매력적인 입장으로 보일 수 있다. 우리는 그것들을 해결하지 말고 대신에 그것들을 가지고 함께 사는 방법을 찾아야 한다고 결론지을 수 있다. 그러나 긴장은 여전히 남아 있다. 우리는 여전히 낙태를 기꺼이 허용하는 사회에서 살 것인지 허용하지 않는 사회에서 살 것인지를 결정해야만 한다. 어떠한 사회도 그러한 선택을 피할 수 있는 길이 없어보인다. 그것을 개인의 선택에 맡기는 것은 자유주의적 선택이겠지만 그것은 낙태를 완전히 불법으로 만들기 원하는 사람들을 만족시키지 못할 것이다. 반면에 낙태를 제한하거나 심지어 금지시키는 것은 선택의 자유를 가장 중요하게 여기는 사람들의 요구를 충족시키지 못할 것이다. 결국 여기에는 중립적인 입장이 없다. 어떤 그룹은 공격을 받을 것이다. 타협안을 만들어내는 정치적 협상이 가능할 수도 있다. 낙태가 허용될 수 있는 상황들이 법으로 정의될 수도 있다. 그러한 조치는 어떠한 제약도 개인적 자유에 대한 침해로 보는 사람들을 만족시키지 못하는 것처럼, 마찬가지로 그것은 낙태를 살인으로 보는 사람들을 진정시킬 수 있을 것 같지 않다. 두 가지 도덕적 원칙들이 충돌하며 정치적 화합은 어려울 것 같다. 각각의 편은 승리를 원한다. 그것은 롤스가 교묘하게 회피하기 위해 무지의 베일을 사용한 바로 그러한 종류의 상황이었다.

자유주의는 도덕적 문제들에 관해 중립을 추구할 것이며, 최소한 공적인 수준에서는 도덕성을 정치적 협상으로 바꾸려고 할 것이다. 그러나 자유주의가 다양성과 관용 자체를 선호하는 것은 사회의 어떤 특성들을 끄집어내어서 그것들에 도덕적 무게를 두는 것이다. 자유주의는 때때로 어디까지 타협안을 찾고 있으며 얼마만큼이나 어떤 해결책을 요구하는지에 관해서 매우 모호하다. 자유주의는 낙태에 관해 다양하게 확립된 입장들 간에 공통적인 근거를 찾거나 아니면 최소한 타협을 할 것이다. 그러한 경우 '생명'이든 '선택'이든 절대적인 권리는 배제될 것이다. 무지의 베일 뒤에 있는 사람들은 이것을 공정한 해결이라고 생각할 수도 있다. 반면에 어떤 자유주의자들은 개인의 자유를 최고로 중요하게 생각할 것이며, 여성이 선택할 수 있는 권리를 옹호할 것이다. 어쨌거나 '생명에 대한 권리'를 지지하는 사람들이 도전을 받고 있다는 것은 분명하다.

내용이 아니라 절차의 중요성을 강조하면서 다양성을 기꺼이 받아들이는 사람들은 현재의 민주주의에 대한 견해와 연관이 있다. 자유주의자들에게서 사회적 통일은 사회를 규제하기 위해서 특별한 삶의 방식과 충돌하지 않는 안정된 절차와 법을 인정하는 데 있다. 개인의 자유에 대한 강조는 시민들이 가장 중요한 도덕 영역에서조차 그들이 바라는 대로 그러한 자유를 사용할 수 있어야 한다는 생각을 함축한다. 국가는 어떤 문제들에 간섭하고 편견을 갖거나 어떤 특정 결과들에 편을 들어서는 안 된다. 그러나 이 모든 것에는 역설이 있다. 만약 어떤 것이 단지 그 나라의 법에 대한 존중일 뿐이라 할지라도, 그러한 존중 자체가 타당한 도덕적 기초를 갖고 있을 때 단지 보증된다고 한다면, 그것은 여전히 국가를 함께 묶어주어야 한다.

3. 동의의 도덕적 기초

도덕성에서 정치로, 도덕적 논변에서 정치적인 타협을 구하는 것으로 주제를 바꾸기 위해서는 기꺼이 특정 절차를 따르고 그 결과들에 복종하는 것이 필요하다. 도덕적 가르침은 학교에서 시민의 의무들에 관한 시민 교육으로 대체될 것이다. 그러나 '의무들'에 대한 언급은 단지 도덕성이 그렇게 쉽게 제거될 수 없다는 것을 보여준다. 롤스의 정의론 같은 많은 사회 이론들은 개인들 간의 계약이라는 생각에 의존한다. 그러한 이론들 모두가 요구하는 계약 당사자들은 그들이 불편하다고 생각할 때조차도 그 계약을 계속 유지하기 위한 어떤 의무를 갖는다고 느끼는 자들이다. 이론적으로는 무지의 베일 뒤에서 우리는 개인의 이익을 구하면서 다른 성실한 사람들에게서 이익을 취득하는 자들을 비난할 수도 있다. 그러나 실제 세계에서 우리는 사람들이 그렇게 하고도 빠져나올 수 있다고 생각하면 그러한 규칙들을 어길 사람들이 너무나 많이 있다는 것을 안다. 문제는 성실성이다. 참여자들이 인식할 수 있는 도덕적 기초가 없다면, 어떠한 규칙이나 법 체계도 단지 그것이 단속될 수 있는 한에서만 효력이 있을 것이다.

정의로운 사회의 어떠한 '절차적' 개념도 성실성이 아니라 체계들을 강조하고 '개인의' 도덕성이 아니라 '공적인' 법을 강조하는 것으로서, 어떤 하나의 도덕적 견해를 부과하지 않고 공적으로 동의될 수 있는 것에 주의를 기울인다. 그러나 이것들 중 어떤 것이 도덕성 없이도 유지될 수 있다고 생각하는 것은 환상이다. 우리는 사람들이 선의를 가지고 정치적 타협에 들어가고 그 결과를 따르려 한다는 어떤 확신을 가져야만 한다. 정직과 성실은 동의의 산물이 아니라 동의의 전제 조건이다. 계약이 편리할 때만 지켜진다면 그것은 전혀 계약이 아닌 것이다.

런던은 이전에 '나의 말은 나의 증서다'라는 모토를 갖고 있었다. 금융 거래자들이 속이거나 조작하기 위해 다른 사람들의 정직성과 성실성을 일단 이용하게 된다면, 전체적인 금융 거래 장치는 위험에 처하게 된다. 그들의 이익을 허위로 발표하는 회사들과 안이한 방식으로 일을 처리하는 회계사들은 단기적으로 보았을 때는 그럭저럭 잘 해나갈 수도 있지만, 만약 그것이 발견된다면 전체 체제에 대한 신용은 급격히 감소될 것이다. 정직한 것은 모든 사람들의 관심사다. 속임수는 올해의 주식 값을 올릴 수도 있지만, 그것은 계속 이어질 수 있는 장기 정책이 못 된다. 그러므로 속임수를 쓰지 않고 동의한 것을 지키는 것 모두가 합리적인 것으로 보인다. 문제는 대개 정직하지 못한 짓을 하는 것이 계몽된 자기-이해의 문제라 할지라도, 그것이 결코 발견되지 않을 수도 있기 때문에 그것이 성공하는 경우가 있을 수 있다는 것이다. 어떤 사람들은 그렇게 하지 않기로 동의한 후조차, 여전히 그러한 위험한 일을 하려는 유혹을 받을 것이다. 그러나 그 가능한 결과들에 대해 어떻게 평가하든지 간에 그것은 도덕적 견해로부터 심히 잘못된 것으로 간주되어야 한다. 그러한 종류의 위험을 감수하는 많은 사람들은 곧 금융 체계 전체를 훼손시킬 것이다. 공적인 무대에서 일어나는 일은 개인의 정직과 성실성이라는 배경이 있을 때만 효력을 발생할 수 있다.

의무를 단지 동의를 통해 만들어진 것으로 보는 어떠한 견해도 그것을 지키기가 불편할 때조차 여전히 동의가 강제력을 가져야 한다는 것을 받아들여야 한다. 다시 말해 동의하는 당사자들이 이미 형성된 도덕적 견해를 갖고 있어야 한다. 의무를 따르지 않는 것이 그들 자신에게 이로울 때조차도, 그것은 그들에게 무엇이 옳은지에 대한 분별력과 그것을 따르려는 의지를 주어야 한다. 문제는 사회에 대한 자유주의적 그림에서는 도덕성이 사적인 문제라는 것이며, 공적인 이유는 사적이고 개인적인 도덕적 믿음들에 호소하지 못할 것이라는 것이다. 하지만 동시에 그것은 어떤 공적인 절차에 따라 살고 그것들을 충분한 신뢰를 갖고 따르고자 하는 암묵적이거나 실제적인 동의와 약속에 의존한다. 사회에 대한 자유주의적 그림은 원자들의 집합으로 간주되는 수많은 개인들에서 시작된다는 점에서 대단히 개인주의적이다. 그들은 어떤 방식으로도 서로 연관되어 있지 않고 충돌하기가 쉽다. 그것의 기초로서 더 폭넓은 사회관이나 도덕관이란 없다. '공적인 광장'은 개인들이 모여서 함께 살아가는 방식들을 성립시킬 수 있는 곳이기는 하겠지만, 그들 자신의 사적인 태도들은 여전히 남아 있으며, 공동의 선을 위해 주조되거나 얽혀 들어가지 않는다. 전체의 안정은 참여자들의 특성과 원칙들에 의존하겠지만, 자유주의 교설은 그들이 어떤 사람들이어야 하는지에 대해서는 중립적이기를 원한다.

어떠한 사회도 도덕성을 필요로 하며, 어떤 가정들을 공유하지 않고는 지속될 수 없다. 우리가 보아왔듯이 자유주의 자체도 공적으로 인정된 규칙들을 따르는 데에서 성실과 정직성을 가정해야 한다. 가장 자유주의적인 사회는 학교에서 시민 수업이 필요하다고 생각할 것인데, 이것은 도덕적 견해에서 중립적인 것이 아니다. 그들은 함께 살기 위한 특별한 방식이 그 사회의 법적인 틀에 소중하게 보호되어 있다고 생각할 것이다. 그들은 또한 당연히 그 규칙들과 절차들에 따르는 것이 옳으며, 그렇게 하지 않는 사람들은 비난받을 만하다고 가르쳐야만 할 것이다. 시민들 간의 신뢰는 사회 생활의 전제 조건이다. 사회가 도대체 기능하고자 한다면, 정직함과 더불어 그러한 신뢰는 타협할 수 있는 것이 아니다.

한 사회에서 다양한 도덕적 의견들이 일치하지 않는다는 것만을 주목하고, 사회를 유지하는 데 필요한 것에 관해서 이루어진 좀더 폭넓은 동의를 배경으로 해서 그러한 일들이 발생할 수 있다는 것은 망각하기가 쉽다. 공유하고 있는 도덕적 가치들은 점착성을 제공해야 한다. 문제는 사회가 분열되기 시작하기 전에 의견의 불일치가 얼마나 많이 발생할 수 있느냐는 것이다. 이것은 단지 지적인 문제가 아니다. 현대 사회들은 복잡하며 다양한 영향을 받는다. 그러나 그러한 다양성이 더 클수록 어떤 통일을 이루는 것과 상호 신뢰를 이루어나가는 것은 더욱 어렵다. 어떤 사람들은 그들의 나라로 이민 오는 것을 엄격하게 통제할 것을 요구함으로써 이러한 어려움들을 이겨내고자 한다. 그러나 이것은 근본적인 문제를 회피하는 것인데, 바로 그 근본적인 문제란 우리가 함께 살기 위해 필요한 이해들에 관한 것이다. 과거의 동의를 와해시킨 것에 대해 어떤 특정 그룹을 탓하는 것은 그러한 동의의 도덕적 토대 문제를 다루지 못하고 그것을 비켜나가는 것이다.

4. 신 뢰

시민들 간의 신뢰는 모든 협동을 위한 절대적인 전제 조건이다. 그러나 그러한 신뢰는 당연한 것으로 여겨질 수는 없다. 우리가 정직함을 가정할 수 없다는 것은 자유주의 견해와 일관적인 것이다. 공적인 절차들이 사적이고 개인적인 도덕적 입장들과 확연히 구별될 때, 그러한 절차들에는 공적인 주목이 집중될 것이다. 정직함이 공적으로 바람직하다고 생각된다면 그것은 공적인 수단을 통해 강화되고 점검되어야 한다. 그것은 개인의 특성으로 남겨질 수 없다. 따라서 사람들의 행위가 공적으로 입증될 수 있는 방식으로 시험될 때만 그들은 신뢰받을 수 있다. 시장을 예로 들어보자. 시장 거래에서 우리는 거래자들의 정직함을 액면대로 받아들여서는 안 되기 때문에 점검되어야 한다. 그러나 이것은 사회 계약에서부터 채소를 구입하는 것까지 어떠한 거래도 그것이 성공적이려면 공유하고 있는 도덕적 이해에 의거해야 한다는 기본적인 사실을 무시하는 것이다. 모든 타협은 신뢰라는 배경을 필요로 한다. 만약 돈이 유통될 수 있으려면 우리는 그것이 위조된 것이 아니라 진짜라는 것을 가정해야만 한다. 우리는 거래자가 잘못된 저울을 사용하거나 자루 바닥에 썩은 것들을 숨긴다기보다는 우리가 요구한 채소를 좋은 것으로 적합한 양으로 우리에게 줄 것이라 믿어야 한다. 때때로 잘못될 수는 있지만, 만약 사람들이 항상 부정직하다면 아무도 물건을 사거나 팔지 못할 것이다. 사회적 삶은 무너지게 될 것이다.

농작물 시장에서 일어나는 일은 금융 시장에서도 똑같이 발생할 수 있다. 개인들 간의 신뢰와 금융 체제에서의 신용은 사업을 위한 절대적인 전제 조건이다. 돈이 그 가치를 잃을 때 그것은 교환을 위한 도구가 될 수 없다. 부패가 성행한다면 자본주의는 더 이상 기능할 수가 없다. 모든 시장들은 사람들이 사고 팔기 원하는 것에 관한 정보를 전달해야만 한다. 만약 뇌물과 다른 외적 영향력을 가진 요인들이 영향을 미친다면 이러한 민감한 가격 메커니즘은 빗나가게 될 것이다. 가격은 더 이상 사는 사람이나 파는 사람들의 이해 관계를 정확하게 반영할 수 없을 것이며, 그 체제는 붕괴하기 시작할 것이다. 일단 사람들이 신용을 잃게 되면 상품 교환을 용이하게 하기 위해 물물 교환과 같은 다른 수단들이 발견될 것이다. 경제적인 자유는 도덕적 기초가 있을 때만 가능하며, 신뢰성과 정직함, 개인적 성실성이 그러한 도덕적 기초의 필수적인 요소다. 금융 기관들은 감독자나 '감시인'을 들임으로써 개인의 부정직함으로 인한 위험들을 대처하려고 할 수도 있다. 그러나 이러한 것들이 더욱 필요해보일수록 분명 그 체제는 더욱 황폐한 상태에 처하게 된다. 부패가 없다면 공적으로 점검하는 일은 필요치 않을 것이다.

완전한 경제적 자유는 우리가 원하는 삶의 방식을 선택할 수 있는 완전한 도덕적 자유와 나란히 가는 것으로 보일 수 있다. 자유는 분리될 수 없는가? 그럼에도 역설적이게도 도덕성에 대한 철저한 자유는 실제로 경제적인 자유를 훼손시킨다. 우리가 얼마나 정직할지 결정하는 것은 개인인 우리의 결단에 맡겨질 수 없다. 그러나 자유주의자들은 전형적으로 완전한 도덕적 자유를 선호하지만, 경제적 자유에 대해서는 더 의심스럽게 본다. 그들은 그들이 사회적 정의로 생각하는 것에 관심을 갖고 있다. 그래서 그들이 비록 직접 도움을 줄 수는 없다 할지라도, 가난한 사람들과 병든 자들에게 도움을 주기 바란다. 그러나 사회적 정의는 그 자체로 도덕적 개념이다. 좀더 사회적으로 보수적인 사람들에게는 반대의 문제가 있다. 그들은 전형적으로 강한 의미의 경제적 자유를 선호하는데, 그것은 부의 창출을 선호하지만 불이익을 받는 사람들을 무시한다. 강한 자들은 잘살 것이지만, 다른 사람들은 잘살지 못할 것이고 심지어는 착취당하기까지 할 것이다. 그러나 이러한 '보수주의자들'은 사회에서 강한 도덕률을 선호하는 경향이 있는데, 그것은 전통적인 도덕성을 선호하고 정직성과 신뢰성을 옹호한다. 그들은 개인들이 도덕적일지 그렇지 않을지 뿐만 아니라, 그것이 그들에게 무엇을 의미하는지 까지 스스로 결정해야 한다는 어떠한 주장도 거부할 것이다. 만약 도덕성이 정말로 사회를 함께 결합시킬 수 있는 접착제라면, 자유주의자들과 보수주의자들 모두 그 이야기의 일부에만 집중하고 있는 것이다. 불신은 사회를 무너뜨릴 수 있으며, 과도한 불평등과 처우의 불균형도 특히 그것이 심각한 고통을 야기한다면 마찬가지로 사회를 무너뜨릴 수 있다. 극도의 경우에 그것은 혁명을 일으킬 수 있다. 어떠한 사회도 모든 시민들의 복지에 관해 관심을 가져야 한다. 전체적인 경제적 평등을 가능하다거나 바람직하다고 생각할 수는 없겠지만, 그것이 절망적인 처지에 있는 사람들, 특히 그것이 완전히 자신의 잘못이 아닌 경우에 그들을 무시할 수 있다는 것을 의미하지는 않는다.

상호 신뢰가 퇴조하게 되면 심각한 위협이 생긴다. 공정한 거래를 단속하기 위해 제도와 관리 기관들이 형성될 때조차 그들 자신도 여전히 신뢰에 의존한다. 예를 들어 영국의 교육이나 다른 분야의 관리 기관들은 종종 어떤 일을 했다는 것을 문서화된

‘증거’에 의존한다. 만약 한 사건이 기록되지 않았다면 그 일은 일어나지 않았다고 생각할 수도 있다. 많은 상자들 속에는 경찰이 정확한 절차를 따랐는지를 확인하기 위해 검토하는 서식들이 있다. 의사록들은 무슨 내용이 논의되었는지를 보여준다. 선생님들은 가르칠 것들에 대해 문서로 제작된 계획들을 상세히 제공해야 한다. 일어났어야 하는 것이 일어났다는 것을 우리에게 확인시켜주기 위해 공적인 증거가 요구된다. 그러나 이것은 잘못인데, 왜냐하면 엉성한 문서 업무가 항상 엉성한 가르침을 필연적으로 함축하거나 적합한 법적인 절차를 따르지 못했다는 것을 함축하지는 않기 때문이다. 영감을 불러일으키는 선생님들이나 양심적인 경찰이 여전히 변변치 못한 행정관일 수도 있다.

5. ‘공정한 경기’

공적인 증거가 필요하다는 것을 강조하게 되면 문제는 그것이 액면 그대로 받아들여진다는 것이다. 그러나 만약 우리가 정말로 이 모든 절차들이 보여주는 신뢰의 붕괴를 심각하게 생각한다면, 그러한 서류 제공을 믿을 이유가 거의 없어보인다. 이전에 높은 전문적인 수준들을 갖고 있는 것으로 생각되었던 사람들을 감독하기 위한 기관들이 설치된다. 일단 그러한 속임수에 대한 의심이 체제에 들어오고 나면 그 잠식하는 힘을 멈추게 할 수가 없다. 부패한 경찰은 문서를 위조한다든지 혹은 정확한 절차들이 이루어진 것처럼 위장하는 것을 그다지 심각하게 걱정하지도 않을 것이다. 회의록은 상상의 모임을 위해 날조될 수 있으며,

결코 이루어진 적이 없는 수업을 묘사하고 있는 멋진 학습 노트들이 그려질 수 있다. 부정직함은 결코 규제를 통해 타파되지 않을 것이다. 규제 개입을 증가시키는 것이 한 가지 대안일 수는 있지만, 불신 분위기에서는 또한 그 감독관의 유능함과 성실성에 관해 의문이 제기될 수 있다. 한 팀의 감독관들이 감시를 하는 동안 그들을 감독하는 또 다른 팀에 의해 그들이 감시를 받는다는 것은 영국의 대학들에서는 잘 알려져 있는 사실이다.

규제의 무게는 결국 규제되고 있는 것을 파괴하는 정도까지 증가될 수 있다. 신뢰가 없이는 결코 의심이 제거될 수 있는 지점은 없다. 어떤 감독 과정도 조사를 받고 있는 사람들이 신뢰받을 수 있는 그 이상으로 더 신뢰받을 수 있음을 궁극적으로 보증해 주는 것은 없다. 의심은 의심을 낳으며, 어떠한 공적인 과정도 그것으로부터 도망칠 수 없다. 규제는 그것이 규제를 받고 있는 사람들에게서 인정하고자 하지 않는 바로 그 정직성을 요구한다. 그러한 많은 규제는 소위 민주주의적 '설명 가능성'이라는 이름으로 실행된다. 그것은 민주주의에서 공적인 역할을 가지고 있는 사람들이 특히 공적인 돈을 사용할 때 동료 시민들에게 설명할 수 있어야 한다는 것이다. 그러나 그의 동료 시민들에게 도덕적인 책임감을 갖는다는 것과, 그가 책임을 수행하고 있다는 것을 그들에게 계속적으로 입증해야 하는 것은 다른 이야기다. 그렇게 되면 어쩔 수 없이 강조점이 책임감에서 증명 방식으로, 내가 하고 있는 것에서 내 자신이 다른 사람들에게 하고 있는 것으로 보이게 하는 것으로 옮겨갈 것이다. 보이는 것과 수완이 실재를 압도할 수 있다.

민주주의는 신뢰할 가치가 있음을 보여주는 것에 의존하지 않는다. 신뢰는 민주주의의 기반이며 출발점이 되어야 한다. 만약 선출된 의원과 공무원들이 우리의 이해에 관심을 갖고 있다는 신뢰를 받을 수 없다면, 민주주의에 대한 신념은 사그라질 것이다. 시민들이 단지 교묘한 정책 발표를 통해 그들이 조종된다고 믿게 될 때 그들은 냉소적이게 될 것이다. 일단 정치가들이 단지 그들 자신의 이익에만 관심을 갖고 있다고 사람들이 믿게 되면, 정부에 대한 충성은 깊지가 못할 것이다. 마찬가지로 시민들은 민주주의적 과정을 신뢰할 수 있어야 한다. 선거는 공정해야 하고 조작되어서는 안 된다. 우리는 서로 규칙을 따른다고 믿어야 한다. 북아일랜드 선거의 옛 속담에는 (아마도 불공정하게) "일찍 투표하면 자주 투표한다"는 말이 있었다. 분장이 유행한다는 주장이 있었다. 그러나 이러한 종류의 활동은 전체 민주주의 정치의 평판을 대단히 훼손시킨다.

우리가 서로를 신뢰할 수 있고 우리를 대표하는 사람들을 신뢰할 수 있는 환경에서만 동의가 이루어지고 존중될 수 있다. 일단 정부든 행정 공무원이든 온당하게 시민의 봉사자라고 불리는 사람들의 책임감이 다른 이해 관계에 종속되어 있다고 한다면, 냉소가 자라나서 불만으로 바뀔 것이다. 우리의 동료 시민들이 소수에 속할 때, 그들이 원치 않는 결정은 따르지 않을 것이라고 한다면, 다시 민주주의는 해체되고 혼돈 상태가 될 것이다. 우리는 반대파들이 각각 국가에 충성할 것이며, 국가가 그들의 마음에 들 때 거리로 나가지 않을 것이라고 믿어야 한다. 민주주의는 신뢰를 위한 조건들을 만들어내지 않는다. 그것은 시민들 사이에 우선적으로 존재하는 상호 존중에 의존한다. 그들은 서로를 신뢰해야 하며, 그들은 스스로 기꺼이 믿을 만한 가치가 있어야 한다. 이는 그것이 그들 자신의 직접적인 이해에 거스른다 할지라도 그러하다.

이 모든 것에는 개인의 자유에 대한 '자유주의'적 믿음에 대해 암시하는 바가 들어 있다. 어떠한 민주주의도 개인의 자유를 보호해야 하지만, 우리가 함께 상호 관계를 유지고자 한다면, 그리고 한 사회에서 협동하고자 한다면, 자율성은 결코 절대적일 수는 없다. 공적인 설명 가능성이라는 문화는 다른 사람들의 이해를 고려하지 않고 사용될 수 있는 절대적인 자유를 부추긴 부득이한 결과다. 그렇게 되면 사람들이 그들의 특정한 책임을 수행하고 있다는 것을 입증하기 위한 '성과 지표들'이 필요하게 된다. 많은 일들에서 강조되는 것은 그 일이 통계적으로 얼마나 좋게 보이느냐가 된다. 그러나 만약 사람들이 개인적으로 어떤 원리들에 대해 어떤 도덕적 책임감이나 충성심을 우선적으로 느끼지 않는다면, 사람들이 설명할 수 있도록 하는 모든 노력은 실패할 것이다. 우리 각자가 틀림없이 다른 사람들의 이해에 관심을 갖고 있다는 판단, 그리고 다른 사람들이 우리 자신의 책임이 무엇이든 우리가 그 책임을 수행하고 있다는 것을 믿을 수 있다는 판단을 대신할 수 있는 것은 아무것도 없다. 자율성은 그 한계를 가져야 한다. 일단 한 사회의 구성원들이 객관적인 도덕성의 기준이 없다고 믿고, 다른 사람들을 대가로 해서 각자가 자신의 이익을 추구할지 말지가 개인적으로 결정할 문제라고 생각하게 되면, 어떠한 사회도 안정을 이룰 수 없다. 자유로운 사회에서는 아무도 선하도록 강요될 수는 없지만, 그것은 정직함과 신뢰의 가치에 관해서 공식적이고 공적인 중립성을 주장하는 것과는 다르다. 도덕 교육은 어떠한 사회에도 필수적이며, 그런 식으로 중립적일 수는 없기 때문에, 그러한 성품이 절대적으로 개인의 선택 문제인 것처럼 다룰 수는 없다. 우리가 어떤 종류의 사람이 될지는 사회를 위해 정말로 중요하다. '자기-표현', '자기-계발', '자아-실현' 등의 용어들은 자기가 중심임을 강조할 수는 있지만, 다른 사람들이 우리에게 의존하고 우리가 다른 사람들에게 의존하는 방식을 무시할 가능성이 있다. 사회를 위험에 처하게 하지 않으려면, 개인의 성실성과 관련된 어떤 성품들은 선택적인 것일 수는 없다.

관용적인 사회에서 살기 바라는 사람들은 도덕 문제들에서 승인되는 자유의 양을 쉽게 과대평가 할 수 있다. 대단히 많은 의견들이 일치하지 않음을 보고, 사람들은 자신의 믿음에 따라 살 수 있는 최대한의 자유를 찾고자하는 유혹을 받는다. 다양성이 부여된 자유로운 사회는 도덕적 관계에 무관심하지는 않아도 중립적일 수 있는 것처럼 보일 것이다. 그 사회가 이상으로 삼는 것은 어느 쪽도 지지하지 않고 공정한 경기를 이끌어가는 중립적인 심판관으로 보이는 것이다. 그러나 비록 사회의 역할이 단지 우리가 함께 살 수 있게 해주는 중립적인 규칙을 시행하는 것으로 보인다 할지라도, 그것이 시행되기 위해서는 그 사회의 시민을 위한 광범한 교육과 훈련이 요구된다. 우리 모두는 암묵적이거나 명시적으로 표현된 규칙들을 이해해야 한다. 축구와 같은 게임을 하는 선수들은 게임 규칙 자체의 뜻과 그 정신을 배워야 한다. 그들은 무엇이 받아들여지고 무엇이 받아들여지지 않는지에 관한 많은 가정들을 공유하지 않고는 그것을 할 수조차 없다. 심판관의 중립성은 어느 한쪽의 편도 들지 않는 것에서 나온다. 그것은 게임의 규칙이 무엇인지에 관해 무관심하다는 것을 가리키는 것이 아니다. 마찬가지로 사회는 규칙을 시행하는 방식에서 중립적이거나 공정해야 한다. '공정한 경기'는 중요하다. 그것은 어떤 규칙들이 시행되어야 하는지에 관해 관심을 갖지 않을 수 없다.

'도둑들 간의 신용'을 암시하는 옛 구절들이 보여주는 것은 어떤 사회도 존립하기 위해서는 상호 신뢰에 의존해야 한다는 것이다. 신뢰와 상호 신용의 그물망은 모든 집합적인 활동을 받쳐주는 토대여야 한다. 극도로 개인주의를 조장하는 사회는 분명히 언어적으로 모순이다. 사회는 다른 사람들을 참조하지도 않으면서 각자가 무엇이 옳고 그르다고 생각하는지를 결정하는 그러한 분리된 개체들에 의해 구성될 수는 없다. 우리가 규칙을 지키는 것으로 보이든 그렇지 않든, 우리 모두는 사회의 규칙들을 기꺼이 고수해야만 한다. 우리의 사적인 입장들은 우리의 공적인 선언과 일치해야 한다. 우리의 동료 시민들이 그렇게 하고 있을 것이라는 신뢰는 위험이 따를지라도 우리 스스로 똑같이 하려는 원칙적인 자발성과 일치되어야 한다. 그것이 바로 충절이 의미하는 것이다.

항상 충절이 어디까지 확장되어야 하는지에 대한 도덕적 문제가 있다. 어떤 기관들은 그것을 배신할 수도 있다. 어떤 나라들은 시민들의 충성을 받을 만하지 못하다. 그러나 나치 통치 아래의 한 독일인의 의무와 같은 딜레마는 단지 우리 각자가 우리의 충절이 요구되는 더 큰 사회적 맥락에 놓여 있다는 점을 보여줄 뿐이다. 상쇄하는 도덕적 주장들이 있을 때 딜레마가 발생한다. 그럼에도 그것들은 단지 충절에 대한 주장이 거기에 있기 때문에 딜레마일 뿐이다. 비록 그것이 보류되어야 하는 상황들이 있다 할지라도, 모든 사회는 그것을 요구해야 한다. 때때로 다른 사람들의 이익을 위해 나의 이익을 희생하도록 나에게 요구하는 충절이 없다면 어떠한 인간의 제도도 살아남을 수 없다. 개인의 도덕성은 공적이고 사회적인 상호 작용과 분리되어 있지 않다. 개인의 도덕성은 그것을 위한 전제 조건이다. 우리가 살아가는 방식은 우리의 주변 사람들에게 영향을 미친다. 우리 모두가 그룹과 사회적 배경 안에서 살면서 우리 자신의 특정 소망들을 넘어서는 의무를 갖는다는 것을 누구도 잊어서는 안 된다.

제7장

그룹들과 개인들

1. 어떤 차이가 도덕적으로 중요한가?

우리는 인간으로서 모두 이러저러한 종류의 그룹들에 속해 있다. 이것은 그러한 그룹의 구성원이라는 단순한 사실이 그 자체로 도덕적인 의미를 갖느냐는 문제를 일으킨다. 도덕성은 다른 사람들로 이루어진 그룹이나 단체들과의 정체성을 요구하는 것 같이 보인다. 우리는 그들에 대한 의무를 갖는다. 아무리 자의적이라 할지라도 나의 관심들에만 내가 주목해야 한다는 생각과 마찬가지로 나만이 중요하다는 생각은 치명적이다. 어떤 연합은 순전히 자발적이다. 나는 골프 클럽에 가입하고 그 규칙들을 따를 것에 대해 선택할 수 있다. 구성원들은 그들이 다른 사람들과 골프를 하기 원하기 때문에 서명을 하며, 그들이 흥미를 잃을 때,

그들이 나이가 들 때, 그들의 배우자가 그들이 집에 없다고 불평할 때 그것을 그만둔다. 그러나 모든 그룹들이 이와 같지는 않으며, 많은 그룹들이 같은 종류의 사람들과 훨씬 더 밀접한 관계를 갖는 것 같다. 나의 정체성은 종종 내가 어떤 그룹에 속하느냐의 문제와 관련이 있는 것으로 보인다. 국적이나 성, 인종, 계급, 교육은 우리를 정의하는 것으로 보이는 좀더 분명한 요소들 중 몇 가지일 뿐이다. 그것들은 분명 우리가 세계를 경험하는 방식에서 중심적일 것이다.

세계의 다른 곳에서 오랫동안 살고 있다 할지라도 그들이 영국인이라는 것은 어떤 사람들에게는 매우 중요할 수 있다. 그것이 여기에서 중요한 것은 아니다. 어떤 사람들은 그들이 영국인이기 때문에 다르게 취급되어야 하는가? 그것이 도덕적으로 적절한 범주인가? 아마도 그들이 좋아하거나 싫어하는 것은 그들의 양육을 통해 영향을 받아왔을 것이며, 이것들을 고려하는 것은 도덕적으로 중요할지도 모른다. 그러나 우리가 그것들을 일반적인 범주에 넣기 때문이 아니라, 다른 사람들의 개별적 요구들을 경청한다는 원칙에서 우리는 그렇게 하는 것이다. 모든 영국인들이 커피보다 홍차를 더 좋아할 것이라고 가정하는 것은 현명치 못하다.

이것은 분명해보일 수 있다. 하지만 요즈음 더 강력한 흐름이 있는데, 그것은 다양한 방식으로 정의된 한 그룹의 구성원이라는 것이 도덕적으로 중요하다는 생각이다. 그렇다면 문제는 취향에 관한 것이 아니라, 특정 그룹의 구성원들인 특정 배경 출신의 사람들이 공정하지 못한 이익을 얻었는가 혹은 부당하게 불이익을 당했는가의 문제에 관한 것이다. 개인은 한 그룹의 일부로 보인다. 그룹에 해당하는 것은 이제 그 모든 구성원들에게 적용되고 도덕적으로 결정적인 것으로 생각된다.

이러한 견해는 많은 실질적인 효과를 갖고 있다. 예를 들어 많은 다양한 배경을 갖고 있는 사람들이 대학에 입학하고자 한다. 어떤 사람들은 커다란 이점을 갖고 있고 어떤 사람들은 그렇지가 못하다. 사회는 어떤 사람들의 진로에는 장애물을 두며, 또 어떤 사람들을 위해서는 그 진로를 더 쉽게 만든다. 어떠한 결정도 당연히 이것을 고려해야만 할 것이다. 무관심한 학교 출신으로 제대로 준비하지 못한 학생은 훌륭한 학교에서 교육을 받은 후에 같은 수준에 도달한 그 밖의 다른 학생들보다 더 큰 잠재력을 갖고 있을 수 있다. 그러나 우리가 개인들과 그들의 개인적 배경을 보지 않을 때 문제가 생겨난다. 대신에 우리는 배경을 통해 개인을 정의하도록 하고 개인들을 특정 방식으로 취급되는 계층의 구성원들로 다룬다. 그렇게 되면, 예를 들어 영국 배경의 어떤 사람이 주립 학교에 다녔는지 사립 학교에 다녔는지 하는 것만이 중요하게 된다. 그렇게 되면 사립 학교에 다니는 대부분의 학생들은 주립 학교에 다니는 학생들보다 더 특권이 있는 배경을 갖는 경향이 있다는 근거에서, 주립 학교 출신의 사람이 그렇지 않은 사람보다 더 많은 혜택을 받는다. 그러나 만약 개인의 처지들이 무시되면, 이것은 어려운 환경 때문에 장학금을 받고 사립 학교에 다닌 사람들보다는 인기 있는 지역 주립 학교 출신의 백만장자의 자녀가 대학에 입학하게 된다는 것을 의미할 수도 있다.

아무리 이해한다 할지라도 한 그룹의 구성원이라 해서 특별한 방식으로 어떤 사람을 취급하는 것은 정당하다고 할 수 없다. 개인들에 대한 요구가 중요한 것이지, 그들이 어떤 계층에 속한다는 사실이 중요한 것은 아니다. 계층 구별, 인종주의 그리고 다른 형식의 불공정한 차별은 모두 개인을 그룹을 통해 정의하는 실수를 저지른다. 사람들은 그들이 개인적으로 누구냐가 아니라 그들이 어떤 그룹에 속하느냐에 따라 다르게 취급된다. 이것은 사람들이 다른 사람들보다 더 나쁘게 취급되든 더 좋게 취급되든 마찬가지로 치명적이다. 최근의 역사에서 여러 그룹들에 끼친 정의롭지 못한 많은 예들이 있다. 종종 그 그룹들은 인종적으로 정의되어 왔다. 백인 이주자들을 받아들인 나라의 원주민들은 그들의 조상이 좋지 못한 취급을 당했다고 느낄 것이다. 뉴질랜드의 마오리 사람들, 호주의 토착민, 미국의 인디언들은 단지 이러한 긴 목록의 일부일 뿐이다. 아일랜드의 많은 사람들은 여전히 그들의 선조들이 감자 흉작으로 고통받았던 것에 대해 불만을 갖고 있다.

그리하여 사과가 이루어져야 하는지, 그리고 그것에 책임이 있는 어떤 그룹이든 그 그룹의 현재 대표들을 통해 보상이 이루어져야 하는지에 대한 문제가 발생한다. 집단적인 요구와 집단적인 유죄가 모두 주장된다. 역사적 사실들에 관해서는 분명 논쟁의 여지가 있지만, 그 문제의 뿌리는 다음과 같은 것이다. 즉, 과거에 어떤 불공정함이 있었든, 요구와 유죄가 집합적으로 전달될 수 있는지, 그래서 내가 나의 조상들이 행했던 것에 책임이 있고, 반면에 당신은 당신의 조상들이 고통받았던 것 때문에 어떤 빚을 받아내야 하는지는 분명치가 않다. 이것은 단지 개인적 책임은 없는데 한 그룹의 구성원이라는 것이 도덕적으로 관련 있을 때 적용된다. 그러나 다른 종류의 예를 들어보자. 집단적인 테러 행동들을 반대하는 이유들 중 하나는 그것들이 개인들이 아니라 한 그룹의 대표로 있는 사람들에게 겨냥된다는 것이다. 어떤 저자가 주장하듯이 "테러리즘은 그 자체로 그들의 종교나 국가 그리고 지역에 근거해서 죄 없는 사람들을 집단적으로 처벌하는 가장 부도덕한 형식들 중 하나다."[1] 분명 테러리즘에 대한 가능한 (그리고 마찬가지로 부도덕한) 반응은 무차별적으로 그룹들을 처벌하는 것이다. 이것은 분명 저항군들이 공격한 후에 그 보복으로 히틀러와 나치가 선택한 방법이었다.

한 가지 가능한 주장은 한 그룹이 과거에 공정하지 못한 일을 크게 겪었기 때문에, 사회에서 극복되지 않는 구조적인 분열이 생겨났다는 것이다. 따라서 특정 그룹의 구성원은 특히 불리한 여건을 여전히 갖는다. 그것이 현재의 불공정함에 대한 현재의 이유다. 에이미 굿맨은 그러한 문제를 미국의 인종과 연관지어 아주 잘 표현했다. 그녀는 다음과 같이 말한다. "사회가 피부색에 민감하기 때문에 정부도 피부색에 무감각할 수가 없다. 사람들과 단체들은 시민들이 검거나 하얗거나 노랗거나 갈색인지에 따라 그들을 다르게 취급하는데, 이러한 사실이 공정함의 문제들을 일으킨다."[2] 이러한 많은 주장들은 어떤 사회에서 인종 의식이 정말로 취급의 차이를 만들어내는지에 관한 경험적인 문제에 의존한다. 분명 인종적인 차이들은 가장 분명하게 신분을 확

1) Alan M. Dershowitz, *Why Terrorism Works : Understanding the Threat, Responding to Its Challenge*, Yale University Press, New Haven, CT, 2002, p.117

2) Amy Gutmann, 'Responding to racial injustice', in K. Anthony Appiah and Amy Gutmann, Color Conscious : *The Political Morality of Race*, Princeton University Press, Princeton, NJ, 1996, p.179.

인할 수 있는 그룹들을 만들어낸다. 많은 사회들에서 이것은 다르게 취급하고 심지어는 참정권도 주지 않기 위한 기초를 형성하기도 한다. 무엇이 도덕적 반응인가? 에이미 굿맨은 "효과적인 민주주의 정치는 바로 그 본성상 그룹 정치이기 때문에"[3] 어떠한 사회에서도 정치적 분열은 그룹을 통해 생겨날 것이라고 지적한다. 공동의 관심으로 함께 묶여 있는 이익 집단들은 바로 그 민주주의를 구성하지만, 도덕적으로 적절한 특징들을 통해 얼마나 그 그룹들이 식별이 될 수 있느냐가 중요한 문제다. 그들이 모두 같은 욕구들을 갖고 있다는 단순한 사실이 그들을 특히 그럴 만한 것으로 만들지는 못할 것이다. (아마도 도로를 세우는 것을 반대하는) 한 가지 문제를 갖고 투쟁하기 위해 형성된 그룹들은 협동하기로 동의하는 것 이상의 더 많은 내용을 갖고 있지는 않을 것이다.

어떤 차이점들이 취급에서의 차이를 도덕적으로 인정할 수 있게 하며, 어떤 것들은 그렇지 못한가? 어떤 그룹들은 자신들의 존재를 당당하게 드러내며, 반면 어떤 그룹들은 정말로 희생 집단이다. 그러나 취급에서의 차이를 위한 도덕적 기초가 개인적으로 나에 관한 어떤 것이라기보다는 나의 그룹이나 계층 혹은 인종적인 정체성에 의존해야 하는가? 문제는 내가 백인이냐 흑인이냐 아니면 이 나라의 사람인가 저 나라의 사람인가 하는 것이 도덕적으로 관련이 있느냐는 것이다. 그렇다면 개인적인 요구는 나의 그룹의 요구를 통해 정의된다. 에이미 굿맨은 심지어 우리가 사람의 피부색을 의식해야 한다는 사실까지 옹호한다. 사람들이 도덕성의 필수적인 부분으로 간주할 수 있는 '피부색

3) 같은 책, p.148.

에 대한 무감각'에 대해 그녀는 다음과 같이 주장한다.

> 피부색에 대한 의식은 오늘날 미국인들이 여전히 그들의 피부색을 통해 정의되고 있고, 그것 덕분에 종종 도덕적으로 옹호할 수 없는 방식으로 다르게 취급되고 있다는 사실까지 직면하고 있다. 피부색을 의식하지 않는 것은 이러한 사실을 바라보지 않는 것이다. 미국인들의 피부색은 그들의 삶의 기회들과 경험들에 의미심장한 영향을 미치는데, 그것은 본질주의적인 이유 때문이 아니라 적잖이 중요한 역사적 사회적 이유 때문인데, 어떠한 개인도 그것을 바꿀 만큼 충분히 강력하지 못하다.[4)]

정부나 제도들의 신중한 정책을 통해 과거의 잘못들이 올바로 시정될 수 있을 것이다. 이와 유사한 논변들이 많은 사회들에 산적해 있지만, 미국에서는 과거에 인종적으로 저질러진 불공정함에 대해 특히 강한 느낌이 있다. 피부 색깔이 역사적으로 잘못을 저지른 이유였기 때문에, 이제 그것은 도덕적인 의미를 갖는 것으로 받아들여져야 한다. 따라서 어떤 인종 그룹의 구성원이 되는 것은 여전히 도덕적으로 관련이 있는 것으로 보인다.

2. 구별과 다문화주의

'구별'은 부도덕한 차별을 가리키는 것이 되어 왔다. 하지만 어떤 면에서 사람들을 구별하는 것은 도덕성의 기초다. 누가 도움

---

4) 같은 책, p.170.

이 필요한지 누가 그렇지 않은지를 구별할 수 없다면 누구를 도와주어야 할지 내가 어떻게 알겠는가? 문제는 사람들이 다르게 취급된다는 것이 아니라, 어떤 구별을 위한 기초가 그 자체로 도덕적이냐는 것이다. 내가 전체적인 도덕적 논변 구조를 거부하고자 하지 않는다면, 다른 사람들이 나의 요구를 인정해주기 바라는 것과 마찬가지로 나는 다른 사람들의 요구를 인정해야만 한다. 내 자신에게 유리하게 예외를 인정하는 것은 정당하다고 할 수 없으며, 그룹 수준에서도 똑같은 논변이 적용될 수 있다. 요구와 관심들은 그것들이 단지 나의 그룹에서 나왔다는 근거로 인정될 수는 없다. 그것들을 구별하도록 하는 특별한 이유가 있어야만 한다.

인종적인 구분들 특히 신체적인 특성에 속한 구분들은 도덕적으로 관련이 있는 것 같지 않다. 왜 코의 모양이나 피부 색깔이 머리카락의 색깔보다 더 어떤 도덕적인 관계를 가져야 하는가? 대단히 하얀 피부를 가진 사람이 햇볕에 더 쉽게 타서 피부암까지 일으킬 수 있는 경우처럼, 피부색은 아주 제한된 지역에서는 중요할 수도 있다. 누군가 태양이 내리쬐는 곳에서 시간을 보내기 위해 하얀 피부를 가진 사람과 검은 피부를 가진 사람 중에서 선택을 해야 한다면 이것은 도덕적으로 적절할 수 있다. 그럼에도 이것은 피부에 관한 문제다. 신체적인 특성들을 가지고 구별할 때, '인종'은 도덕적 의미를 가질 수 있는 그 밖의 어떤 것과도 관계가 없다.

어떤 사람들은 인종과 문화를 연결시키고, 인종을 기초로 해서 우리가 어떤 사람의 행동이나 믿음을 예측할 수 있을 것이라고 제안할 수도 있다. 대단히 많은 문화 접촉이 발생하고 인종들이 섞이는 시대에 이러한 생각은 거의 옳다고 할 수가 없다. 한 사회의 문화적 다양성을 장려하는 '다문화주의'를 인종주의를 반대하는 것과 연결시키려는 경향이 있다. 그러나 인종적인 차별을 반대하는 것과 인종과 문화를 결합시키는 것 간에는 긴장이 있게 마련이다. 그 둘이 더욱 연관될수록 인종 자체는 더욱 정체성을 확인하기 위한 중요한 개념이 되는 것으로 보일 것이다. 그러면 (여성에 대한 취급과 같은) 한 문화권의 어떤 관행에 대한 원칙적인 반대는 인종적인 편견처럼 보일 수 있다. 인종적인 차별을 공격하기 위한 유일하게 확실한 기초는 인종이라는 개념이 어떤 도덕적으로 적절한 내용을 가질 수 있다는 것을 부정하는 것이다.

'다문화주의'는 인종적인 정의로움을 찾는 데서 관심을 다른 데로 돌려야만 한다. 문화와 인종은 단지 우연하게만 관련이 될 것이며, 어떤 경우에도 개인들은 많은 문화들로부터 영향을 받을 수 있다. 에이미 굿맨은 개인의 선택이라는 관점에서 '다문화주의'를 정의한다. 그녀는 다음과 같이 주장한다. "모든 개인들은 그들의 판단과 재능에 따라서 다양한 문화적인 가능성들에 효과적으로 접근할 수 있으며, 그러한 다양한 문화들 중 단 하나의 어떤 것으로도 어떤 사람의 정체성을 정의하지 못하며, 또한 그것들 모두가 개인들의 창조적인 노력을 통해 변화를 겪기까지 하기 때문에 문화는 분명하게 다-문화적이다."[5] 이것은 미국의 경험에서 우러난 것이며, 더 나아가 미국 문화의 특성이라고도 말할 수 있다. 그것이 우선적으로 강조하는 것은 개인이며, 그것은 충분하게 형성된 취향이나 재능과 더불어 나오는 것으로 생

5) 같은 책, p.175.

각된다. 이러한 관점에서 문화는 정체성을 만들어내지 못한다. 우리는 단지 우리가 중국 요리점으로 갈지 그리스 음식점으로 갈지를 선택하는 방식으로 우리가 원하는 쪽을 선택할 뿐이다.

각각의 문화가 각자 그 구성원들의 정체성을 형성하는 데 적극적인 역할을 한다고 생각하는 다문화주의에 대한 좀더 논쟁의 여지가 있는 정의가 있다. 이것은 곧장 상대주의로 바뀔 수 있는데, 상대주의에서는 한 문화의 우월성에 대한 어떠한 주장도 문화제국주의로 간주된다. 문화가 인종에 연결될 때, 이것은 한 인종이 다른 인종을 지배하고자 하는 시도로 그려진다. 그러한 상황의 도덕적 판단은 일종의 인종주의가 된다. 이것은 몰지각한 입장인데, 왜냐하면 만약 도덕성이 이런 식으로 문화에 종속된다면, 인종주의 자체를 규탄할 수 있는 지반이 없어지기 때문이다. 인종을 바라보는 태도들에 대한 비판은 바로 그들의 주장만큼이나 특정 문화의 표현이 된다.

'문화'는 도덕적 견해를 연결시키기에는 위험한 개념이다. 일단 도덕적 견해들의 기원이 어떤 특별한 사회적 역사적 맥락에 연결되고 나면, 그것들은 어떤 보편적 적용을 주장할 능력을 잃게 된다. 그것들은 한 그룹의 편견으로 보일 수 있다. 문화들은 그들 자신의 기준을 세우는 전체로 보이며, 더 넓은 맥락에 기대어 합리적으로 판단될 수 없다. 합리적 판단은 지배와 복종으로 대체될 것이다. '진리'는 무시가 되거나 아니면 한 그룹의 집단적인 의지 표출을 화려한 언어로 정당화시키는 어떤 제국주의적 개념으로 보일 것이다. 그러한 일이 일어날 때, 한 그룹의 이해를 더욱 증진시키기 위해 재단된 소위 적극적인 행위 프로그램들을 주창하는 사람들은 어떤 그룹을 대신해서 단지 정치적인 투쟁을 하는 것으로 보일 수 있다. 마찬가지로 그러한 프로그램에 대해 비판하는 사람들은 어떤 도덕적인 주장을 하는 것이 아니라 그들 자신이 속한 그룹이 갖고 있는 이해들을 보호하는 것으로 보일 수 있을 것이다. 공정함과 정의로움에 관한 합리적 토론이 되어야 할 것이 순전히 권력 투쟁으로 변질된다. 도덕성은 정치가 된다.

정치나 타협 혹은 동의에 대한 요구가 자리를 차지할 것이다. 과거의 잘못을 시정하기 위해 한 그룹이 생각하는 이해에 관심을 가져야 할 훌륭한 정치적 이유들이 있을 수 있다. 만약 그것을 다루기 위해 어떠한 시도도 이루어지지 않는다면, 정의롭지 못하고 무자비하다는 생각이 사회 전체에 퍼져 사회를 해롭게 할 수 있다. 그러한 조치는 그룹들이 자신들을 희생자로 보기 때문에 개인보다는 그룹들을 겨냥해서 이루어질 수 있다. 단지 불공정한 관행을 공정한 것으로 대체시키는 것뿐 아니라 아주 명확한 방식으로 그렇게 하는 것이 중요할 것이다. 어떤 사람들은 다른 그룹들을 희생해서라도 한 그룹에 혜택을 주는 것이 한 사회에서 오래도록 지속된 상처들을 치유하는 방식으로 보인다고 주장할 것이다. 그럼에도 그 사회의 구조 변화에 영향을 미치는 것은 단기간의 정치적 행동이어야 한다.

이러한 정치는 사회마다 다양할 수 있지만, 중요한 점은 그것이 정치적인 것이지 도덕성을 문제 삼고 있는 것이 아니라는 점이다. 그것은 불공정하다는 생각들을 다루기 위해 고안된 정책이다. 그것은 그 자체로 정의를 다루는 것이 아니며 위험을 동반한다. 일단 도덕성을 한쪽 편에 제쳐두게 되면, 그리고 그 문제가 실제든 상상된 것이든 불만을 제거하는 것이라면, 모든 것은 당파들과 그룹들 간의 정치적 투쟁이 될 수 있다. 이익 집단들의 변덕스러운 동의들에 의존하는 사회는 불안정한 기초를 갖는다. 모든 사람들을 위한 원칙적인 정의의 기준이 장기적으로 필요하다. 그래서 단지 정치가 아니라 도덕성이 중요한 것으로 보여야 한다.

3. 정치와 인종

어떤 사람들은 그룹을 기초로 과거의 불공정함이 올바로 시정되는 것을 그 자체로 도덕성이 표현된 것으로 볼 것이다. 문제는 도덕성이 개인에서 시작해서 개인과 관련을 맺어야 한다는 것이다. 개인의 이해를 무시하고 사람을 단지 유형이나 한 그룹의 대표로만 보는 것은 이와 반대되는 입장이다. 인종주의에 대한 우리의 혐오감은 이것을 가리키는 것이다. 공리주의에 대해 주로 도덕적으로 반대하는 이유는 그것이 전체의 선을 위해 개인들의 이해를 기꺼이 희생하는 방식을 채택하기 때문이다. 그러나 그러한 경우에서도 모든 사람은 최초의 공리주의적 계산에 들어있는 한 사람으로서 중요하다. 개인들과 그들의 이해는 결국에는 그것들이 무시된다 할지라도 처음에는 동등하게 중요한 것으로 취급된다. 공리주의는 입법가들을 위한 지도로 가장 훌륭하게 작동하는데, 그들은 분명 사회를 위한 지침들을 세우고 있지만, 개인적인 상황들에 관심을 가져서는 안 된다. 어떤 법이 특정 개인들을 돕는지가 문제가 아니라 어떤 법이 공동의 선을 증진시키는지가 중요한 문제다. 법은 예외를 적용하거나 편애할 수 없다. 정의는 그 법이 어떤 위협이나 편애 없이 집행된다는 것을 요구한다.

법이 적용될 때 다양한 생각들이 고려되어야 한다. 개인의 공과와 책임의 문제가 고려되어야 한다. 공리주의는 종종 그 두 가지 문제들을 결합시키려는 유혹을 받는다. 그것은 그러한 정책이 가져오는 더 넓은 사회적 결과들을 보지 못한다. 그것은 개인들을 더 넓은 사회 정책의 도구로 취급할 준비가 되어 있는 것 같다. 모두를 위한 정의를 추구하는 반면, 공리주의는 특별한 경우들에서 크게 잘못된 불의를 저지를 준비가 되어 있다. 그러나 항상 고질적이었던 어려운 문제들이 다시 표면화되어야 한다. 결과가 수단들을 정당화하는가? 대단히 바람직한 결과를 성취하기 위해서라 할지라도 우리가 모순되고 불공정한 방법들을 사용할 권리가 있는가?

문제는 정치적 맥락에서 특히 첨예해진다. 민주주의적 압력을 행사하기 위해 형성된 이익 집단들의 요구에 직면해서, 개인들보다는 그룹들과 정치적 타협을 찾으려는 유혹이 생길 것이다. 정치의 현실을 무시하는 어떠한 도덕성도 소박한 것으로 보일 것이다. 하지만 이익 집단들의 힘과 영향력을 기초로 해서 서로 상반된 이익 집단들의 이해를 단순히 균형 있게 만드는 것은 장기간의 사회적 안정에 도움을 주지 못할 것이다. 도덕성이 없는 정치, 더욱이 그 순간의 정치적 요구에 종속된 도덕성은 변덕스러운 충절로 퇴보되어 불확실한 결과들을 가져옴에 틀림없다. 힘의 균형은 사회들 안에서 그리고 사회 간에 변할 수 있다. 도덕적 원리들은 그래서는 안 된다.

개인을 그룹의 대표로 다루는 것은 정치적 접근 방식에서 전형적인 것이다. 그들은 사회에서 그들이 속한 더 넓은 공간을 통해 보이게 된다. 정치가들은 비록 그들의 목적이 한 특정 그룹을 배척하는 것이 아니라 지지하기 위해 구별하는 것이라 할지라도, 광범위한 사회적 조건들에서 한 인종의 구성원이라는 것이 중요하다고 느낄 수 있다. 그러나 그 사회의 사회적 편견들이 어떠하든 간에, 인종은 도덕적 견해에서 엄격하게 관련이 없어야 한다. 인간의 본성에 관한 어떠한 이론에서도 임의적인 인종적 구별들을 중요하게 여길 근거가 없기 때문에, 그것을 중요시하는 것은 불합리한 것이다. 현대 유전학은 소위 '인종들' 사이에서뿐만 아니라 인종들 안에서도 많은 유전자들의 다양성이 있다는 것을 보여주었다. 모든 인간들은 상호 교배를 할 수 있고 그들의 유전자들은 공동의 유전자 풀을 형성하기 때문에, 인간의 본성에 대해 말할 수 있는 생물학적 기초가 있다. 그럼에도 인류를 의미 있게 세분할 수 있는 것은 아무 것도 없다. 신-다원주의는 그룹보다는 개인들의 선택을 강조한다. 도덕성을 포함해서 문화가 한 사회의 번영에 이익을 주거나 해를 주거나 영향을 미칠 수는 있을 것이다. 그러나 결국 한 세대에서 다음 세대로 유전자를 전달하는 것은 개인의 문제며, 한 그룹에서 미치는 어떠한 영향도 이차적이며 개인을 통해 매개되어야 한다. 그룹이나 인종이 아니라 개인들이 자손을 갖는다.

인종적인 구별은 분명한 신체적인 특성들뿐만 아니라 언어나 종교의 차이에 기초하고 있다. 중요해보이는 구별은 종종 역사적 사건과 지리적 격리나 사회들 내부의 정치적 긴장들의 결과로 생겨난다. 뚜렷한 인종적 분할을 가능하게 해주는 어떤 공통적인 요인은 없다. 색슨족의 금발과 켈트족의 검은 머리카락은 영국에서 차이를 나타내주는 것이었는데, 그 당시 앵글로색슨은 켈트족의 소유였던 땅을 삼켜버렸다. 이제 1500년 후 그 차이들이 여전히 나타나지만, 그것들은 전혀 어떠한 의미도 갖지 못한다. 비록 객관적인 차이점들이 있다 할지라도, 두드러져 보이는 차이점들은 역사적인 우연성의 문제로 보인다. 인종적인 구별들은 우리가 살고 있는 사회의 반영이지 어떤 기저의 생물학적인 의미를 갖지 않는다.

어떤 우연한 특성을 취해서 그것을 한 그룹을 정의하기 위해 사용한 다음, 어떤 사람들을 완전히 그 그룹의 구성원이라는 사실을 통해 정의된 것으로 취급하는 것은 대단히 해로운 발상이다. 실제로든 상상으로든 어떤 특성들을 취급의 차이를 위한 기초로 사용하는 것은 우리의 공통적인 인간성의 가치를 무너뜨린다. 이러한 접근 방법은 우리 모두가 공유하고 있는 인간성의 가치를 하락시키는 동시에 개인들을 진지하게 받아들이지 못한다. 그러나 우리가 아무리 인종적인 편견을 개탄한다 할지라도, 그것은 의심할 수 없는 사실이었다. 명예로운 사람들이 과거의 잘못들을 시정하고자 해야 한다는 것은 놀라워보이지 않을 수 있다. 인종이 그러한 잠재성을 갖고 있는 상징이 되어온 이때, 우리는 그것이 아무런 중요성도 갖고 있지 않은 척할 수 있는가? 비록 우리가 인종만을 근거로 구별할 수 있는 기초가 거의 없다는 것을 인정한다 할지라도, 사회 안에서 분열들이 존재하지 않았기를 바라고 그저 그것들이 존재하지 않는다고 가정하기보다는, 사회적으로 구성된 어떤 분열들에 제지를 가해야 할 경우가 있는 것처럼 보인다. 다시 말해 아마도 인종적으로 정의된 어떤 그룹의 이해를 더욱 반영시키기 위한 적극적인 행위 프로그램들은 매력적으로 보일 수 있다. 만약 과거에 한 그룹이 희생되었다면, 그 그룹의 현재 대표들에게 더 큰 기회를 줌으로써 일을 바로 잡는 것이 매력적으로 보일지도 모른다. 이러한 문제는 사람들이 개인들로 취급되어야 하는지 아니면 한 그룹의 전형적인 대표들로 다루어져야 하는지에 대해 우리가 이제껏 토론해온 문제의 중심으로 들어간다.

과거의 그룹들이 지독한 불공정함의 희생물이었을 때는 배상이나 보상이 공정해보일지도 모른다. 그러나 이익을 얻는 개인들이 필히 과거에 고통받았던 사람들은 아니다. 예를 들어 미국의 한 법대에서 과거의 차별 때문에 그리고 미래의 법률적인 직업에서 인종적인 균형을 이루고자 하는 관심 때문에 흑인 학생들에게 특별한 재정적 도움을 주려고 한다고 가정해보자. 이것은 많은 사람들이 교육에 대한 사회적 장애를 극복하도록 고무하는 방식일 수는 있다. 그러나 만약 그 정책이 순전히 인종을 기초로 해서 시행된다면, 그것은 개인적 요구는 전적으로 고려하지 못할 것이다. 부유한 흑인 학생은 학비를 안 낼 수도 있는 반면 많은 백인 학생들은 목표를 달성하기 위해 분투해야 하고, 어떤 학생들은 빈곤으로 인해 완전히 탈락될 수도 있다. 이러한 경우에 피부색을 기초로 중요한 구별이 이루어지고 있으며, 과거에 많은 고통을 가져온 원인이었던 똑같은 인종적인 구별이 작동하고 있다고 주장할 수 있을 것이다. 이제 그 차이점은 그것이 도움을 주기 위해 사용되고 있다는 것이다. 피부색은 여전히 중요하게 여겨지고 있다. 그러나 그룹들이 집합적으로 다루어질 때마다, 항상 개인들은 공정하게 다루어지지 않을 것이며, 그들의 요구는 무시될 것이다.

4. 한 사건의 역사 : 미국의 법

이 문제는 법조계와 같은 직업에 들어가는 것이 문제가 될 때 특히 민감하게 된다. 미국에서 법적인 훈련은 단지 그 자체를 위해서만 중요한 것이 아니라 지도부로 들어가는 많은 길을 열어준다. 미국의 대법원이 그루터-볼링거(Grutter v. Bollinger) 사건의 2003년 판결에서 지적했듯이, "법률학 학위를 갖고 있는 사람들은 대략 주지사의 반을, 미국 상원의원의 반 이상의 의석을, 그리고 미국 하원 의원의 3분의 1 이상을 차지하고 있다."[6] 법원은 우리가 매우 실력 있는 법과 대학들의 상황을 살펴본다면 그 양상은 훨씬 더 놀랄 만하다고 말하고 있다. 누가 법대에 들어가느냐에 관한 이러한 논변은 누가 그 나라를 이끌어갈 것인가에 대한 문제가 된다. 또한 다양성을 늘리는 데 대한 정치적인 관심이 대단히 많은데, 이는 단지 법조계 자체를 위해서가 아니라 중요한 역할 모델을 만들어내기 위한 것이다.

그 사건은 미시건대의 법과 대학의 정책[7]과 관련이 있다. 그 법대는 "아프리카계 · 스페인계 미국인과 미국 원주민들과 같이 역사적으로 차별을 받아온 그룹들을 포함시킬 것을 특별히 언급하고, 만약 이러한 방침이 없다면 그들은 우리 학생회에서 자신들을 표현할 만한 의미 있는 인원수를 갖지 못할 것이다"라고 말함으로써 인종적이고 소수 민족적인 다양성을 획득하고자 했다. 그러나 그 학교의 경우는 다양한 전망을 그 학교로 가져오는

---

6) *Grutter v. Bollinger*, 539, US 306, 123 S. Ct 2325, 2341, 156, L. Ed. 2d 304 (2003).

7) *Grutter*, at 2331.

학생들을 원하는 것이지, 그들이 과거의 차별을 치료할 의도를 갖고 있는 것은 아니었다. 대법원은 5 대 4로 그 법대가 다양한 학생회를 갖는 데 지대한 관심을 갖고 있으며, 이것이 대학 입학에서 인종을 사용하는 것을 정당화할 수 있다고 주장했다.

물론 한 가지 즉각적인 질문은 '다양한'이란 말로 무엇을 의미하느냐는 것이다. 만약 그것이 인종의 다양성이 분명히 있다는 것을 말하는 것이라면, 그 동기가 무엇이든 간에 인종적인 차별의 요소가 슬그머니 되돌아온 것으로 보지 않을 수가 없다. 우선 인종들을 분류하는 과정도 매우 의심스러울 수 있다. 영국에서 '아시아인들'은 종종 함께 분류되는데, 그것은 매우 다른 전통을 갖고 있는 사람들을 한 덩어리로 취급하는 방식으로 이루어진다. 인도 사람들과 파키스탄 사람들은 매우 중요한 종교적 정치적 차이들이 무시되는 방식으로 동일하게 취급된다. '아시아 사회'의 지도자들이 인용될 때는 그들이 힌두교도인지 이슬람교도인지가 매우 중요할 수 있다. '제대로 표현되지 않는 소수들'을 분류하는 방식을 결정할 때 똑같은 문제가 발생한다. 그루터-볼링거 사건에 관해 이의를 제기하는 의견에서 대법원 판사 케네디(Kennedy)는 교수단들이 무엇이 적절한 소수로 생각되는지에 관해 '놀랍도록 냉소적'일 수 있다는 증거를 보여주었다.[8] 쿠바 사람들이 스페인 사람들로 취급될 수 있는지에 관한 논쟁에서, 한 교수는 쿠바 사람들이 공화주의자라는 근거로 이를 반대했다. 그럼에도 여기에 심각한 문제가 있다. 만약 경험의 다양성이 목적이라면, 소수들을 분류하는 다양한 많은 방식들이 있을 것이며, 개인들을 어떻게 분류해야 하는지에 관해 의심할 여지

---

8) *Grutter*, at 2372 (Kennedy, J., dissenting).

가 많이 있다. 미국의 원주민 할머니를 갖고 있는 어떤 사람을 미국 원주민으로 생각할 것인가? 우리는 어디에 선을 그을 것인가? 인종이 확연히 구분된다고 너무나 빨리 가정해버리고서, 종종 어떤 사람이 특정 인종에 속하거나 그렇지 않다고 말한다. 왜 인종이 다양성을 추구하는 데에서 유일한 문제여야 하는가? 정치적 견해는 어떠한가? 우리는 학생회에서 (심지어는 교수단 중에서) 공화주의자들이 아닌 사람들에게 관심을 가져야 하는 것인가? 결국 개인들을 범주들로 분류하는 것은 그 자체로 어느 정도 자의적일 것이다.

우리는 인종이 항상 특별한 경험과 견해를 갖고 있다고 너무 쉽사리 가정하는데, 다양성에 대한 강조가 바로 그것을 가정하고 있는 것이다. 그렇지 않으면 그것은 단순히 미적인 요구가 된다. 대법원 판사 토머스(Thomas)는 이의를 제기하면서, 그 법대가 단순히 "그 교실에 있는 책상과 테이블 모양에서부터 거기에 앉아 있는 학생들의 색깔까지"[9] 다양한 모습들을 갖기 원한다고 통렬하게 비난한다. 반대로 법원의 다수는 다음과 같이 선언한다. "특정 지역에서 자라거나 특별한 직업적인 경험을 갖는 것이 개인의 견해에 영향을 미치기 쉬운 것처럼, 사회에서 인종적인 소수에 속한다는 그 자신의 독특한 경험 또한 그러하며, 그것은 불행히도 인종이 아직도 중요하다는 우리 자신의 경험이 그러한 것과 같은 것이다." 그러한 견해는 인종과 어떤 개인적인 특성들이 함께 한다고 가정하는 경향이 있다. 이것이 얼마나 참인가 하는 것은 논쟁의 여지가 있지만, 한 가지 것은 분명하다. 그러한 견해가 유지되는 한 인종은 분명 문제가 될 수밖에 없을 것이다.

---

9) *Grutter*, at 2352 n3 (Thomas J., dissenting).

그러나 대법원은 각 사람들에 대한 법의 동등한 보호를 보증하는 미국 헌법은 개인을 보호하는 것이지 그룹을 보호하는 것이 아니라는 것을 의심치 않는다.[10] 인종 때문에 어떤 사람에게 이익을 주는 것은 이것을 무시하는 것으로 보일 수 있다. 게다가 그루터와 같은 날에 있던 판결에서, 그라츠-볼링거 사건 법정은 미시건대의 또 다른 분야의 입학 정책들을 다루면서, 이러한 이유로 개인을 기초로 지원서들을 다루는 것이 중요하다는 것을 고통스럽게 강조할 수밖에 없었다. 그 법정은 대학에서 정해진 대로 '제대로 표현되지 않는 소수' 그룹 출신의 모든 각 지원자들에게 자동적으로 20점(입학을 보증하는 데 필요한 점수의 5분의 1)을 주는 정책에 반대했다.[11] 이것은 개인들이 개인들로서가 아니라 한 그룹의 대표들로 평가된다는 것을 의미했다. 그들 자신의 특별한 자질들은 평가되지 않았으며, 기계적으로 제시된 점수가 각각의 경우에 입학을 결정했다. 학문적인 성과 이외의 다른 요소들이 또한 점수를 줄 수도 있으며, 미시건 주에 거주한다든지 동문을 부모로 둔 아이들이나 체육 특기생들과 같은 요소들이 또한 한 몫을 할 수 있을 것이다. 물론 공적주의 사회에서 이러한 범주들이 인종보다 더 어떤 관련성을 갖는지는 의심해볼 수 있다. 분명 그것들은 영국에 있는 대학에 입학하기 위해서는 적절한 것으로 간주되지 않을 것이다. 그러나 법정 앞에 놓인 문제가 보여주는 것은 대법원 판사 토머스가 '자의적인 입학 절차'로 지칭한 것이 아니라 인종에 기초한 분류를 통해 평등 보호

---

10) *Grutter*, at 2337.

11) *Gratz v. Bollinger*, 539 US 244, 123 S.Ct 2411, 2427-8, 156 L. Ed. 2d 257 (2003).

조항(Equal Protection Clause)을 위반할 가능성을 갖고 있다는 것이었다. 그는 전체 과정이 "수많은 '공로'에 대한 예외를 통해 망가졌다"[12]고 제시했다. 그러한 예외에 대한 반대는 사람들이 그들 자신의 능력이 아니라 그들의 부모가 누구냐는 것 때문에 판단되고 있다는 도덕적인 것이다. 그들이 한 그룹의 구성원이라는 것으로 판단되지는 않지만, 도덕적으로 적절하지 않을 수 있는 고려 사항들이 들어가고 있으며, 따라서 유사한 반대에 열려 있을 수 있다. 게다가 토머스는 그렇게 연결될 가능성이 있다고 지적한다. 어떤 사람들은 입학에서 인종적인 차별을 금하는 것이 동문을 부모로 갖고 있는 아이들에게 이점을 주지 못하게 하는 데 도움을 줄 것이라고 생각한다.

법정은 법과 대학의 경우에 다양성이 중요한 교육적인 이점을 가져다준다고 믿었으며, 이것이 입학을 결정하는 요소로 인종을 사용하는 것을 정당화해준다고 믿었다. 어떠한 할당 체계도 없었으며, 법정은 그 입학 프로그램이 각 지원자들이 개인으로 평가되도록 보장하기 때문에, 인종이 구별 짓는 특징이 되지 않는다고 확신하게 되었다. 지원자가 다양한 교육적 환경에 공헌할 수 있는 모든 방식들이 고려되었다. 따라서 개인들은 한 그룹의 구성원으로서가 아니라 그 자체로 취급된 것으로 보였다. 인종적인 우선권을 주는 어떠한 기계적인 과정도 없었다. 그러나 동시에 한 인종의 구성원이라는 것은 적절한 요소로 받아들여졌다. 법정이 이러한 결정을 내릴 때 얼마나 불편했는가 하는 것은 법정에서 이루어진 다음 진술로 판단해볼 수 있다. "우리는 지금으로부터 25년 후에 인종적인 특혜 사용이 오늘날 인정되고 있

12) *Grutter*, at 2359 (Thomas J., dissenting).

는 이해를 더욱 넓히기 위해 더 이상 필요치 않을 것으로 기대한다."[13] 그러나 어떤 것이 지금은 합법적으로(아마도 도덕적으로) 받아들일 수 있지만 다른 때는 그럴 수 없는지는 분명치 않다. 그것은 마치 그러한 결정이 특정 정치적 상황을 충족시키려는 의도이지 그 자체로 원리적인 것이 아닌 듯이 보이게 한다. 분명 토머스는 그러한 견해를 가지고 있으며, 그 법대가 현재 평등 보호 조항을 위반하고 있으며, 헌법은 300달 후와 마찬가지로 오늘날 똑같은 것을 의미한다고 주장하고 있다.[14]

그러나 결국 이것은 단지 법적인 문제가 되어서는 안 되는데, 왜냐하면 그것은 우리의 도덕적 사고의 기초에 영향을 미치기 때문이다. 사람들을 그들이 속해 있는 그룹 때문에 다르게 대하는 것은 그것이 그들에게 이익을 주든 그렇지 않든 공정할 수 없다. 토머스는 그 자신 흑인으로서 "대다수의 흑인들이 차별 정책 때문에 법대에 입학하게 되는데, 이러한 정책 때문에 법대의 모든 사람들이 법대에 들어갈 자격이 없다는 오명이 씌워진다"고 말할 때 그 점을 잘 지적하고 있다. 그것은 불공정하게 입학이 된 사람들과 특별한 선호나 인종적 차별이 없었더라면 성공했을 사람들 모두에게 오명을 덮어씌운다. 그는 1865년에 노예 제도 철폐를 지지하는 사람들 모임에서 프레더릭 더글러스(Frederick Douglass)가 말한 것을 감동적으로 인용한다. 더글러스는 다음과 같이 말했다.

내가 니그로에게 요구하는 것은 박애나 자비, 동정심이 아니라 단

13) *Grutter*, at 2347.

14) *Grutter*, at 2351 (Thomas J., dissenting).

지 정의일 뿐이다. 미국인들은 항상 그들이 우리와 더불어 하게 될 것을 열렬히 알고자 했는데 … 나는 처음부터 단지 한 가지 대답만을 갖고 있다. 우리에게 상관 마라! 너희가 우리와 함께 한 것만으로도 이미 우리에게 해를 끼친 것이다.[15]

5. 성적 태도와 차별

인종적 구별이 반대할 만하다고 생각되는 유일한 형태의 차별은 아니다. 다른 그룹들이 때로는 자기-규정을 하면서 자신들을 희생자들로 보고 불공정한 차별을 받는다고 주장한다. 노인들이 한 예가 될 수 있다. 또한 인종을 근거로 한 구별과 성적인 태도 때문에 생기는 구별에는 분명히 유사한 점이 있다. 명시적으로 기관들이 성적인 태도를 근거로 차별하지 않을 것임을 그들의 정책으로 삼는 것은 상투적인 일이다. 이것은 종종 우리가 이미 논의했던, 다시 말해 사람들은 그들이 분류되는 방식 때문에 혹은 한 그룹의 구성원으로 파악되기 때문에 판단되어서는 안 된다는 원리를 적용한 것이다. 개인들은 그 자체로 평가되어야지 집합적으로 취급되어서는 안 된다. 그렇지 않으면 어느 영국 마을의 무지한 집단들이 취했던 입장과 같아질 수 있다. 그들은 어린이 학대에 대해 시위를 하고 있었으며, 어떤 소아과 의사가 어린이에 대한 이상성욕자라고 오해하고 한 소아과 의사의 집을 공격했다.

이것들은 복잡하고 민감한 문제들이지만, 한 가지 직접적인

---

15) *Grutter*, at 2350 (Thomas J., dissenting).

문제는 '태도'와 실행 간의 연관이다. 내가 어떤 욕구들을 갖고 있다는 사실은 필연적으로 내가 그것들에 의거해서 행동을 취해야 한다는 것을 의미하지는 않는다. 욕구들이 얼마나 고정되어 있는지 혹은 변화될 수 있는지는 도덕성을 위해 중요한 문제일 것이다. 그러나 그것들이 변할 수 없다 할지라도, 우리가 조야한 결정론에 동의하지 않는다면, 그것들이 자동적으로 우리가 행동하도록 몰아간다고 주장하기는 힘들다. 다양한 삶의 영역에서 우리는 단지 성적인 것만이 아니라 많은 다양한 선택들을 한다. 우리는 자신을 충동에 내맡김으로 인해서 도덕적 입장으로부터 비판을 받을 수도 있다. 우리가 매번 화날 때마다 누군가를 때리는 것은 좋은 생각이 아니다. 그러나 때때로 차별에 대한 금지가 실제로 사람들이 행하는 것을 도덕적으로 비판할 수 없다는 것을 의미하는지는 분명치 않은데, 특히 이것이 다른 사람들에게 해로운 영향을 미칠 때는 더욱 그러하다.

사람들의 성적인 태도를 구성하는 가장 내적인 욕구들은 사적이고 개인적이다. 이것은 그러한 욕구들이나 그것들이 유발하는 행위들을 다른 사람들이 비판해서는 안 된다는 의미에서 그러한 욕구들이 공적인 영역 밖에 있는 것으로 보이게 할 수 있다. 공적인 토론의 주제가 될 수 있는 것과 그럴 수 없는 '사적인' 것 간에는 구별이 있다. 그러나 또한 덜 세련된 의미의 '사적인' 것이 있는데, 그것은 단지 어떤 것이 비밀이며 간파해내기 힘들다는 것을 의미한다. 성적인 욕구들은 정말로 아주 사적이다. 그래서 그러한 욕구들을 갖고 있는 사람들은 그들이 그렇다는 것을 심지어는 자신들에게조차 인정하기를 꺼릴 수 있다. 심리학자가 아니더라도 우리는 그러한 문제들에서 자기-기만이 많으며, 프로

이트의 용어로 말하자면 욕구들이 억제될 수 있다는 것을 알 수 있다. 그러므로 '태도'가 결국 행위로 나타나지 않는다면, 그것은 때때로 견디기가 힘들다.

우리가 성적인 행위는 개인적인 선택이며 그 밖의 누구와도 상관이 없다고 말하는 개방적인 입장을 채택한다면 이 모든 것이 중요해보이지 않을 수도 있다. 이것은 가장 내적인 욕구들에 대한 사적인 자유로부터 사생활에 대한 이해로 나아가는 것인데, 이것은 우리가 알고 있듯이 윤리적 주관주의가 될 수 있다. 그렇다면 내가 원하는 무엇이든 나에게 옳은 것이다. 분명 사람들의 다양한 성적인 태도들에 대한 권리를 옹호하려는 열망은 그러한 입장에서 나올 수 있다. 그러나 사람들은 그렇게 멀리까지 가기를 원치 않을 것이다. '성인 남자와 소년 간의 사랑'을 나누는 교제가 있다. 분명 그러한 관계를 하는 사람들은 그들이 어린 소년들에게 특별하게 향하게 되는 어떤 본능적 태도를 갖고 있다고 주장할 것이다. 또 어떤 사람들은 자신들이 어린 소녀들에게 끌린다고 생각할 수 있다. 어린이에 대한 이상 성욕을 옹호하는 사람들은 그것이 성적인 태도로부터 솟아오른다고 주장할 수도 있다. 그렇다면 그러한 사람을 고용하기를 거부하는 것은 차별이 아닌가! 그러나 자유주의자라 할지라도 아이들을 보호하는 기관이 분명히 아이들을 성적인 대상으로 삼는 사람을 고용해서는 안 된다는 것을 받아들일 것이다. 자유주의적인 반대 의견을 갖고 있는 사람들은 아이가 잘 알고 동의할 수 있는 능력을 갖고 있지 못하다는 데 초점을 맞출 수도 있지만, 그럼에도 그들은 어린이에 대한 이상 성욕을(혹은 그럴 가능성조차) 도덕적으로 반대할 만하다고 생각할 것이다.

또 다른 예는 강간인데, 이에 대해서는 심지어 성에 대해 가장 자유주의적으로 접근하는 입장들조차도 선을 그을 것이다. 다시 말하지만 여기에는 분명히 동의가 없다. 그러나 강간범은 그의 욕구가 깊은 성적인 태도로부터 솟구쳐 나오며, 그것이 그가 원하는 것의 본질적인 부분으로 폭력을 요구한다고 주장할 수도 있다. 조치를 취하는 데에서 사회가 그의 성적인 태도에 '반대해서 차별'하고 있다고 해봤자 그것은 분명 그를 위한 어떠한 옹호도 될 수 없다. 그는 한 그룹의 구성원으로 취급되고 있는 것이 아니라, 그가 스스로 일으킨 해악에 대해 그 자신이 책임 있는 것으로 주장되고 있는 것이다.

이러한 예들은 사람들을 임의적인 그룹들로 분류해서 그것을 불공정한 취급을 위한 기초로 사용하지 않으려 한다는 것과 모든 성적 행위는 어쨌든 비판을 면한다는 주장을 혼동해서는 안 된다는 것을 보여준다. 불공정한 차별을 불법화하는 이유는 사람들을 그들 자신의 행위에 책임 있는 개인들로 보는 것이지, 어떤 인종적, 계층적, 다른 사회적 범주를 통해 정의되는 하찮은 사람들로 보는 것이 아니다. 일단 '성적인 태도'가 행위로 나타나면, 그것은 필히 그 행위자의 책임이다. 어린이에 대한 이상성욕자들은 우리 나머지 사람들이 주장하는 전면적인 차별 금지를 내세워서 그들이 행한 것에 대한 책임을 회피해서는 안 되며, 아무런 죄 없는 사람들의 성품을 암울하게 만든 병적인 방식으로, '어린이에 대한 이상성욕자'라는 것보다 더 심한 꼬리표가 붙여져야 한다. 다른 경우들에서처럼 이러한 경우에도 임의적인 분류가 공정함과는 정반대라는 것이 입증될 수 있다.

제8장 애국심과 국가주의

1. 애국심의 위험들

그룹을 기초로 한 임의적인 분류 때문에 도덕적 차별들이 이루어져서는 안 된다. 인종주의는 이 때문에 반대할 만하다. 그러나 한 나라의 시민이라는 것은 어떠한가? 많은 사람들은 자신들이 동료 시민들에 대해 특별한 친화력과 책임을 갖고 있다고 생각할 수도 있다. 그들은 지구의 다른 끝에 있는 사람들보다 그들의 동료 시민들에게 더 많은 관심을 가져야 한다는 것을 당연하게 여긴다. 그러나 어떤 사람들은 영국인이나 미국인이라는 것이 백인이나 흑인이라는 것만큼 도덕적으로 무관하다고 생각할 수도 있다.

매년 9월마다 런던에 있는 로열 앨버트 홀(Royal Albert Hall)

에서 진행되는 프롬나드 콘서트(Promenade Concert) 여름 시즌이 끝날 무렵, '프롬의 마지막 밤'에 콘서트가 열린다. 그것은 중요한 행사로 발전했는데, 전반부에는 침착하게 고전 음악으로 진행되다가, 애국적인 노래들을 열정적으로 부르면서 끝이 난다. 수많은 깃발들이 날리고 모든 사람들은 즐거운 시간을 보낸다. 그러나 매년 신문에는 애국적인 감정을 드러내놓고 보여주는 황당한 일들이 보도되고 있으며, 그것이 갖고 있는 위험들에 관한 판단들이 교환된다. 다른 나라들 또한 그들의 애국심을 표현한다. 미국인들은 특히 그들이 국가적인 통일을 보여줄 필요가 있다고 느낄 때 그들의 집 바깥에 그들의 깃발을 게양한다. 그러나 어떤 사람들은 깃발을 다는 데서 그리고 좀더 의미심장하게 애국심을 보여주는 데서 어떤 불길한 모습들을 본다. 나치 독일의 국가주의 유령이 다시 살아날 수도 있다. 북아일랜드의 수도 벨파스트처럼 분리된 도시에 사는 다른 공동체들이 각각의 영역들을 표시하는 깃발이나 상징들을 경쟁적으로 게양하고 있는 것을 보기만 해도 우리는 그러한 위험의 조짐을 볼 수 있다.

여기에는 분명 도덕적인 문제가 있다. 한 나라나 공동체에 대한 충성은 종종 고양된 인간의 특성으로 표현되어 왔다. 그러나 바로 그 생각에는 배타성이 포함되는데, 그것은 그 밖의 사람들을 덜 중요한 것으로 밀어낸다. 그러나 한 나라의 구성원이라는 것은 개인적으로나 집단적으로 우리에게 정체성을 부여할 수도 있다. 그것은 분명 우리를 형성하도록 도와주었다. 우리는 보답으로 그것에 충성할 의무를 갖고 있지 않는가? 이러한 도덕적 주장은 나라 없이 떠도는 피난민들의 어려운 처지를 생각할 때 더욱 마음에 와닿을 것이다. 인간 삶의 방식이 지금과 같다고 한다면, 국가나 최소한 주(이 둘은 같지 않을 수도 있다)는 인간의 삶에 없어서는 안 될 배경을 제공한다. 특정 시민에 대한 보호가 없다면, 우리는 정처 없이 떠돌아다니게 된다. 게다가 때때로 보트를 탄 피난민들이 어떠한 나라도 그들을 받아들이지 않을 것이라는 것을 알게 될 때처럼, 그것은 글자 그대로 정처 없이 떠돌아다니는 경우가 될 수도 있다.

시민을 보호하고 교육 · 보건 · 일반적인 사회 복지 같은 추가적인 혜택을 제공하는 데 대한 보답으로 시민들은 주(州)의 일을 도울 의무가 있다고 생각할 수도 있다. 그들은 충성과 책임을 다해야 한다. 어떠한 주도 그 시민들이 없이는 존재할 수 없다. 주에 대한 모든 찬미에 늘 도사리고 있는 위험들 중 하나는 주가 그 자신의 생명을 갖게 된다는 것인데, 그것은 그것을 구성하는 사람들과 따로 떨어져 존재하는 것처럼 보인다. 이것은 주를 의인화하고 전체를 위해 무엇이 필요한지에 대한 어떤 추상적인 생각을 가지고 개인을 억압하도록 할 수 있다. 그것은 압제로 나아가는 길인데, 주의 이해는 시민들의 이해와 거슬러갈 수 없기 때문이다. 만약 그들이 모두 조국의 영광을 위해 자기 희생적인 죽음을 추구한다면, 무엇이 남게 될 것인지에 대한 문제가 있게 될 것이다. 싸울 만한 가치가 있는 것이 많이 있을 것이지만, 한 추상 개념에 대한 영광은 그것들 중 하나는 아닐 것이다.

우리는 이미 정치적인 실재들로서 주들이 '국가'와 같지는 않으리라는 것을 주목했다. 정치적으로 조직된 것이 아닌 국가에 대한 충성은 강력한 감정을 산출할 수 있으며, 현존하고 있는 주들을 무너뜨리면서 정치적인 대변혁을 일으킬 수 있다. 정치적인 경계들이 시민들의 자기-이해를 반영하지 못할 때 문제가 생길 수 있다. 언어 · 전통 · 종교 혹은 (섬과 같은) 지역적인 정체성은 모두 그들 자신을 분리된 것으로 보고자 하는 사람들의 욕구를 채우는 데 도움을 줄 것이다. 어떤 사람들은 이것을 정말로 원하고 그들과 나란히 있는 어떤 사람들은 그렇지 않을 때 다루기 어려운 내란의 씨앗들이 심어진다. 이질적인 종교나 언어를 강제로 부과하거나 특정 관습과 역사에 대한 충성을 요구하는 것은 폭동을 일으키게 할 수 있다. 아일랜드의 두 공동체는 각자 자신의 역사를 자랑스럽게 여기는데, 그들 사이에서 계속되는 투쟁은 만연한 문제에 대한 한 가지 예일 뿐이다.

그러나 비록 우리가 현존하는 주들의 체제를 받아들이고, 그것들을 아주 쉽게 뒤엎을 수 있는 국가주의를 받아들이지 않는다 할지라도, 단순히 주들이 존재한다는 것이 세계의 어려운 문제들에 도움을 주는지 물어볼 수 있다. 그것들은 서로를 위협하고 전쟁을 한다. 유럽의 20세기 역사는 권력 투쟁과 증오의 불미스러운 연속이었는데, 그것은 두 번이나 세계 전쟁에 불을 붙였다. 수백만 명이 그 결과로 죽음을 당했다. 유럽연합 형성 뒤에 숨어 있는 절실한 소망과 '더욱 가까운 연합'을 이루려는 시도들은 대개는 분리된 국가들의 역할을 축소시킴으로써 유럽 전쟁을 종식시키고자 하는 욕구였다. 비록 그것이 세계 정부로 나아가는 단계로 보일 수 있다 할지라도, 그것은 또한 단지 하나의 초강력 국가가 될 수도 있다. 유럽 안의 국가주의적 열정이 얼마나 약화될 수 있는지는 아직 두고보아야 한다. 아마도 교역 문제로 분명 더 큰 대결과 더 큰 권력 투쟁이 지구적인 규모로 나타날 가능성이 있다. 적들은 바뀌겠지만 갈등이라는 사실은 변하지 않을 것이다.

크든 작든 주들은 필요하겠지만, 그것들의 존재가 큰 문제들의 원천이 될 수 있다. 그렇다고 한다면, 우리는 어느 하나에 충성하는 데서 긍지를 가져야 하는가? 나라에 대한 사랑은 인간의 제도에 아주 깊이 뿌리 내리고 있는 것 같다. 정치적 체제들은 때때로 일부러 그것을 교육을 통해 장려한다. 친숙한 것들을 좋아하는 것과 우리의 것에 대한 애정은 아주 스며들기가 쉽기 때문에 그것은 인간의 본성에 근본적인 것으로 보인다. 도덕적 견해에서 보자면, 그것이 좋은 것인가 나쁜 것인가? 저쪽보다 이쪽의 인간 그룹을 선호하는 것이 정말로 옳은 것인가? 저쪽보다 이쪽에 우리의 에너지를 선택적인 방식으로 바치는 것은 도덕적으로 의심스러워보일 것이다.

2. 도덕적 관심의 한계들

인간 본성을 강조하는 어떠한 도덕적 견해도 사람들이 어디에서 왔든 상관없이 그것은 인간 모두와 관련되어야 한다는 결론으로 나아가게 된다. 인종이나 국가 혹은 부적절하다고 생각되는 다른 요소들과는 상관없이, 우리가 모든 사람들에 대한 의무를 갖는다는 것을 점점 더 많이 깨닫는 데서 도덕적 진보가 이루어진다고 주장할 수도 있을 것이다. 더 큰 도덕적 이해가 주장될수록 그것은 우리가 가족이나 혈연 또는 국가에 우선적으로 관심 갖는 것에서 멀어지게 한다. 우리는 우리와 매우 달라보이는 사람들과 함께 할 때조차, 공통적인 인간성을 도덕적 주장의 기초로 인정해야만 하는 것 같다. 우리의 관심 영역은 점차 모든 인간들을 포함하도록 확장되었다. 노예 무역의 철폐는 인종적인 차별들이 도덕적으로 적절치 못하다는 인식에서 유래했다. 여성들에 대한 불공정한 취급은 거부되어야 하는데, 우리의 성이 아니라 우리의 인간성이 도덕적으로 중요해보이기 때문이다. 우리 모두는 똑같은 기본적인 요구들을 갖고 있다.

이 모든 것들에 있는 난제는 분명하다. 일단 공통적인 인간성이 강조되면, 어떻게 내 나라 경계선 너머에 사는 사람들을 희생하고라도 나의 나라에 속한 사람들을 편애할 수 있겠는가? 마서 누스바움(Martha Nussbaum)은 우리 교구 주변에서 동정심이 늘어가는 것에 관해 "모든 미국인들에게 그러한 도덕적 관심의 확장은 국가적 경계에서 멈춘다"[1]고 썼다. 분명 다른 나라 사람들에 관해서도 똑같이 말할 수 있을 것이다. 우리는 우리 주변에 있는 사람들에게 무슨 일이 있어나는지에 관해 가장 관심을 갖는다. 좀더 넓게 보자면, 이러한 관심은 우리처럼 우리의 전통과 관습을 공유하는 다른 사람들에게로 확장될 수 있다. 팽창하는 관심의 영역이라는 생각에서 문제가 발생하는데, 그것은 우리와 관련 없는 사람들뿐만 아니라 어떤 면에서 우리에게 영향을 미칠 수 없는 것들까지도 받아들인다. 우리는 이미 혈연 선택과 호혜적 이타주의의 생물학적 범주들을 언급한 적이 있는데, 그것은 도덕성의 생물학적인 뿌리들을 보여주기 위해 신-다윈주의자들이 사용한 것이다. 같은 유전자들을 공유하는 우리 아이들을 우리가 돌보지 않는다면, 아이들이 살아남아서 그 유전자를 퍼뜨리지 못할 것이다. 그러므로 가족에 대한 사랑은 유전적 뿌

---

1) Martha C. Nussbaum, 'Introduction', in *For Love of Country*, ed. Martha C. Nussbaum, Beacon Press, Boston, 2002. p.xii.

리들을 가질 것이며, 만약 우리가 유전자 풀을 공유하고 있는 사람들을 돌보지 않는다면 우리의 유전자들은 유전자 풀에서 제거될 것이다. 마찬가지로 그 논변은 최소한 어느 정도까지 다른 사람들과 협동하는 사람들은 더 잘 사는 경향이 있다는 것이다. 우리는 다음에 우리를 도와줄 사람들을 도움으로써 생물학적인 이점을 얻는다. 이러한 두 범주들은 우리가 접촉하는 사람들과 우리에게 영향을 미칠 수 있는 사람들을 다룬다. 분명 이것들 중 어느 것도 우리와 관련이 없거나 우리의 삶에 영향을 미칠 수 없는 사람들에게는 적용할 수가 없다. 만약 이러한 유전적 전달이라는 설명이 정확하다면, 그리고 도덕성이 오직 생물적인 것에서만 나온다면, 이것은 도덕성이 '인간성'과 같은 추상 개념들을 포함할 수 없다는 것을 의미한다. 그것은 오직 우리와 어떤 종류의 직접적인 관계를 갖는 것들만 다룰 수 있다.

반대로 많은 사람들은 도덕성과 호혜주의가 분명히 밀접하게 연결되어 있다고 믿는다. 호혜성에 곧바로 도덕성의 자격이 주어지진 않지만, 진정한 형식의 호혜주의는 이익을 생각하지도 않고 자동적으로 빚을 갚는 것도 아니면서 다른 사람들의 요구들을 충족시키고 도움을 주는 것을 포함한다. 그것은 상호 이익을 줄 위치에 있지 않은 사람들에게조차 사심 없는 도움을 준다. 그것은 유인원들에서 서로 털 손질을 해주는 것과 같은 것이 아니다. 그래서 다른 사람들을 돕고자 하는 우리의 충동들 중 어떤 것은 생물학적인 뿌리를 갖고 있는 반면, 우리가 자연스럽게 도와주려는 경향을 느낄 수 있는 종류의 사람들은 다소 제한될 것이다. 신-다위니즘은 타고난 가족 선호를 발견하기를 기대할 것이며, 또한 우리 자신의 운명이나 행복과 관련이 있는 그러한 사람들을 돕고자 하는 욕구를 발견하기를 기대할 것이다. 그러나 팽창하는 관심의 영역이 보편적으로 될 때 무슨 일이 있어나겠는가? 왜 우리는 우리에게 큰 대가를 치르고라도 우리에게 간접적인 이익조차도 제공할 수 없는 존재들을 돕기 위해 노력을 확장해야 하는가? 만약 우리가 진화 생물학의 주장을 받아들인다면, 우리는 아마 우리의 공통적인 인간성에 대한 주장들이 많은 진전을 보지 못할 것이라고 느낄 것이다. 우리의 가족을 도우려는 타고난 욕망과 우리 자신의 이익을 증진시키려는 욕망은 우리를 도와줄 수 있는 존재들과 협력함으로써 좀더 우위를 점할 수 있을 것이다.

직시하지 않으면 안 될 더 중요한 문제가 있다. 도덕적 관점에서 우리가 모든 인간 존재자들을 똑같이 소중하게 여겨야 한다는 것이 좋은 것인가? 많은 사람들은 그들 자신의 아이들과 다른 사람들의 아이들을 구별하지 않는 부모들에게 반감을 느낄 것이다. 자기 자신의 아이들을 먹이기보다 세계 저편에 있는 굶주린 아이들에게 줄 음식을 얻느라 더 많은 노력을 기울이는 사람들은 자연스럽지 못할 뿐 아니라 도덕적으로 모순되어 보인다. 우리는 또한 의사들이나 응급 구조원들을 상상해볼 수 있는데, 그들의 가족은 혹심한 박탈감을 겪기 때문에, 그들은 그들 자신의 아이들을 위해 자신의 의무에서 예외적인 일을 행해야 하는 문제에 직면할 수 있다. 어디까지 그들은 다른 사람들의 희생을 치르고라도 자신의 아이들을 도울 준비가 되어 있어야 하는가? 우리는 다른 사람들을 돕기 위해 자신이 기꺼이 굶주리고자 하는 사람들을 존경할 것이다. 하지만 우리는 자신의 아이들을 같은 처지에 있는 다른 아이들과 똑같이 취급하는 사람들을 마찬가지로 존경하겠는가? 그런 경우에 최소한 도덕적으로 이러지도 저러지도 못하는 궁지에 몰린 것으로 보일 것이다.

인류에 대한 일반적인 관심과 보편적인 사랑의 도덕성은 신-다위니즘이 주장하는 혈연을 돕는 동물적인 유전 형질에서 자라나는 도덕성과 극명한 대조를 이룬다. 전자는 '친족 편애'를 비난하는 데 반해 후자는 도덕성의 근원과 힘이 가족에 대한 기본적인 애착으로부터 자라난 것으로 본다. 하나는 매우 이성적인 반면, 다른 하나는 좀더 감정의 문제다. 이성적인 그림이 갖고 있는 문제는 인류에 대한 일반적인 사랑과 존중이 모두 좋긴 하지만, 그것이 실제로 사람들에 대한 관심에서 현실화되지 않는다면 의미가 없다는 것이다. 어떤 사람들은 빈곤에 대항하고 평화를 위해 싸우면서 인류에 대해 지대한 관심을 가지라고 주장하고 있다. 단 한 가지 문제는 그들이 대의를 위해 싸우기를 멈추고 실제의 사람들을 다룰 때, 그들은 부도덕하고 속임수를 쓰거나 극히 이기적일 수 있다는 것이다. 다른 한쪽에서의 문제는 사람들이 가족을 사랑하고 가까운 친구들을 돌보지만 그들 너머에 있는 사람들의 주장에는 귀를 막을 수 있다는 것이다. 여러 독재자들이 행복한 가정 생활을 영위하고 자신의 아이들을 사랑한 것은 널리 알려져 있다. 그것이 그들로 하여금 세계를 약탈하고 수많은 사람들을 고통스럽게 만드는 것을 막지는 못했다.

감정의 대상이 일반적이거나 추상적일 때, 감정들은 그 힘을 잃는다. 개인들보다 인류에 대해 감정적인 애착을 갖기는 더 힘들다. 팽창하는 관심의 범위라는 그림이 함축하는 것은 종종 그러한 관심이 우리의 직접적인 상황에서 더 멀리까지 확장하게 된다면 그것은 점점 더 묽어지고 약해진다는 것이다. 이것은 우리가 함께 하는 사람들과 갖는 원초적인 유대감이나 애정의 충동에다 도덕성의 기초를 두는 경우에 나타나는 위험이다. 친족 사랑에 대한 생물학적인 설명은 더 커다란 공동체에 대한 충절을 설명하기가 힘들다는 것을 발견할 것이다. 드발(Frans de Waal)은 유인원의 행동에서 보이는 도덕성의 생물학적 뿌리들로 보이는 것을 연구한 것으로 유명하다. 그는 다음과 같이 말한다.

> 인간의 동정은 무제한적이지는 않다. 그것은 자신의 가족과 씨족에게는 가장 흔쾌히 제공되며, 사회의 다른 구성원들에게는 덜 흔쾌하게, 그리고 외부인들에게는 가장 마지못해 제공된다. 동물의 원조 행동에서도 똑같다. 그러므로 그 둘은 인지적이고 감정적인 기초만 공유하는 것이 아니라 그들의 유사한 표현의 억제도 공유한다.[2)]

결과적으로 우리는 많은 사람들을 알고 있으면서 그들과 규칙적으로 상호 작용하는 지역에 더 쉽게 일체감을 가질 것이다. 우리는 더 큰 수의 사람들의 상호 동의가 주는 이익들을 알게 될 것인데, 그것은 부분적으로는 크기가 가져올 수 있는 이점들 때문이다. 우리는 더 큰 군대를 통해 방어가 더 잘 될 것이다. 그러나 커다란 정치적 조직은 그 구성원들이 그에 대한 정체감을 잃는 위기를 맞는 지점에 분명 다다를 것이다. 민주주의조차도 커지게 되면 바로 민주주의의 내용을 이루고 있는 상호 토론과 타협도 금지될 수 있다. 그렇게 되면 우리는 우리를 위해 타협할 대표를 선출하지만, '우리'와 '그들', 입법가들과 시민들 간에는

---

2) Frans de Waal, *Good-natured: The Origins of Right and Wrong in Humans and Other Animals*, Harvard University Press, Cambridge, MA, 1996, p.88.

틈이 벌어질 수 있으며, 그 자체가 충성심과 정체감을 방해할 수 있다.

3. 특별한 충절과 보편적 충절

현대의 국가들은 생물적 충동으로 대처할 수 있는 것보다 더 클 것이다. 그러나 우리는 여전히 어딘가에 속하길 바라고 우리 주변의 사람들과 일체감을 가지면서 협동하기를 원한다. 정치적인 조직들은 이러한 충동들을 이용할 수 있다. 우리가 나라에 대한 충성을 넘어설 때, 우리는 우리 자신들이 인류와 같은 추상적인 것들에 호소해야만 한다고 생각한다. 우리는 평등과 보편적인 정의를 주장하는 것에 관계한다. 때때로 그러한 것들에서는 어떤 감정적인 호소를 보기가 힘들뿐 아니라, 그것들은 우리의 생물적인 유전 형질을 이용하기보다는 실제로는 오히려 그것에 거스를 수도 있는 주장들을 포함한다. 이타주의자들은 종종 생물학적인 면에서 파멸적인 정책을 추구하는 것으로 간주된다. 다른 사람들을 돕기 위해 대가를 치름으로써 그들은 그들의 유전자들이 전달되는 것을 더 힘들게 한다. 순수한 이타주의를 장려하는 유전자는 결코 여러 세대를 통해 꾸준히 전달될 수 없는 듯이 보인다. 그것은 생물학적으로는 승자가 아니라 패자에 속한다. 그러므로 이타주의는 불가능한가? 분명 우리가 생물학적인 유전 형질은 영향력이 크고 도덕성은 힘이 없다고 생각한다면 그 대답은 분명한 것 같다. 그럼에도 우리가 누구를 돕느냐는 것은 단지 우리가 누구와 일체감을 갖느냐의 문제는 아닐 것이다. 우리는 분명 우리의 '본능적인 충동들'만큼 우리의 이성을 사용할 수 있다. 우리는 충동들을 넘어설 수 있을 것이다. 우리는 특히 충동들이 위험해보일 때 그것들을 통제할 수도 있을 것이다.

이러한 문제들은 누스바움이 훌륭하게 논증하고 있다. 그녀는 애국적인 긍지를 강조하는 것이 도덕적으로 위험하다고 주장한다.[3] 그녀는 나라에 대한 충성을 보편적인 도덕적 기준들의 적용과 대조하면서, 자신은 애국자의 자리에 '세계적인 인류 공동체에 충실한 세계주의자라는 바로 그 옛 이상'을 두기 원한다고 말한다. 그녀의 입장은 "국가주의적 정서를 옹호하는 것은 궁극적으로는 국가를 함께 지지해주는 가치들마저도 파괴한다는 것인데, 왜냐하면 그것은 정의와 권리라는 실질적인 보편적 가치를 각양각색의 우상으로 대체시키는 것이기 때문이라는 것"이다.[4] 그녀의 신조는 "인간성이 어디에서 발생하든 우리는 그것을 인식해야 하며, 그것을 근본적으로 구성하고 있는 이성과 도덕적 능력에 우리의 제일 가는 충절과 존경을 두어야 한다"는 것이다. 그녀는 "인종에 기초하든 성이나 종교에 기초하든" 우리의 특별한 애정이나 정체성들을 포기할 필요는 없다는 것을 받아들인다.[5] 그러나 우리는 모든 인간 존재자들에 대한 관심에 최대한의 노력을 기울여야 한다. 우리의 특정 정체성은 너그럽게 용인될 수는 있지만 특별하게 다루어지기는 힘들다. '미국인인 것을 자랑스럽게 여겨라'고 써 있는 스티커를 사람들이 차에

3) Martha C. Nussbaum, 'Patriotism and cosmopolitanism', in *For Love of Country*, p.4.

4) 같은 책, p.5.

5) 같은 책, p.9.

붙이도록 권유하는 그러한 종류의 애국심에 대한 장려는 그녀에게서는 이끌어내기 힘들다. 그녀는 그것이 위험하고도 옹색하다고 생각할 것이다. 왜냐하면 그것은 인간의 공감을 제한하도록 하며 인간성 자체를 인식하는 데 장애가 되기 때문이다. 그것은 미국인들의 감정이 그 나머지 인간들에 대해 반감을 갖도록 조장할 수도 있을 것이다. 그러한 상황에서 '비-미국인'이라는 것은 '비인간'이라는 것보다 더 심각한 비난이 된다.

누스바움이 '애국심'에 관한 이야기에서 '국가주의 정서'에 대한 언급으로 쉽게 넘어간 것은 그녀가 그 둘 사이에 어떠한 구별도 하지 않고 있다는 것을 보여준다. 우리가 세계의 시민이어야 한다는 그녀의 믿음이 이 둘의 중요한 차이점을 무시하는 결과를 가져오게 한 것 같다. 애국자는 분명 나라에 대한 사랑을 갖고 있을 것이다. 하지만 그것이 모든 것을 한 나라의 이해에 종속시키는 사랑이거나, 여타의 세계에 문을 닫아버리는 사랑일 필요는 없다. 애국자는 다른 나라들에 충성하는 사람들 또한 애국자들일 수 있다는 것을 인정할 수 있다. 내가 나의 나라를 사랑한다는 사실은 네가 너의 나라를 사랑한다는 것을 내가 인정하고 존중할 수 있도록 해줄 것이다. 그러나 국가주의자들은 모든 다른 나라들보다 그들 나라의 이익을 추구하는 데에 더 적극적일 것이다. 확장과 권력이 목표가 될 것이며, 이것은 당연히 투쟁과 정복을 포함할 것이다. 국가주의자들은 그들의 목표를 추구할 때 쉽게 폭력과 테러를 행할 수 있다. 그들은 보편적 정의 때문에 그들 국가의 권리를 뒤로 물리지 않을 것인데, 이는 역설적이게도 비록 불의에 대한 강한 느낌 때문에 종종 그들 국가주의에 불이 붙여질 수 있다 할지라도 그러하다.

애국심은 깊은 감정을 일으킬 수 있지만 문제는 나라에 대한 사랑이 보편적인 정의에 대한 관심을 훼손시키느냐는 것이다. 진정한 애국심은 배타적이지 않으면서 도덕적 주장들에 주의를 기울일 것이라고 주장할 수 있을 것이다. 게다가 그것이 '각양각색의 우상'이기는커녕, 그것은 우리가 다른 사람들에 대한 의무를 갖는다는 것을 보여줄 수도 있다. 한 나라 자체에 대한 충성이라는 생각은 도덕적 의무라는 생각을 이용한다. 다른 사람들에게 봉사한다는 것은 어떠한 도덕성에서도 중심적인 생각인데, 바로 자기 나라에 대한 충성이라는 것이 그것의 한 가지 표현일 것이다. 찰스 테일러(Charles Taylor)는 다음과 같이 말한다. "(자유롭고 민주적이며, 어느 정도까지는 동등하게 공유하고자 하는) 우리가 구현하고자 하는 사회들은 그들의 시민들 편에서 강한 정체감을 요구한다."[6] 사회들은 타협과 협동을 포함하기 때문에, 그것들은 쉽게 이러한 특성들을 획득하지 못한다. 사회는 타고난 인간 이기심을 중화시켜야만 한다. 자신을 넘어서 어떤 가치 있는 것들에 충성한다는 생각은 단지 이러한 일을 위해서만 도움을 줄 수 있다.

문제는 특별한 충성심과 보편적 의무에 대한 인식이 항상 갈등을 일으킨다는 것이다. 나라에 대한 사랑은 글자 그대로나 상징적으로나 그 경계 너머에 있는 사람들에게는 문을 닫을 수 있다. 그러나 인간에 대한 일반적인 박애는 바로 그 일반성 때문에 열정과 동기를 유발할 수 있는 힘을 잃어버릴 수 있다. 게다가 그것은 어떤 분명한 행위의 출발점을 제공하지 못하는 것 같다.

6) Charles Taylor, 'Why democracy needs patriotism', in *For Love of Country*, p.119.

세상은 어려운 사람들로 가득 차 있다. 우리는 어디에서 시작해야 하는가? 그 결과는 경건한 상투어와 냉랭한 우유부단함이 섞여 내뱉어진 말로 끝날 것이다. 우리와 가장 가까운 사람들부터 시작함으로써 최소한 우리는 우리가 누구를 도와야 하는지 알 수 있다. 우리는 우리 집 근처에서 의무들을 배울 수 있다. 문제는 어떻게 우리가 그러한 의무를 확장시킬 수 있느냐는 것이다.

누스바움은 이것에 진정으로 동의한다. 그녀는 "각자가 직접적인 주위 사람들을 특별히 주목하고 돌보는 것보다는 자신들이 모든 사람들에게 동등하게 책임이 있다고 생각한다면, 어린이를 돌보는 것처럼 정치가 제대로 이루어지지 못할 것이다"라고 말한다.[7] 그러나 우리는 특히 고통이 따른다 할지라도 여전히 그렇게 할 동기가 필요하다. 자연스러운 동정이 도움이 될 수도 있지만 완전히 믿을 만하지는 못하다. 이것이 진정한 애국심의 도덕적 기초가 나타나야만 하는 곳이다. 그것은 우리가 특별히 책임을 갖는 사람들을 돌볼 이유를 우리에게 주어야 한다. 그렇지 않다면, 특별한 의무가 없다면, 모든 사람들은 그것을 그 밖의 사람들에게 남겨둘 것이다. 어려움에 처한 사람들은 조용한 시골길에서보다 붐비는 도시 거리에서 훨씬 도움을 덜 받는 경향이 있다. 수많은 다른 사람들이 도와줄 수 있을 때보다는 내가 도와줄 수 있는 유일한 사람일 때, 나는 훨씬 더 도움이 될 수 있는 뭔가를 하려는 경향이 있다. 일반적인 관심은 행동을 취할 특별한 필요를 인식함으로써 항상 보충되어야 한다.

어떠한 도덕적 주장도 책임 문제와 따로 떨어져 논의될 수 없다. 누가 그것을 해야 하는지에 대해서는 생각하지 않고 어떤 것

---

7) Nussbaum, 'Patriotism and cosmopolitanism', p.13.

을 해야 한다고 말하는 것은 아무 소용없는 말이다. 아리스토텔레스는 재산이 공동의 소유일 때 그것은 그들의 것이 아니기 때문에 아무도 그것을 돌보지 않을 것이라고 생각했다. 그는 사유재산을 옹호했으며, 재산의 공유를 주장한 플라톤의 이상국가에 반대했다. 게다가 아리스토텔레스는 가정 생활을 시인하지 않고 (플라톤의 『국가』에서처럼) 여자들과 아이들을 공동으로 소유하는 국가에 대해 심히 반대했다. 그는 신랄한 경구로 그러한 상황에서는 "사랑이 묽어질 것이다"[8]라고 말했다. 그는 아버지가 '나의 아들'이라고 말하지 않을 것이며 아들이 '나의 아버지'라고 말하지 않을 것이라고 지적한다. 그는 다음과 같이 설명한다. "많은 양의 물에 섞인 달콤한 와인 몇 방울이 감지가 되지 않듯이, 이러한 종류의 사회에서는 이러한 이름들에 기초한 관계는 사라질 것이다. 소위 아버지라는 사람이 아들을 돌보아야 하거나, 아들이 아버지를 혹은 형제들이 또 다른 형제를 돌보아야 할 이유는 없다."

아리스토텔레스는 어떤 것이 자신의 것이라는 단순한 생각이 애정을 확고히 하는 데 얼마나 중요한지를 강조함으로써 가정 생활을 반복해서 강조한다. 어떤 것이 나의 것이라면, 나 외의 어떤 사람도 그것을 갖거나 돌보지 않을 것이기 때문에 내가 그것에 책임이 있다. 그것이 생일 선물로 한 소년이 받은 자전거인지, 아니면 사랑하는 아이인지, 다시 말해 물건인지 사람인지 하는 점은 남아 있다. 하지만 애정이나 긍지와 책임은 함께 묶여 있다. 그래서 그것은 나라들에도 있어야 한다. 시민들이 '그들의' 나라라는 관점에서 생각하지 않는다면, 그들은 그것과 일체감을

8) Aristotle, *Politics*, 1262b (Book Ⅱ, 4).

갖지 못하며, 자기-희생을 하는 정도까지 그것을 돌보지 않을 것이다. 그러나 그들 자신을 세계주의자들로 보는 사람들은 그것이 바로 그들이 두려워하는 것이라고 말할 것이다. 한 나라와의 정체감은 다른 나라들을 위협할 수 있는 방식으로 책임감이나 어떤 형식의 도덕적 입장을 만들어낼 수 있다. 문제는 우리의 충성이라는 사실이 아니라 그것을 받아들이는 사회의 본성인 것 같다. 애국심이 위험한 것이 되지 않으려면, 애국심은 그 자체로 가장 높은 도덕적 이상들을 고무하고 소중히 여기는 나라들에 제한되어야 한다.

국가주의는 그 자체를 넘어서는 어떠한 힘이나 권위도 인정하지 않는 국가에 대한 충성을 요구할 것이다. 그 구성원들은 오직 국가의 이익에만 관심을 가질 것이며, 그러한 국가는 도덕적 제약을 받아들이는 애국심은 용인하지 않을 것이다. 다시 말해 그러한 국가는 그 자체로 목적이 될 것이다. 반면에 진정한 애국자는 나라에 대한 사랑으로 동기가 유발될 수는 있지만, 동시에 그것을 정의와 다른 보편적 가치들을 펼치기 위한 도구로 볼 수 있다. 사람들은 자신의 나라를 사랑하는 것을 정확히 도덕적 성전(聖戰)의 일부로 보기 때문에 그렇게 할 것이다. 많은 사람들은 이러한 생각을 달갑게 여기지 않을 것이다. '성전'이라는 단어는 한 나라의 도덕적 가치와 심지어는 종교를, 그것을 공유하고자 하지 않는 다른 사람들에게 부과했던 것을 생각나게 하는 역사적인 여운을 담고 있다. 그러나 이러한 견해는 곧장 상대주의로 이끌어갈 수 있는데, 그것은 한 사회의 관습이 다른 사회에서 어떠해야 하는지와 아무런 관련이 없다는 것을 말한다. 흥미롭게도 세계 시민이라는 것에 대해 말하는 사람들은 정확히 그들이 상대주의자들이 아니며 보편적인 기준들을 받아들이기 때문에 바로 그렇게 한다.

4. 자유주의와 국가

자유주의자들은 종종 애국심을 의심하는데, 그것은 특히 애국자들이 무엇이 좋은지에 대한 어떤 생각들에 깊이 관여하고 있기 때문이다. 자유주의가 주장하는 바는, 예를 들어 존 롤스가 암시하듯이, 국가가 무엇이 좋은지에 관한 시민들 간의 논쟁에서 편을 들어서는 안 된다는 것이다. 그러므로 국가는 필히 다른 주들을 다루는 데에서 특정 도덕적 견해를 실현시키고자 해서는 안 된다. 앤터니 아피아(Anthony Appiah)는 이런 맥락에서 "우리에게 무엇이 좋은지에 대한 여타 사람들의 생각에 우리를 맞추려는 국가의 요구에 저항하는 개인들의 자율성 존중"[9]에 대한 글을 쓰고 있다. 자유주의는 무엇이 좋은지를 결정하는 데에서 개인들의 역할을 강조한다. 이것은 한 나라를 사람들이 따라야 하는 가치들을 실어나르는 매개체로 보는 애국심과는 잘 어울리지 않을 것이다. 이것은 실제로 나의 나라가 잘못일 수 있다는 것을 받아들이지 못할 때, 나의 나라에 대한 헌신으로 변질된 '옳거나 그름'으로 퇴보할 수가 있는데, 그러나 그것은 실제로 상대주의가 되는 것이다. 그렇게 되면 그 기준은 다른 사람들을 위한 것은 아니라 할지라도 그 국가의 구성원들을 위해서는 유일하게 가능한 기준들이 된다. 그러나 국가를 기껏해야 도덕적 기준의

9) K. Anthony Appiah, 'Cosmopolitan patriots', in *For Love of Country*, p.25.

담지자로 생각하는 것은 어디에나 적용시킬 수 있는 도덕적 진리들을 가리키는 것이다. 국가가 오만하게 타락하는 경우를 대비해서, 항상 국가도 개인만큼이나 무엇이 참인지에 관해 실수할 수 있다는 것을 명심해야 한다. 늘 개인과 국가 수준 모두에서 어느 정도 겸손함이 필요하다.

자유주의자들은 종종 다른 사람들이 잘못이라고 주장하기를 매우 꺼려한다. 그들은 자율성을 매우 열정적으로 주장하기 때문에 인내하고자 하며 심지어는 다양성과 차이를 부추기기까지 한다. 그러나 아피아는 개인의 자율성에 대해 말한 후에, '인간 권리들의 개념 — 인간 존재 자체가 소유한 권리들'을 지지함으로써 자신이 '자유주의 이론의 심장부에 있는' 것이라 생각하는 목록을 완성시켜나간다.[10] 그러한 생각은 아무리 중요할지라도 인간의 자율성이라는 이상들을 제한하고 더 나아가 국가의 자율성이라는 이상들을 제한하는 것임에 분명하다. 그들은 인간의 권리들이 중요하지 않다고 자유롭게 결정하지 못한다. 그러므로 자기 모순을 저지르지 않고는 어떤 자유주의자도 애국자를 단순히 실질적인 도덕적 입장을 주장한다는 근거에서 시종일관 비난할 수가 없다. 애국자들은 그들의 나라가 특별한 윤리적 견해를 장려하고 그것에 따라 살아가야 한다고 주장할 것이다. 세계주의자들은 한 나라가 도덕성을 전달하는 데서 어떤 중요한 역할을 하지 못한다고 생각할 것이다. 그러나 그렇다면 세계주의자의 이상은 어디에서 나오는지에 대해 의문이 생긴다. 분명 그들은 어떤 특정 환경의 토양에서 양육될 수는 없었을 것이다. 그러나 위험한 것은 자칭 세계주의자들이 그 기원에 관해 걱정하지

10) 같은 책.

도 않으면서 특정 장소와 시간에 뿌리를 갖고 있음에 틀림없는 기준들을 적용시킨다는 것이다. 그 기준들은 분명 보편적인 주장을 할 것이다. 그럼에도 문제는 세계주의자들이 특정 장소나 전통에 별로 감정적인 애착을 느끼지 않을 것이라는 점이다. 그러나 그들이 인정하지 않는다 할지라도, 그들의 관념은 어딘가에서 나온 것이다.

인간의 이성은 사회적 환경에서 벗어날 수는 있겠지만, 어떤 사회적 환경이 전혀 없는 것처럼 생각하는 것은 너무 천진난만한 생각이다. 상대주의자들만이 이성이 사회적 환경에서 구성되고 정의된다고 믿는다. 그러나 오직 유럽 계몽주의의 가장 낙관적인 산물만이 우리의 추론 방식들 자체가 역사를 가지고 있지 않다고 상상할 것이다. 미국의 철학자 힐러리 퍼트남(Hilary Putnam)은 종종 과학 철학에서 말하는 요지를 사용하는데, 그때 그는 이성은 결코 진공에서 작동하지 않는다고 하는 누스바움의 말을 지적한다. 우리는 어딘가에서 시작해야만 한다. 그는 정의에 대한 생각이나 다른 도덕적 주장들이 삶의 방식에 뿌리를 두고 있다고 믿는다. 그는 간결하게 다음과 같이 주장한다. "이성 없는 전통은 맹목적이다 ; 전통 없는 이성은 공허하다."[11] 현대 과학조차도 그 이전의 과학자들의 어깨 위에서 세워지며, 강력한 전통에 의존한다.

세계주의자의 통찰은 그것이 전통에 의존한다는 것을 인정할 필요가 있다. 도덕적 통찰을 지니고 있는 애국심은 세계주의자들이 인간의 권리와 보편적인 도덕적 주장들에 호소하는 것과 그리 다르지 않다. 그들은 각각 강력한 도덕성을 주장하고 있다.

11) Hilary Putnam, 'Must we choose?', in *For Love of Country*, p.94.

하나는 그것을 특정 나라의 지역적 상황에 관련시키지만, 기꺼이 그 바깥을 보려고 한다. 또 다른 하나는 그것이 뿌리를 갖고 있지 않다고 주장한다. 그러나 그것이 효과적이고자 한다면, 그것은 어딘가에서 시작해야 하고, 우선 어딘가에 적용되어야 한다. 아마도 세계적 관점에서 무엇이 도덕적으로 중요한지 생각하는 모든 사람들은 그들이 있는 곳에서부터 시작할 필요가 있을 것이다. 그들은 그들 자신의 나라가 보편적인 정의의 기준들을 반영하는 사건을 다룰 때, 그것이 그 나라 본토의 것이든 채택된 것이든, 자신의 나라를 도덕적인 주체로 만들려고 노력해야 한다. 많은 사람들은 특정 나라에 대해 언급하는 것이 국가의 경계를 도덕적으로 중요하게 여기는 배타성을 조장할까봐 걱정할 것이다. 그러나 문제는 '자선이 집에서 시작된다'는 것이 훌륭한 애국자의 신조인 반면, 모든 자선이 거기에만 머무는 일이 너무나 빈번하다는 것이다.

많은 사람들은 또한 국가를 어떤 특정 도덕성에 편들기를 거부하는 중립적인 심판관이 아니라 그 자체로 어떤 종류의 도덕적 주체로 보는 것에 관해 걱정할 것이다. 많은 중요한 결과들, 특히 공식적인 문화를 조장하는 것과 같은 것들이 있을 텐데, 그것은 그 자체로 교육 체계에 영향을 미칠 것이다. 애국자들은 특정 나라가 도덕적 견해를 구현하고 있으며, 그것은 미래 세대들에게 전달되어야 한다고 믿을 것이다. 결과적으로 국가는 독특한 문화를 국가의 문화로 장려하고자 할 것이며, 대중 도덕 교육에 매우 특별한 내용을 제공할 것이다. 그러나 이것은 즉각적으로 '주입'의 문제와 개인들이 스스로의 삶을 살 권리의 문제를 일으키는데, 심지어는 그것이 많은 사람들이 찬성하지 못하는 방식으로도 이루어진다. 자유주의 국가는 주입이 불쾌하다고 생각할 것이지만, 우리가 앞서 보았듯이 자유주의도 그 자체로 특별한 이상이며, 그러한 이상 자체도 교육되어야 한다. 그렇다면 문제는 도덕성이 전달되어야 하는가가 아니라 어떤 종류의 도덕성이 전달되어야 하는가가 된다. 도덕적 관심이 개인의 선택 문제라는 근거에서 도덕적 관심들에 관해 교육이 중립을 지켜야 한다는 주장도 강력한 의미를 전달할 수 있다. 그것들이 공적인 것이 아니라 사적이기 때문에 그것들은 대중의 관점에서 중요치 않은 것으로 보일 수 있다. 중립성은 무관심처럼 보일 수 있다. 도덕적 가르침이 없다는 것은 그 자체로 도덕적으로 영향을 미칠 수 있다.

5. 애국자와 세계주의자

여전히 우리 주변 사람들에 대한 특별한 책임감을 주장하는 사람들과 정의를 완전히 공평무사한 것으로 바라보는 사람들 간에 충돌이 있는 것 같다. 우리가 보아왔듯이, 많은 사람들은 심지어 나라에 대한 사랑과 동료 시민들에 대한 친근감을 바람직한 것으로도 보지 않는다. 그들은 친숙한 사람들과 낯선 사람들, 시민과 외국인들에 대한 어떠한 구별들에 대해서도 우려한다. 국가주의자들은 우선적으로 권력에 관심이 있기 때문에, 그들은 이러한 종류의 도덕적 문제에 관해 그다지 걱정하지 않을 것이다. 애국자들과 세계주의자들은 경쟁적인 시각을 갖고 있지만, 그들은 모두 도덕적 주장을 하고 있는 것이다. 세계주의자들은 보편적 정의를 사랑하고, 애국자들은 그렇지 않다고 말하는 것은 공정하지 않다. 세계주의자들은 특정 나라가 도덕적 신념의 중심이 될 수 있다고 믿지 않는다. 그 특정성은 너무나 제한적이고 배타적인 것처럼 보인다. 그러나 도덕성이 실천되고 전달될 수 있는 맥락으로 그들의 나라를 바라보는 애국자들은 도덕성의 범위를 제한하고자 하지 않을 것이다. 그들은 기껏해야 그들의 나라를 그 경계선 너머까지 선을 펼치기 위한 힘으로 볼 것이다. 나라에 대한 사랑은 도덕적 시야를 넓히게 해주는 한 요소며, 우리 주변의 사람들에 대한 특별한 책임을 이행하는 수단이 될 것이다. 많은 사람들의 걱정에도 불구하고 그것은 다른 사람들의 요구들을 무시할 필요가 없고 무시해서도 안 된다.

그러나 많은 사람들은 여전히 걱정을 할지도 모른다. 일단 사회가 여러 세대를 통해 도덕적 견해를 전달해야 한다는 점이 받아들여지면, 이것이 배타성을 낳을 수밖에 없다는 부담이 생길 것이다. 게다가 많은 나라들에서 이민에 대한 반대가 있는 이유들 중 하나는 특정 문화가 묽어질 수 있다는 두려움 때문이다. 어떤 사람들은 만약 문화가 도덕성을 포함한다면, 이것은 훨씬 더 명확하고도 불쾌한 형태를 띨 수도 있다고 주장할 것이다. 그래서 도덕적 유산을 보존하기 위해 외부에 장벽을 세우는 도덕적 근거들이 있는 것으로 보인다. 그렇게 되면 도덕성은 대부분 부도덕한 것으로 간주되어야 하는 취급들을 위한 구실로 사용될 수 있는 것으로 보인다.

애국자와 세계주의자가 강조하는 점에서 차이가 있을 것이다. 하지만 그들의 견해는 첫눈에 보이듯이 그렇게 대립되는 것이 아닐 것이다. 세계주의자는 국가적 경계를 그렇게 중요하게 여기지 않을 것이며, 경계를 가로지르는 절대적인 자유 이외의 어떤 것을 중요하게 여길 이유가 없다. 애국자들은 그들의 나라와 그것이 상징하는 모든 것이 알아보지 못하게 변할까봐 두려워할 것이다. 그러나 세계주의자의 자유에 대한 사랑과 개인에 대한 존중은 어딘가에서 배워야만 한다. 그러한 견해가 이해되고 전파되려면 어떤 종류의 도덕적 정치적 배경이 있어야 한다. 마찬가지로 애국자들은 당연히 그들 나라의 도덕성이 정확히 자유에 대한 사랑과 모든 사람들에 대한 존중을 장려한다고 주장할 것인데, 그것은 또한 세계주의자들이 요구하는 점이다.

이민은 많은 실제적인 문제들을 가져올 수 있는데, 그 중 가장 분명한 것은 인구 과잉의 가능성이다. 그러나 그 도덕적 문제는 처리하기가 덜 어렵다. 애국자들 중에서 그 사람들을 쫓아내어 자신의 나라에 돌아가 죽도록 할 사람들은 거의 없을 것이다. 세계주의자들도 그들이 소중히 여기는 자유를 파괴하려는 의도를 갖고 들어온 사람들을 반기지는 않을 것이다. 그러나 전통적인 도덕성을 포함해서 이민이 그 문화에 미치는 영향에 관해서는 아직 논란거리들이 있다. 이러한 면에서 애국자와 세계주의자의 차이점은 단지 애국자가 도덕적 전통이 무너지기 쉽다는 것을 인식한다는 사실이다. 세계주의자는 자유에 대한 사랑과 다른 도덕적 충동들의 확고함에 관해 더 낙관적일 것이다. 보편적 가치들에 대한 믿음에서 있을 수 있는 위험은 보편적 가치들이 모든 사람들에게 요구한다는 것에서 그것들이 모든 사람들에 의해 사실상 인정될 것이라는 견해로 아주 쉽게 넘어간다는 것이다. 아마도 이타주의에 대한 사람들의 자연스러운 경향들에 관해 너무 낙관적으로 생각하는 것은 위험할 것이다. 어떤 사람들은 그들이 인식하는 도덕적 기준을 그렇게 힘들여 가르치거나 보존하는 것을 그다지 진지하게 받아들이지 않는다.

애국심이 갖고 있는 장점은 기껏해야 가족과 같은 다른 단체들처럼 국가가 필히 도덕적 기능을 갖고 있다고 인식하는 것이다. 국가는 좋은 것을 위한 힘이 되며, 무엇이 좋은지에 대한 믿음을 전달하는 데 힘이 될 수 있다. 히틀러의 독일에서처럼 무언가 잘못될 때 그들은 정말로 잘못될 수 있으며, 진정한 애국자들은 당연히 그들의 나라를 위해 그들이 특정 정권에 저항해야만 한다고 생각한다. 자신의 나라가 우선적으로 아무것도 아닌 것처럼 생각한다 해서 이러한 가능성으로부터 벗어날 수는 없다. 정의에 대한 호소라는 몰개성적인 추상화 작업을 통해 인간의 동기가 발동하고 충성심이 자극될 수 있을지 의심스럽다. 사람들은 "우리의 최고의 도덕적 충절은 어떠한 사회에 있는 것이 아니다. … 우리의 최고의 충절은 정의에 있다"[12]고 주장한다. 이것은 철학자들의 이론적 소견으로는 의미가 있을지는 모르지만, 그것이 많은 사람들을 열광케 할지는 정말 의심스럽다. 우리나라가 집합적인 삶에서 가장 훌륭한 기준들을 항상 확실히 구현하도록 하기 위해 우리가 나라에 봉사할 것을 찾아야 하는 이유는 바로 우리의 우선적인 충절이 올바르고 좋은 것에 있기 때문이다. 정의를 사랑하지만 자신의 나라가 갖고 있는 많은 결점 때문에 자신의 나라를 사랑하지 못하는 사람들은 그들의 삶에 진정한 도움을 주지 못하는 일련의 기준들에 입에 발린 칭찬만 하고 있을 것이다.

---

12) Amy Gutmann, 'Democratic citizenship', in *For Love of Country*, p.69.

제9장

하나의 세계 : 세계 윤리?

1. 세계시민법?

애국심에 관한 논변은 곧 국제적인 관심사들을 처리하기 위해 도덕적 틀이 필요하다는 논쟁으로 이어진다. 우리는 동료 시민들에게 책임과 의무를 갖는다. 우리는 우리 자신의 나라에 대한 특별한 충절을 갖는다. 그러나 도덕성은 거기에서 멈추지 않는다. 가족에 대한 적절한 사랑이 우리 사회의 다른 사람들에게 일어나는 일에 대한 책임을 배제시키지 않듯이, 애국심은 세계의 나머지 부분들을 무시하기 위한 구실을 제공할 수 없다. 예를 들어 인간의 권리는 보편적인 것으로 보인다. 그래서 존 롤스는 다음과 같이 말한다. "인간의 권리는 합리적인 제 민족들의 법에서 특별한 역할을 하는 권리들이다. 그것들은 전쟁을 일으킬 정당한 이유들을 제한하며, 또한 한 정권의 내적인 자율성의 한계를 밝혀준다."[1] 따라서 국가들은 더욱더 끔찍한 현대의 어떤 전쟁들을 하지 못하도록 제한될 수 있다는 것이 그 바람이다. 그러나 롤스가 언급하고 있는 자율성의 제한은 국가의 주권이라는 관념에 도전하는 것이다. 국제적인 사건들은 국가들 간의 관계에 관한 문제다. 문제는 그러한 국가들이 어디까지 자유로운 주체로 간주될 수 있으며, 어떤 의미에서 그들이 도덕적 주장들에 제약을 받을 수 있느냐는 것이다.

롤스는 국가들이 "개별적 인간들처럼"[2] 판단될 것이라고 믿었던 칸트의 생각을 이어받고 있다. 그들은 외부의 법에 제약을 받지 않을 때 서로를 다치게 하며, 따라서 '제 민족들의 계약' 관계로 들어가야 한다. 칸트는 "지상의 어떤 한 곳에서 발생하는 권리 침해가 모든 곳에서 감지된다"고 말하면서 '세계주의적 법'을 옹호하고 있다.[3] 그는 그것이 환상이 아니라 오히려 현존하는 '정부의 법과 국가들의 법'을 이해하는 데 도움을 준다고 말한다. 그는 포괄적인 국제법을 '영원한 평화'에 대한 희망과 연결시킨다. 그는 18세기 계몽주의의 선구자였으며, 이성의 힘이 중요한 윤리적 해결을 가져올 것으로 믿었다. 그에게 이성은 우리의 인간적 충동이 요구하는 것들 위에 있어야 했다. 이성의 영향 아

1) John Rawls, *The Law of Peoples*, Harvard University Press, Cambridge, MA, 1999, p.79.

2) Immanuel Kant, 'Towards eternal peace', in *Principles of Lawful Politics: Immanuel Kant's Philosophic Draft toward Eternal Peace. A New Faithful Translation with an Introduction, Commentary, and a Postscript, 'Hobbism in Kant?'*, ed. Wolfgang Schwarz, Scientia Verlag, Aalen, Germany, 1988, p.74.

3) 같은 책, p.87.

래에서 진보가 보증되었다.

20세기 역사는 더 좋은 세계를 만들고자 했던 이성의 사용이 수많은 절망을 안겨준 시대였다. 그러나 인간의 동정심과 충성심을 가지고 작업하고자 하는 사람들과 그것들을 악의 원천으로 보는 사람들 사이에는 아직도 계속되는 논쟁들이 있다. 우리는 다시 시작하기 위해 우리의 이성을 사용할 수 있을 것인가, 아니면 우리는 있는 그대로의 인간 본성을 그것의 모든 성향들과 함께 받아들일 것인가? 우리는 의심쩍은 역사를 갖고 있는 현존하는 전통을 따라야 하는가, 아니면 우리는 지난 상처로부터 더 좋은 세계를 세우기 위해 우리의 이성을 사용할 것인가?

도덕성을 보편적인 것으로 보기 원하는 사람들과 도덕성을 전통과 지역성에 관계시키려는 사람들 간의 논변에는 연관성이 있다. 우리가 우리의 특별한 전통의 관습들을 따라야 하는지, 아니면 모든 국가들에 적용되는 보편적 가치들에 복종해야 하는지가 문제다. 칸트의 믿음처럼 이성에 대한 계몽주의의 믿음은 사람들이 '세계시민의 법'의 관점에서 생각하도록 권할 것이다. 그들은 도덕적 기준들이 국가들의 행동에 힘을 발휘할 수 있는 국제적인 무대를 바랄 것이다. 특정 국가의 이익을 지지하기 원하는 누구든 개인들로 비유하자면 '이기적'인 기준들을 강화하는 것으로 보일 것이다. 그들은 단지 국제적인 수준에서는 이기주의자들로 보일 것이다. 그들은 그들 자신의 지역적 관습들보다 더 높은 어떤 권위를 거부할 것이다. 민주주의는 심지어 그러한 상대주의를 조장하는 것으로 보일 수 있다. 만약 한 국가의 정책이 그 국민의 의지에 기초를 두고 다른 국가들은 다른 의지들을 표현한다면, 다른 곳에서 다른 사람들이 동의하는 것은 마찬가지로 가장 중요한 것으로 보인다. 객관적인 윤리에 기초한 어떤 국제적인 질서도 지역적으로 발생하고 합의된 규범들이 갖고 있는 생각과 갈등을 일으킬 것이다. 그러므로 국제적인 정의가 지역적인 애국심과 반대되는 것으로 보일 수 있듯이, 민주주의와 객관적 도덕성은 분리될 수 있다.

민주주의는 단지 특정 관할 구역의 개인들 간의 정치적 동의 문제일 것이다. 그것은 합의를 이루어낼 수는 있지만, 그 이전에 공유하고 있는 어떤 도덕적 이해에 기초하고 있지는 않다. 그러나 도덕성이 변덕스러운 정치적 동의 이상의 것이 될 수 있으려면, 그것은 개인들뿐 아니라 국가들의 행동이 측정될 수 있는 기준을 제공해야 한다. 자신의 나라의 이익을 돌보는 것으로는 충분치 못하다고 생각하는 사람들은 불가피하게 새로운 세계적인 질서로 향하게 된다. 그러나 이것을 오로지 정치적 관계로 보려는 유혹이 생긴다. 더 넓은 도덕적 관심들은 이제 세계주의적 법을 강화시키기 위해 국제적인 정부를 승인하고자 한다. 그렇게 되면 사람들은 자신의 나라의 이익을 우선할지 아니면 어떤 새로운 형태의 세계 정치를 위해 일할지 선택해야 하는 것으로 보인다.

어떤 초기 형태의 세계 정부도 국가의 주권이라는 관념에 도전해야만 한다. 연합국의 활동을 수립할 때 생각해야 할 것은 국제적인 도덕성에 구체적인 형식을 부여해야 한다는 것이다. 어떤 사람들은 규제할 제도들이 없다면 도덕성이 국제적 관계들을 지배할 수 없다고 생각한다. 보편적인 도덕 법칙들은 강제적인 국제법으로 성문화되지 않는다면 의미가 없는 것으로 생각된다. 한 사회 안에서 안전을 확보하기 위해 제재가 있는 것처럼, 제민족들의 규약이라는 어떠한 개념도 즉시 규약을 깨는 민족들에 대한 제재가 있어야 한다는 것을 보여준다. 사람들이 어떤 방식으로 취급되어서는 안 된다는 생각은 인류에 대한 범죄 개념으로 발전한다. 범죄라는 개념은 즉시 어떤 행동을 범죄로 구분하고 금지시키는 법적인 체계를 제안하게 한다. 그런 다음 그것은 국제적인 정의를 관리하는 특별한 법정을 세우는 데로 나아간다. 도덕성은 정치로 변질되며, 정치는 법이 집행될 수 있는 조직과 제도들을 요구한다.

영국의 전 수상 마가렛 대처(Margaret Thatcher)는 헤이그에 국제사법재판소를 설치하는 것이 그 이상의 의미를 지닌다는 것을 주목했다. 미국은 그것에 대단히 반대했지만, 이제 그것은 공식적으로 확립되어 있다. 그녀는 다음과 같이 지적하고 있다. "제안된 세계적인 사법 제도는 그것의 결정들이 실제로 시행되고 있다는 것을 보장하기 위해 최소한 초기적인 형태라 할지라도 세계적 정부의 세계적인 경찰력을 요구할 것이다."[4] 그녀는 그 후에 어떤 세계적 경찰이나 군대가 없다는 것은 단지 그들을 위한 민주주의적 합법성이 없다는 것을 반영할 뿐이라고 말한다. 그녀는 다음과 같이 말한다. "세계적 정부가 없는 것은 세계적 '국가'가 존재하지 않기 때문이며, 세계적인 정치적 정체성과 세계적인 공적 의견이 없기 때문이다."[5] 분명 많은 사람들은 그녀가 한 국가의 이익을 모든 윤리적인 고찰들보다 우위에 놓는 국가주의적 의제를 추구하고 있다고 응수할 것이다.

아마도 인권의 중요성을 인식하는 것에서 그것들을 국제적으로 시행해서 그렇게 할 수 있는 수단을 만들어내는 데로 나아가

4) Margaret Thatcher, *Statecraft*, Harper and Collins, London, 2002, p.263.
5) 같은 책, p.264.

려면 치열한 노력이 필요할 것이다. 이것은 보편적 도덕 원리들이라는 이름에 속해 있다. 어떤 특정인의 특정 견해들은 우리의 공통적인 인간성에 대한 보편적 주장에 견주어 판단될 때 자기-봉사적으로 보일 수 있다. 따라서 보편적 주장을 표현하기 위해 제도들이 옹호되지만 이러한 제도들은 특정 사회의 민주적으로 표현된 의지와 충돌할 수 있다. 그러나 근본적인 문제는 도덕성 대 국가적인 이익 문제도 아니고, 심지어 도덕성의 객관성과 상대주의의 문제도 아니다. 문제는 누가 도덕성의 내용을 결정할 것인지 혹은 어떻게 시행할 것인지 하는 것이다. 도덕성의 객관성은 분명 모두가 인정해야 하는 보편적인 도덕적 명령이 있다는 것을 포함한다. 그것은 필히 그것을 집행하기 위해 국제적인 관료 조직들이 세워져야 한다는 것을 의미하는 것은 아니다. 도덕성은 우리의 충절을 요구하기 위해 지상의 법으로 성문화될 필요도 없다. 마찬가지로 도덕적 원리들은 우리를 구속하기 위해 세계의 군대를 통해 세계적으로 집행될 필요도 없고 국제적인 법으로 성문화될 필요도 없다. 도덕성, 더 나아가 국가들의 도덕성은 그것이 정치적인 모습을 취할 때만 실제적일 수 있다고 생각하는 것은 잘못이다.

민주주의 자체는 시민들의 도덕적 책임에 그 기초를 두며, 그것을 무시하는 어떠한 정책도 민주주의를 훼손시킬 뿐 아니라 자유로운 선택 가능성을 제거하고 따라서 도덕적 행위자가 될 가능성을 제거한다. 국제적인 제도가 '세계주의 법'을 시행하기 위해 세워져야 하든 말든 정부들은 그들이 대표하는 국민에게 대답할 수 있어야 하며, 국민들은 정부의 구성원들 이상으로 그들의 도덕적 책임들을 잊어서는 안 된다. 국제적인 동의가 도덕성을 만들어낼 수는 없다. 모두가 동의한다 해도, 그러한 동의가 지켜져야 하는지가 우선적인 도덕적 문제며, 이것은 도덕성이 국가적인 이익에 반할 때조차도 마찬가지인 것이다. 국제적인 동의는 개인들 간의 타협처럼 당사자들의 우선적인 성실성과 정직성에 의존한다.

도덕성은 단순히 제대로 된 제도들을 갖고 있느냐의 문제일 수는 없는데, 이는 무엇보다도 국제적인 관계에 적용된다. 모든 제도들이 제대로 기능하기 위해서는 그 구성원들의 참여가 있어야 한다. 인간의 권리를 주장하는 국제적인 단체는 우선적으로 인간의 권리를 존중하려는 의지가 있을 때만 성공할 것이다. 제도들이 중요할 수는 있지만 그것들 자체가 개인의 도덕성에 의존한다. 그것들은 개인의 도덕성을 구성하지도 못할뿐더러 그것을 대신할 수도 없다. 그러나 어떤 사람들은 이것이 너무 개인주의적이라고 말할 것이다. 개인들과 제도들은 별개며, 다르게 작동한다고 그들은 말할 것이다. 하나가 다른 하나로 환원되어서는 안 된다. 나라를 대신해서 공적인 자격으로 행하는 사람들은 그들이 마치 사적인 개인인양 행동할 수는 없다. 그들은 그들이 이행해야 할 어떤 특별한 책임을 갖고 있을 때 그들 자신의 양심의 지배를 받을 수 없다고 말할 수도 있을 것이다. 예를 들어 정치가들은 그들이 대표하는 사람들에게 특별한 책임을 갖고 있다. 만약 그들이 그 사람들의 이익을 세계의 다른 쪽에 사는 사람들의 이익보다 위에 놓지 않는다면, 그들은 그들의 일을 하지 않는다고 비난을 받을 수 있을 것이다. 그들이 자신의 나라보다 다른 나라의 이익을 선택한다면 그것은 놀라운 일일 것이다. 그것은 정말로 매국노나 하는 짓일 것이다.

아마도 개인들 간의 관계와 대조되는 것으로 국가들 간의 관계는 일상적인 도덕적 틀에 쉽게 들어맞지 않는 듯이 보일 것이다. 어떤 사람들은 국가들의 충돌은 결국은 단지 힘의 문제며, 오로지 국가의 이익만 추구한 결과라고 말할 것이다. 게다가 어떤 정치가들은 그들이 무엇보다도 '국가의 이익'을 증진시키고 있다는 것을 미덕으로 생각한다. 프랑스 농부들의 이익을 옹호하느라 영국 농부에게 손해를 입힌 한 영국 수상은 그의 의무를 다하지 못한 것으로 보일 것이다. 다시 말해 한 정부의 구성원들은 다른 사람들보다 그들을 선출해준 사람들을 돌볼 도덕적 의무를 갖고 있다. 그들에게는 특별한 책임이 주어져 있는데, 만약 그들이 그것을 수행하지 않는다면, 다른 사람들이 할 수 있을 것 같지 않다. 그것은 다른 사람들의 아이들보다 그들 자신의 아이를 돌보아야 하는 부모의 입장과 비슷한 것이다.

2. 세계적 책임들

정부는 그 관할 밖에 있는 사람들에 대해 책임이 없는가? 유권자들에 대한 특별한 책임과 견주어볼 때, 그 문제는 우리의 공통적인 인간성에 관련된 문제다. 어떤 민주주의 정치가들도 유권자들에게 대답할 수 있어야 하는데, 그들은 다른 나라들에 대한 원조가 특히 그 자신의 나라에 큰 대가를 치르고 이루어질 때 자신이 선거에서 인기를 얻지 못할 수 있다고 생각할 것이다. 반면에 기근이나 지진으로 고통받는 사람들을 텔레비전에서 보고 충격을 받은 대중들에 의해 외국에 대한 원조가 요구될 수도 있다. 그러나 정치가가 단지 대중의 의견에 지배되어야 하는지는 아직 문제로 남아 있다. 민주주의 사회에서 사람들의 의지가 설득력이 있다는 것은 아마도 옳을 것이지만, 이것은 단지 문제를 무대 뒤로 밀어넣는 것이다. 일반적인 유권자들이 그들의 국경 너머에서 무슨 일이 일어나는지에 대해 걱정해야 하는가?

그러한 관심은 때때로 사려 깊은 근거에서 정당화될 수도 있다. 칸트가 권리에 대한 침해는 모든 곳에서 감지된다고 했던 말은 이것을 반영할 것이다. 어느 한 곳에서 나타나는 불공정함은 그 밖의 곳으로 퍼져나가는 반응을 유발시킬 수 있다. 우리 모두는 현대의 테러 행위에 직면해야만 하는데, 그것은 수천 마일 떨어져 있는 지역의 어떤 목적을 추구하는 데에서 언제 어디서나 일어날 수 있다. 멀리 떨어져 있는 나라들에서 발생하는 사건들에서 아무런 영향도 받지 않은 채 남아 있기를 바랄 수 있는 사람은 아마도 아무도 없을 것이다. 국가 또한 더 이상 일상적인 행위 결과들을 국경 안으로 봉쇄할 수는 없다. 피터 싱어(Peter Singer)는 다음과 같이 말한다. "외관상 해가 없어보이기도 하고 사소하기도 한 인간의 행위들이 멀리 떨어져 있는 나라의 사람들에게 영향을 미칠 수 있다는 것은 단지 개별적인 국가들의 주권에 중요한 차이를 만들어내는 시작일 뿐이다."[6] 오염과 그것이 기후 변화에 미칠 수 있는 장기간의 효과가 바로 그 경우다. 심지어 대중 교통을 사용하는 대신 직장에 차를 몰고 가는 것에 관한 개인적인 결정들조차 더불어 대기에 영향을 미칠 수 있으며 알 수 없는 결과들을 가져온다.

---

6) Peter Singer, *One World : The Ethics of Globalization*, Yale University Press, New Haven, CT, 2002, p.20.

싱어는 "한 나라의 시민들이 모든 곳의 사람들의 이해보다 왜 그들 동료 시민들의 이해에 더 관심을 가져야 하는지에 대한 좋은 이유가 없다"[7]고 단호하게 말한다. 이것은 왜 모든 인간이 중요한지에 대한 문제를 일으키는데, 싱어는 동물도 인간과 같이 감각이 있는 생명체라는 이유로 동물들에게도 똑같이 관심을 보여줌으로써 이 문제를 더 복잡하게 만든다. 그러나 그가 시민들의 관심을 강조한 것은 그것을 정부의 결정에 그저 남겨두는 것보다는 도덕적 문제를 좀더 공정하게 제기하는 것이다. 민주주의 사회에서 정부는 그 시민들이 공유하고 있지 않거나 그들이 촉구하지도 않은 의제를 추구해서는 안 된다.

그러나 모든 것에 대한 일반화된 관심은 중요한 장애에 부딪힌다. 현대 국가들의 발전에서 다른 국가들의 일에 간섭하지 않는 원리는 신성불가침으로 여겨졌다. 연합국이 창설된 후 '자치 독립'에 대한 추구는 국민의 자기-결정권에 대한 믿음과 더불어 이루어졌다. 그 논변은 한 국가가 외국의 힘에 지배되기보다는 주권을 갖고 독립적인 것이 더 좋다는 것이었다. 비록 식민 정부가 더 잘 지배할 수 있다 할지라도, 그리고 그렇게 함으로써 때때로 독립 후에 나타나는 부패와 내전을 피할 수 있다 할지라도, 그것은 완전히 요점을 빗나가는 것으로 보였다. 정치적 자율성은 절대적으로 중요한 것이었다. 그러나 이것은 싱어에 의해 개진되고 있는 종류의 공리주의적 논변이 아니다. 비록 박애적인 온정주의가 독립을 통해 성취될 수 있는 것보다 더 좋을지라도 그것은 여전히 잘못된 것으로 생각되었다. 제국주의적인 힘에 의해 잘 되기보다는 자국민들에 의해 나쁘게 통치되는 것이 더

7) 같은 책.

낳았다. 반면에 식민 정책은 계속해서 나쁜 결과들을 산출했을 수도 있으며, 독립은 좋은 결과들을 산출했을 수도 있었다. 그러나 이러한 문제들은 대개 논쟁이 되지 않았다. 제국주의는 그것이 무슨 일을 했거나 하지 않았기 때문이 아니라 그 자체로 나쁜 것으로 생각되었다.

국제적인 관계들에서 사람들은 주권과 국가의 독립성이라는 생각을 매우 기본적인 것으로 가정하고 있는데, 비록 굶주린 사람들에게 식량을 공급하거나 기본적인 인간의 권리를 보장해줄 수 있다 할지라도, 다시 말해 아무리 훌륭한 의도를 갖고 한다 할지라도 어떻게 다른 나라들이 또 다른 나라 내부에서 일어나는 일들을 간섭할 자격이 있느냐는 의문이 제기될 수 있다. 특히 인간의 권리를 보장하고자 하는 일은 한 정부를 직접 힘으로 위협할 수도 있다. 비록 인도주의적인 이유로 그런다 할지라도 어떤 정부나 동맹국이 어디까지 주권의 문제를 무시하거나 제쳐놓을 수 있는가? 위험한 정치적인 선례들이 생길 수 있지만, 근본적인 문제는 도덕적인 것이다.

싱어는 이러한 종류의 문제를 어떻게 결정할지에 대해 분명한 생각을 갖고 있다. 그는 "가장 좋은 결과들을 낳는 것을 하는 것이 옳다는 한 가지 기준만이 있다"[8]고 주장한다. 이러한 고전적 공리주의 원리는 싱어가 그의 보편적인 방법을 채택할 수 있게 해준다. 그는 다른 사람보다 어떤 한 사람에게 우선권을 주지 않을 것이며, 주권 또한 그 자체 목적으로 존중하지도 않을 것이다. 유일한 기준은 유리한 결과를 가져오게 될 것이다. 그는 분명하게 "세계 윤리는 국가적 경계에서 멈추거나 그것에 큰 중요성을

8) 같은 책, p.139.

부여해서는 안 된다"[9]고 말하고 있다. 그는 "국가의 주권은 본질적인 도덕적 중요성을 갖고 있지 않다"고 말함으로써 그 점을 강조하고 있다. 그러나 보편적 요구라는 생각은 보편적 책임과 더불어 우리 모두를 도덕적 마비 상태로 몰고 갈 수 있다. 세계의 고통에 직면할 때, 우리는 어디에서 시작할 수 있는가? 이러한 질문은 개인뿐 아니라 정부도 분명히 직면한다. 책임을 분담한다는 생각은 최소한 우리 각자가 우리의 역할과 의무를 이해하고 있다는 것을 의미한다. 개인들이 가족들에게 책임을 갖고 있듯이, 정부도 그의 시민들에게 특별한 책임을 갖고 있다는 것을 깨닫는 것이 중요하다. 그렇게 되면 특별한 요구들을 인식하고 적절한 도움을 줄 수 있는 좋은 위치에 있게 될 것이다. 그러나 이것은 그 시민들이 그 밖의 다른 사람들보다 더 중요하기 때문은 아니다. 인간의 요구는 국가의 경계선으로 한정되지는 않는다. 그러나 그것들을 충족시키기 위한 직접적인 책임은 정말로 다양하다.

이것은 더 넓은 세계의 고통을 무시하기 위한 개인과 정부 모두를 위한 강령처럼 보일지도 모른다. 공평성은 많은 도덕 철학자들의 윤리학에 절대적으로 필수적인 요구 조건이다. 인간은 관계의 멀고 가까움에 따라 중요성이 다르다고 할 수 없다. 싱어는 우리가 세계 공동체로 보이는 것의 구성원이라는 점으로부터 커다란 정치적 도덕적 결론들을 끌어내는 많은 사람들 중의 전형적인 사람이다. 그는 우리가 "도래하는 하나의 세계 공동체 시대의 윤리적 기초들"[10]을 발전시켜야 한다고 주장한다. 따라서

9) 같은 책, p.148.

10) 같은 책, p.198.

우리는 세계의 의사 결정을 위한 정치적 기구들이 영향을 미치는 것들에 더 책임을 갖는 방식으로 그것들을 구성하거나 강화시켜야 한다고 그는 생각한다. 그는 "이러한 종류의 생각은 직접 선출한 입법부가 있는 세계 공동체의 방향으로 나아가며, 아마도 천천히 유럽연합의 노선에서 전개될 것이다"[11]라고 말한다. 모든 인류에 대한 보편적 관심을 위한 논변이 어떻게 그렇게 빨리 세계 제도들에 관한 정치적 논변으로 변하는지 참으로 놀랄 만하다. 비록 우리 모두가 모두에 대한 똑같은 책임을 갖고 있다는 것을 받아들인다 해도, 이것이 협동적으로 작용하는 그러한 국가들 자체의 행위를 통해서는 충족될 수 없는지 여전히 생각해볼 문제다. 싱어는 세계적인 책임이 세계적인 제도들을 요구한다고 믿고 있다. 그러나 유럽연합에 대한 언급은 곤란한 점들을 보여준다. 그 연합은 개별적인 시민들의 눈에 멀거나 관료적으로 보이지 않기 위해 꾸준히 노력하고 있다. 새로운 충절은 특히 그것이 옛 충절을 대체시키는 것을 의미한다면 즉각적으로 이루어질 수가 없다.

'영원한 평화'를 제공하기 위해 세워진, 합리적으로 구성된 세계 질서에 대한 전망은 전통을 강조하는 입장과 잘 들어맞지 않는다. 정치 조직들은 사람들의 가장 기본적인 충절을 끌어들일 수 없다면 살아남을 수가 없을 것이다. 정치는 항상 기본적인 도덕적 입장을 필요로 하는데, 그것 자체는 인간 본성에 있는 근본적인 충동에서 그 힘을 얻는다. 하지만 계몽주의가 그랬듯이, 전통에 반대하는 것은 잘못이다. 어떠한 인간도 모든 제약들을 제쳐놓고 처음부터 완벽한 사회를 설계할 수는 없다. 우리 모두는

11) 같은 책, p.199.

우리의 역사와 우리의 가설들을 갖고 있다. 게다가 우리는 항상 우리의 인간 본성을 갖고 있다. 좋든 나쁘든 일상적인 인간의 충동들을 고려하지 못하는 이성적인 청사진들은 결국에는 그것들 자체를 파괴하기 쉽다. 프랑스와 러시아 혁명과 같은 주요 혁명들은 커다란 희망을 가지고 출발했지만 부분적으로는 그들이 시도한 전통적인 충절에 대한 거부 때문에 곧 그것들은 고통의 원천들이 되었다.

세계 정부에 대한 청사진들은 종종 도덕적 문제들에 대한 정치적 해결을 포함한다. 그들은 정치적인 어려움들을 만날 것이며, 그들이 전 세계의 다양한 사람들의 동감과 충절을 끌어들일 수 없다면 그들이 성공하지 못할 것이라는 생각은 온당한 가정이다. 그러나 세계 정부에 대한 제안은 보편적인 이성과 모든 사람들을 아우르는 도덕 규범에 대한 헌신에서 나온다. 공통적인 인간성에 대한 생각과 다양한 전통이라는 생각 간에는 긴장이 있다. 어떤 사람들은 전통의 중요성을 인식하는 것은 포스트모더니즘의 보편적 이성에 대한 거부를 포함해야만 한다고 결론짓는다. 그러나 그것이 여기에서 근본적인 문제는 아니다. 모든 사람들의 복지에 대한 도덕적 참여가 왜 필히 세계 정치 조직들에 대한 참여로 나아가야만 하는가? 많은 사람들은 그러한 조직들이 지역적 전통을 훼손시킬 수 있다고 느낀다. 그러나 그들은 여전히 세계적인 도덕적 책임이 중요하다고 생각할 것이다. 다시 한 번 강조하지만, 도덕성과 정치가 하나로 섞여서는 안 된다. 도덕적 주장들은 그것들을 이행하는 데 필요한 정치적 조직이 없어도 참일 수 있다. 또한 그러한 정치적 조직들의 존재가 도덕적으로 받아들일 수 있는 결과를 보증하지도 못한다.

3. 세계적 정치

도덕성을 실제적으로 구체화하려는 잘못된 충동이 있다. 법과 정치는 그것들이 알맞게 기능할 수 있으려면 도덕적 배경이 필요할 수 있지만, 도덕성은 결코 법적 정치적 구조를 통해 완전히 성문화 될 수 없다. 도덕성은 협약이나 정치적 동의를 통해 구성될 수 없는데, 이것은 좀더 지역적인 것들뿐만 아니라 국제적인 수준에서도 마찬가지다. 싱어의 보편주의가 세계 제도들로 변형될 때는 그것은 단지 도덕성을 정치로 바꾸는 또 다른 방식을 나타낼 뿐이다. 세계적인 도덕적 주장들에 관한 판단들은 그를 여지없이 세계 정치로 이끌어가는 것 같다. 우리는 분명 모두 한 세계에 살고 있다. 우리는 상대주의자들이 말하는 것처럼 우리의 사회나 전통을 통해 구성된 다른 세계들에서 살지 않는다. 그러나 도덕의 객관성으로부터 나온 보편적인 도덕적 주장들이 왜 이 지구상의 정치적 삶의 조직에 반영되어야 하는지는 생각해볼 문제다. 항상 제도적인 조직들을 통해 윤리적 믿음들이 구체화 될 필요가 있는가? 문제는 도덕성이 정치로 변하고 진리에 관한 문제들이 동의와 타협에 관한 탐구로 바뀐다는 것이다.

세계 정치의 정당성에 이의를 제기하는 데 대한 한 가지 대답은 국가의 정부들이 항상 그 자신의 시민들에게 우선권을 부여하려 한다는 것이다. 게다가 우리가 보아왔듯이, 그것이 그들의 의무다. 그렇게 되면 모든 사람들에 대해서 책임이 있는 세계 기구가 나서야 할 경우가 있는 것으로 보일 것이다. 이것은 그것이 특히 박애주의적인 종류의 요구들을 충족시키는 문제일 때 국가의 주권이 무시될 것이라는 것을 전제한다. 지역 정부가 동의하든 그렇지 않든 세계 기구가 도움을 주기 위해 간섭할 수 없다면, 그것을 조직할 아무런 의미가 없을 것이다. 그러한 간섭은 정확히 지역 정부의 폭정이나 부패가 중심 문제일 때 필요할 것이다. 인간의 권리가 유린되고 있을 때, 분명 국제적인 조치가 중요할 것이다. 그러나 어떤 사람들이 도덕적 정책으로 보는 것을 또 다른 사람들은 전형적으로 외부로부터 들어오는 제국주의적 힘의 부과로 볼 것이다.

윤리적 주장을 정치적 구조들로 변형시켜 조치를 취할 때 생기는 문제는 그것이 모든 사람들의 이익을 위해 순수하고 공평무사한 이성을 발휘한다고 가정한다는 것이다. 그러나 모든 사람들의 이익을 위한 보편적인 도덕적 원리들을 이행하는 세계 정부를 갖게 되면 플라톤의 『국가』의 철인 왕이나 수호자들과 똑같은 문제에 부딪히게 된다. 그들은 선에 대한 지식을 소유하고 있기 때문에 부패할 수 없는 존재로 생각된다. 그러나 인간은 그렇지가 못하다. 권력과 책임이 항상 현명하게 사용될 것이라는 보장을 할 수가 없다. 비록 통치자들과 세계 정부들이 완전히 선의를 가지고 행한다 할지라도, 그들은 실수를 할 수 있고 또한 실수를 저지를 것이다. 그들은 완벽한 정보를 갖고 있지 못할 것이며, 비록 그것을 갖고 있다 할지라도 그들은 잘못된 판단을 할 수 있다. 세계 정부들은 세계적인 실수를 저지를 것이며, 그 결과들은 훨씬 더 멀리까지 영향을 미칠 수도 있다.

오류 가능성은 차치하고라도 또한 도덕적 부패의 문제가 있다. 권력이 의도적으로 남용될 수 있다. 『국가』에서 수호자들을 감시할 사람들이 아무도 없었던 것처럼, 세계를 다스리는 사람들의 도덕적 성실성에 관한 실제적인 문제가 있을 것이다. 도덕성이 어떤 형식으로든 정치와 동일시될 수 없는 한 가지 이유는 도덕적 주장들이 나머지 우리들처럼 개인적인 허영심과 모든 유혹에 굴복하는 정치가들을 통해 이행되기 때문이다. 세계 공동체를 다스리는 사람들이 믿을 수 있다고 확신할 수 있는가? 그 대답은 국가 입법 기관의 구성원들이 항상 덕의 귀감이 될 거라고 기대할 수 있는 그 정도도 될 수 없다는 것이다.

국제적인 수준에서 유혹과 부패 기회는 국가적인 수준에서보다 훨씬 더 클 것이며 감시는 더 적을 것이다. 세계 기구의 재량권은 광대할 것이며, 분명 어떤 필적할 만한 권력에도 종속되지 않을 것이다. 국가들은 서로에게 도전할 것이며, 폭력적인 국가는 제약을 받을 것이다. '세계 공동체'는 무엇이든 얻어내고자 한다면 권력을 독점할 것이다. 정의를 이행한다고 믿을 수 있는가? 그것은 플라톤의 수호자들과 아주 똑같은 입장에 있다. 하지만 그것이 도덕적인 생각으로 다스려질 거라고 가정할 만한 좋은 이유가 없다. 수호자들은 선에 대한 지식을 획득하고 모든 사람들의 이익을 위해 행위하도록 교육을 받았다. 그들이 그렇게 할 것이라고 믿을 수 없다면, 우리는 아마도 국제적인 정의 성취에 관해 더욱 의심할 수 있을 것이다. 개인들은 타락할 수 있으며, 전체 과정 또한 기행적인 정치와 국가들 간의 경쟁에 훨씬 더 종속되기 쉬울 것이다. 정치적 협정이 무엇이든지 간에 여전히 지역적인 충성이 있을 것이다.

뉴욕의 연합국 빌딩의 한 복도에 있는 지도는 식민지들의 독립 과정의 성공을 기념하고 있다. 대부분 남아 있는 식민지들은 세계 주변의 조그만 섬들이다. 그러나 그 지도는 심지어 티베트가 존재한다는 사실도 인정하고 있지 않다. 그것은 단지 중국의 일부로 포함되어 있다. 그것은 정의를 생각하고 내린 판단인가, 아니면 단지 한 국가의 힘을 반영한 것인가? 국제 기관들은 항상 정치적 권력의 현실을 반영하는 경향이 있으며, 도덕적 기준들을 적용시키기에는 불완전한 도구다. 피터 싱어를 따라 정치적 제도들과 윤리적 주장들 간에 밀접한 관련이 있어야 한다고 생각하는 것은 잘못이다. 도덕성이 인간의 제도들에 정식으로 성문화된다면, 그것은 언제든지 부패하기가 쉽다.

이것이 도덕성을 실효성 없게 만드는가, 아니면 그것은 결코 효과적일 수 없다는 것을 암시하는가? 사람들과 기관들이 자신이 공언한 기준에 따라 살지 못하는 것을 볼 때, 어떤 사람들은 객관적 도덕성에 대한 주장들을 위선으로 처리해버릴 것이다. 그러나 도덕적 실패와 허약함에 대해 나타내는 불쾌감조차도 그 근원은 사태들이 어떠해야 하는지에 대한 견해에서 나온 것이다. 바로 그 위선에 대한 비난은 성실과 일관성이 좋으며 네가 말한 것을 실천하지 못하는 것은 도덕적으로 잘못이라는 것을 보여주는 세계에 대한 견해에 그 뿌리를 두고 있는 것이다. 그것 또한 도덕적 명령에 호소하는 것이다.

당위적인 인간 본성과 사실적인 인간 본성 간에는 항상 팽팽한 긴장이 있을 것이다. 인간의 탐욕과 이기심이라는 실제적인 가능성을 고려하지 못하는 어떠한 도덕적 견해도 너무 순진할 뿐만 아니라 위험하기까지 하다. 사람들이나 제도들이 항상 적절하게 권력을 사용할 것이라는 믿음으로 그것들에 과도한 힘을 부여하는 것이 이에 대한 좋은 예다. 세계적이든 지역적이든 어떤 정치적 체제도 힘을 남용하고 부패할 가능성을 갖고 있다는 것을 고려해야만 한다. 그 지배를 받는 사람들에 대한 정부의 석명 의무는 분명 중요한 점검 장치지만, 그때조차도 사람들은 방심하지 말아야 한다. 만약 유권자들이 정부에 관해 무엇을 믿어야 할지가 중요하다면, 체계적으로 현혹당하고 있는 것들을 점검해야 한다. 자유로운 언론이 그 한 가지 요소겠지만, 우리는 항상 정부에서 일하는 사람들의 성실성에 의존할 수밖에 없다. 세계적 수준의 제도들은 유권자들이 멀리 있다는 것과 힘의 집중을 위험스럽게 혼합시킨다. 그러나 그들은 개인의 이익뿐만 아니라 특정 국가들의 이익을 위해 조종될 것이다. 국제적인 권력 투쟁들은 단지 세계의 의사-결정 기구들이 있다고 해서 사라지지는 않을 것이다. 항상 위험한 것은 그것들이 그러한 투쟁의 매체가 될 것이라는 점이다.

4. 국제 관계의 도덕성

인간의 권리들에 관한 현대의 많은 화려한 이야기들은 객관적인 도덕의 기준이 존재한다는 것을 가정한다. 그러나 도덕성은 보편적인 적용을 위해 정치적 표현을 필요로 하지 않는다. 제도들이 도덕적으로 결함이 있는 것으로 판단이 될 수 있다는 사실은 그러한 제도들이 그 자신을 넘어서 있는 어떤 것에 비추어 판단되어야 한다는 것을 암시한다. 그것과 다른 입장은 상대주의다. 우리가 공유하고 있는 제도와 관습들 너머의 도덕성에 호소하고자 하는 사람들에 대한 비판은 다양한 형태를 취할 수 있다. 그것은 국제 관계의 장에서 발생할 수 있는데, 거기에서 국가의 이익이 가장 중요하다고 생각하는 사람들은 자연히 어떤 더 우월한 권위에 저항할 것이다. 또 어떤 사람들은 모든 환경으로부터 떨어져 있는 것으로 보이는 객관적 기준들이나 '가치들'의 형이상학적인 성격을 신뢰하지 않을 것이다. 때때로 그 두 생각들은 하나가 된다. 국제적인 맥락의 윤리에 관해 글을 쓴 한 저자는 다음과 같이 말한다.

> 윤리와 국제 관계 문제는 우리의 현재의 관행들과 제도들 내부의 비판과 반성의 문제가 되어야지, 현재의 정치와 법의 외부에서 이해된 청사진에 근거한 어떤 용감하고 새로운 세계를 구성하는 문제가 되어서는 안 된다. 그것은 그러한 기준이 신의 기준이든 이상적인 관찰자의 기준이든 행복을 가치 기준으로 계산하는 것이든 아니면 선의지 자체의 기준이든 그 무엇이든 간에 그러하다.[12]

이것은 도덕성에 대한 모든 합리적인 반성이라는 생각에 공격을 가하고 있으며, 게다가 분명 도덕성을 정치 문제로 만든다. '맥락에 얽매이지 않는 기준'과 '이상화된 가정들'은 배제되어야 한다. 대신에 우리는 어떤 추상적인 것을 피하고 도덕성을 위한 근본적인 기초들을 부정하면서 특별한 정치적 맥락 내부에서 움직일 수 있다. 이것은 제도들의 다양성을 위한 비법으로서, 그것들 중에서 어떤 결정을 내릴 방법을 갖고 있지 않다. 분명 그 저자는 '우리의 관행과 경험들 바깥의 아르키메데스적인 관점을 규정지으려는'[13] 모든 시도들을 공격하고 있다. 그는 모든 것에

12) F. Kratochwil, 'International law as an approach to international ethics', in Jean Marc Coicaud and Daniel Warner (eds), *Ethics and International Affairs*, United Nations University Press, Tokyo, 2001, p.18.

13) 같은 책, p.31.

대해 초연하고 공평한 관점을 획득할 수 있는 어떤 곳에 서 있을 수 있는 곳은 아무 데도 없다고 생각한다. 이것은 현대 철학에서 아주 흔한 주제로, 어느덧 우리는 시간과 공간의 맥락적 제약으로부터 떨어져 있을 수 없다는 포스트모더니즘의 견해로 나아가게 된다. 그렇게 되면 모든 것은 교통 규칙 같은 협약과 규칙에 지배되는 행동의 지위를 갖게 된다. 우리가 종종 보아왔듯이, 이것은 도덕성을 적합하게 이해하는 것과는 거리가 멀다. 그러한 협약들은 현실적인 인간의 제도에 근거한 맥락 지배적 행위들에 대한 좋은 예들이다.

이러한 종류의 견해가 국제적인 관계에 적용될 때, 단지 제도적인 배경에서 그리고 특히 국가의 입장과 국가의 이익이라는 관점에서만 도덕적 판단들이 이루어질 것이라는 결론이 나온다. 맥락에 얽매이지 않는 합리성을 기각하는 것은 세계적 수준에서 이루어지는 어떤 판단들도 무시되어야 한다는 것을 의미한다. 모든 현존하는 제도들 너머로 갈 방법이 없을 것이다. 보편적 이성이라는 칸트의 생각이 기각되고 나면, 합리적인 세계 평화 추구는 말할 것도 없고 세계주의를 위한 그의 포스트모더니즘 비판 또한 거의 기초를 갖지 못할 것이라는 점은 당연할 것이다.

국제 관계에서 소위 '현실주의'는 오로지 국가의 이익만을 추구하도록 부추긴다. 포스트모더니즘이 조장하지 않는다 할지라도, 사람들은 종종 도덕적 고찰들이 국가들 간의 관계에 적용되지 않는다고 생각한다. '국가의 법과 자연의 법은 같은 것'14)이라는 홉스의 격언이 자주 인용된다. 홉스의 의도는 우리가 이것을

---

14) Thomas Hobbes, *Leviathan*, Oxford University Press, Oxford, 1996, p.235.

세계의 정상적인 방식으로 받아들이게 하는 것이고, 따라서 자기 방어와 보안이 절대적으로 중요한 것이라고 말하려는 것이다. 한 외교관은 국가의 이익이라는 생각이 얼마나 지배적인지를 말하고 있다. 그는 다음과 같이 말한다. "이러한 신조[모든 지리적 영역이나 문화적 정치적 방침을 갖고 있는 국가의 외교관들이 흔히 하는 정견]에 따르면, 윤리는 어쩔 수 없이 주관적이며, 반면에 국가의 이익은 객관적이다. 전자는 논쟁할 수 있지만 후자는 논쟁할 수 없다. 전자는 추상적이며 후자는 구체적이다."15)

그의 결론은 국가의 이익은 하나로 뭉치는 반면 윤리적 선호는 나뉜다는 것이다. 그러나 어떻게 도덕성의 주관성에 관한 철학적 교리가 그 자체로 도덕적 고찰들을 무시하기 위한 논변이 되는지가 중요하다. 이것은 아마도 도덕성의 객관적 기초가 진지하게 받아들여지고자 한다면 그것에 관해 분명하게 하는 것이 얼마나 중요한지를 가리키는 것이다. 그러나 또한 '국가의 이익' 안에 무엇이 있는지는 항상 분명하다는 가정도 있다. 이익이라는 생각은 그 자체로 무엇이 진정으로 중요한지에 관한 도덕적 숙고들에 영향을 받을 수밖에 없다. 우리는 어떠한 국가도 침략이나 전투적인 패배를 겪어서는 안 된다는 데 동의할 것이지만, 그 이외에 어떤 도덕적 지침들 없이는 그리 분명하지 않을 수 있는 것들이 있다. 식민국에 독립을 부여하는 것은 국가의 이익 안에 들어오지 않는 것으로 보일 수 있다. 그 나라의 힘은 줄어들 것이다. 그러나 또 다른 관점에서 보면, 한 나라가 지녀온 민주주

---

15) Roberto Toscano, *'The ethics of modern diplomacy'*, in *Ethics and International Affairs*, p.49.

의와 자유에 대한 이상을 실현하는 것이 그 나라에 아주 큰 이익을 주는 것으로 보일 수 있다. '현실주의'는 무엇이 이익을 구성하는지에 관해서 특별하고 다소 좁은 논제를 포함할 수 있다. 그것은 군대와 경제적 이익에 집중하고 이상을 펼치는 것은 중요하게 여기지 않을 것이다. 국제적인 관계들은 단지 권력 투쟁으로 보일 것이다.

어떠한 국가도 방어력을 갖추기 위해서는 힘이 중요하다는 것을 망각할 만큼 그렇게 순진할 수는 없다. 그러나 이것이 중요한 모든 것이라고 생각하는 것은 그 자체로 도덕적 결정과 같은 것이다. 도덕적 결정들에서 손을 떼고서 '객관적'이고도 '가치에 얽매이지 않는' 방식으로 해나간다고 주장하고자 하는 사람들이 스스로 그들이 부도덕하게 행동할 것이라는 것을 자주 가리키고 있다는 것은 역설이 아닐 수 없다. 국가들의 행동을 도덕적 검열에서 면제시키는 모든 정책은 힘이라는 사실을 최소한 집합적인 수준의 인간 관계에서 가장 중요한 요소라고 공표하는 것이다. 그러나 인간이 중요하다면, 그리고 그들이 권리를 갖고 있다면, 그들이 개인들이나 국가와 같은 집합체들로부터 고통을 받아도 된다는 것은 도덕적 관점으로부터 볼 때 부적합한 것이다.

국가나 주가 도덕성을 넘어선다는 생각은 그 자체로 도덕성보다 힘이 더 중요하다는 논변으로 작용한다. 그것은 힘이 정의라는 견해에 해당한다. 게다가 만약 국가의 이익들이 대개 경제적인 것이라고 가정한다면, 국제 관계들이 경제적 결정론의 형태로 변질되기 쉬우며, 이에 따라 국가들의 행동이 경제적 이익 추구에 지배받는다고 가정할 수 있다. 그렇게 되면 국제적 정의에 대한 이야기는 단지 계획적인 경제적 이익 추구를 은폐하고 있는 합리화 작업으로 보일 것이다. 우리가 도덕적 견해의 가능성을 지지하지 않는다면, 국가들은 단지 경제라는 줄 위에서 놀고 있는 꼭두각시들로 보일 수 있다.

도덕성이 제도들에 깊이 새겨져 있는 것으로 보인다면, 제도들이 없는 곳에서는 도덕성이 적용될 수 없는 것으로 보일 수 있다. 그것이 어떤 사람들로 하여금 세계적인 도덕성이 구체적인 형식을 취할 수 있도록 하기 위해 세계 정부를 세우도록 조장할 것이다. 우리가 보아왔듯이 이것은 그 자체의 문제를 갖고 있다. 크고 세계적인 기획들은 일상적인 사람들의 욕구를 충족시키고 우리의 충절을 요구하기에는 너무나 추상적이고 멀리 떨어져 있다. 좀더 지역적인 제도들은 사람들을 더 잘 관계시킬 수 있겠지만, 다른 곳에 있는 우리 인간 존재자들의 중요성을 인식하지 못할 수 있다. 인간의 본성은 사실 우리를 두 방향에서 잡아당긴다. 우리는 국가들로 나뉘어 있으며, 그것들이 우리의 충절을 요구하지만, 동시에 우리는 우리 모두가 같은 인간의 본성을 공유하고 있다는 것을 깨달아야 한다. 헌신적으로 오로지 국가의 이익을 추구하는 것은 그러한 공통적인 인간성이 요구하는 것을 잊게 할 수 있다.

어떤 도덕적 견해도 우리를 인간성에 대한 세계적인 요구들로 되돌아가게 함에 틀림없다. 그러나 이러한 것들이 적합한 기구들을 세움으로써 필히 충족될 수 있다고 생각하는 것은 환상이다. 그것은 항상 별개의 정치적 문제일 것이며, 그 자체의 어려운 문제들을 포함하고 있다. 이성에 대한 계몽주의의 믿음은 세계정부를 추구하도록 조장할지 모른다. 그에 대한 포스트모더니즘의 불신은 그 대신에 지역적인 충절을 강조할 것이다. 그러나 세계 시민이냐 혹은 한 나라의 시민이냐 중에서 선택을 해서는 안 된다. 우리는 모두 인간이며, 동시에 우리는 모두 어딘가에 속해 있다. 도덕성은 특별한 책임에 대한 거부를 요구하지 않는다. 왜냐하면 책임이라는 바로 그 생각 자체가 매우 도덕적이기 때문이다. 그것은 우리가 정말로 우리의 관심을 모든 인간에게 확장해야 한다고 요구한다. 도덕성은 어떤 수준에서든 결코 정치적인 것으로 환원될 수 없다. 세계적인 제도들조차도 도덕성이 요구하는 것들에 복종해야 하며 그것들이 요구하는 것들에 미치지 못할 수 있다. 국제 관계들이 특정 국가들의 이익을 초월하는 윤리적 숙고들을 무시할 수 없는 것과 마찬가지로, 우리에게 요구하는 도덕적 주장들의 보편성과 객관성은 결코 세계 정치와 완전히 동일할 수 없다.

제10장 성품과 원리

1. 성품의 중요성

도덕성은 다양한 압력 집단들에 맞추기 위해 타협안을 처리하거나 절충하는 정치적 문제가 아니다. 그것은 무엇이 사람들에게 이로운지 성실하게 구별하는 문제다. 우리가 특별한 책임을 갖고 있다 할지라도, 우리는 모든 인간 존재자들이 우리에게 어떻게 요구할 권리를 갖고 있는지 보아왔다. 또한 우리가 동물과 전체로서의 자연 세계를 취급하는 것과 관련해서도 더 폭넓은 도덕적 문제들이 있다. 도덕성의 객관성과 자연법이라는 관념은 무엇이 옳고 그른지 혹은 좋고 나쁜지에 관한 문제들이 특정 사회를 위한 협약들로 보일 수 없다는 것을 의미한다. 마찬가지로 그것들은 개인들의 취향에 떠맡겨질 수 없다. 도덕성은 진리와 관계하며, 따라서 같은 상황에서 이루어진 모순적인 도덕적 판단들은 둘 다 모두 옳을 수는 없다. 도덕성은 사적이고 공적인 삶 모두에서 중요한데, 그 이유는 바로 우리가 극히 잘못된 것으로 입증될 수 있는 판단들을 할 수 있기 때문이다. 상대주의자들이 그들 자신의 사회의 규칙들을 따르는 한에서 그들은 잘못일 수 없다. 주관주의자들은 도덕성이 사적인 문제며 개인의 결심은 개인들 스스로에게 맡겨져야 한다고 말할 것이다. 또한 잘못될 가능성은 없다.

도덕성은 우리가 비난하고자 하는 것과 관련해서 우선 소극적인 문제가 아니다. 그것은 무엇보다도 우리와 다른 사람들이 적극적으로 무엇을 해야 하는지와 관련된다. 행위가 중요하지만 그것이 전부인가? 우리는 또한 행위자들의 성품에 관심을 가져야 하는가? 우리가 '우리는 어떤 종류의 행위를 해야 하는가'라고 묻기보다는 '우리는 어떤 종류의 사람들이어야 하는가?'를 묻는다면 강조점에서 차이가 있다. 이것은 공적인 삶에서 중요한 문제가 되는데, 사람들은 가끔 정치가들이 그들의 사적인 삶에서 행동하는 방식은 그들이 공적인 의무들을 이행하는 것과는 아무런 관련이 없다고 생각한다. 만약 행위들만이 중요하다고 한다면 이는 이해할 수 있다. 만약 공적인 의무들이 만족스럽게 수행된다면, 그것으로 충분한 것으로 보일 수 있다. 그러나 만약 '성품'이 등식에 들어온다면, 한쪽 삶에서 부정직한 사람은 다른 쪽 삶에서도 그럴 수 있다. 그의 부인을 속이는 남자는 대체로 유권자들을 속이는 것에 대해서도 아무렇지도 않게 생각하기 쉬울 것이다.

아리스토텔레스는 분명 '좋은' 성품이 도덕적 삶을 이루어나가기 위해 중요하다고 생각했으며, 수세기 동안 많은 사람들이 그를 따라 '덕'을 획득하는 것을 강조했다. 게다가 조금만 반성해 본다면, 성품에서 행위를 분리하는 것이 매우 인위적이라는 것을 알게 될 것이다. 우리는 우연히 좋은 일을 할 수 있다. 하지만 우리가 그렇게 한다면, 우리의 선한 행위들은 이따금씩 발생하기가 쉽다. 만약 우리가 잘 하려는 의도를 갖는다면, 우리는 그와 같이 행위할 준비를 하고 있는 사람들이 되어야 한다. 다시 말해 우리는 그것이 우리가 하고자 하는 바이기 때문에 훌륭하게 행동해야 한다. 우리는 적합한 성품을 획득해야 한다. 아리스토텔레스는 우리가 덕을 훈련함으로써 그것을 획득할 수 있다고 생각했다. 그는 "사람들이 집을 지음으로써 집 짓는 사람이 되고, 수금을 연주함으로써 수금 연주자가 되듯이, 또한 우리는 정의로운 행위를 함으로써 정의로워지고, 절제하는 행위를 함으로써 절제하게 되고, 용감한 행위들을 함으로써 용감해진다"[1]고 주장했다. 그는 습관이 도덕 교육에서 중요한 부분이라고 생각했으며, 또한 거기에는 우리가 우리의 삶을 다른 부분들로 나눌 수 없다는 함축이 들어 있음에 틀림없다. 우리는 '사적인' 삶이든 공적인 무대든 어떤 맥락에서든 어떤 종류의 행위들이 제2의 천성이 되기 위해서 통합된 성품을 가져야 한다. 아리스토텔레스는 (그 자체로 그리스어인) '윤리(ethics)'와 '습관'을 가리키는 그리스 단어 '윤리성(ethos)'을 어원적으로 연결시킨다.

아리스토텔레스의 견해가 현대의 삶에 얼마나 적절한가? 그가 열거한 용기와 같은 덕들의 목록은 그가 그리스 도시국가 시민들에게 필요한 것이라고 생각한 것이었다. 그럼에도 습관을

---

1) Aristotle, *Nicomachean Ethics*, Book Ⅱ, 1.

통해 어떤 종류의 성품을 획득하는 것이 중요하다는 그의 강조는 오늘날에도 반향을 일으킨다. '덕 윤리'는 최근 르네상스기를 맞이하고 있으며, 종종 의무와 원리를 강조하는 칸트나 행위의 결과를 강조하는 공리주의 같은 윤리적 입장들에 대한 대안으로 생각되기도 한다. 공리주의는 결과에 초점을 두는 것으로 보이며, 따라서 성품은 가장 좋은 결과를 낳는 행위를 하도록 도움을 주는 한에서만 중요할 수 있다. 그렇기 때문에 동기나 의도들은 불가피하게 실제로 성취되는 것에 비해 두 번째가 될 것이다. 개인의 '덕'은 심지어 관련이 없는 것으로 보일 수 있다. 반대로 덕 윤리는 훌륭한 성품의 발달을 요구하며, 도덕적 결정들을 그것에 맡긴다. 원리를 엄격하게 고수하는 것은 특정 상황의 특성들을 고려하지 못하는 것으로 보일 수 있다. 게다가 사람들의 개인적 성향이 어떠하든지 간에 규칙을 따르라는 칸트의 생각은 많은 사람들에게는 개인들의 성품의 중요성을 충분하게 고려하지 못하는 것으로 보일 수 있다. 반면에 덕에 대한 강조에서 가장 중요한 것은 내가 어떤 종류의 사람이냐에 놓여 있는 것이지 내가 우연히 무엇을 성취하느냐에 놓여 있는 것이 아니라고 생각한다.

아리스토텔레스적인 의미의 덕에 관해 이야기할 때 한 가지 문제는 그것이 원자적 방식으로 인격을 나누는 것으로 보일 수 있다는 것이다. '덕 윤리' 지지자의 한 사람인 로잘린드 허스트하우스(Rosalind Hursthouse)는 용기나 정의와 같은 덕들을 '별개의 구별할 수 있는 성품적인 특성들'로 보는 것은 잘못이라고 말한다.[2] 그녀가 지적하듯이, 그 범위들은 중첩될 수 있으며, 어쨌

---

2) Rosalind Hursthouse, *On Virtue Ethics*, Oxford University Press, Oxford,

든 "선과 악, 이로움과 해로움, 가치 있는 것과 중요치 않은 것에 관한 똑같은 종류의 판단들이 모든 곳에서 나타난다." 왜 '덕'이 종종 동질적으로 보이는지 설명하기 위해서는 좀더 설명이 필요할 것이다. 우리는 모두 어떤 사람들이 정의롭지 않으면서도 용기가 있을 수 있다는 것을 알지만, 좀더 근원으로 들어가 보면 정말로 우리는 종종 사람들의 행위들은 그 사람들이 어떤 종류의 사람인지 드러내보여준다고 느낀다. 가족에 무관심한 어떤 사람의 태만함은 직장에서도 다른 사람들의 이익에 별로 관심을 갖지 않을 수 있다는 표시일 수 있다.

2. '훌륭한 성품'

'성실성'은 종종 전체적으로 정직성과 신뢰성을 보여주는 특성으로 높이 평가된다. '좋은 성품'을 획득하는 것은 교육에서 매우 중요하게 생각되곤 했다. 그러나 덕 윤리의 영향에도 불구하고, 이 모든 것이 많은 사람들이 생각하는 만큼 그렇게 중요한지에 대해서 의문을 제기하는 사람들이 있다. 특정 방식으로 행동하는 어떤 타고난 성향보다는 외적인 상황에서 영향을 미치는 약간의 변화가 중요하다는 것을 보여주기 위해 심리학에서 나온 실험적 증거들이 제시된다. 존 도리스(John Doris)는 『성품의 결여(*Lack of Character*)』라고 의미심장하게 제목이 붙여진 한 책에서, "아주 다양한 상황들에서 인격은 행동 결정에 그렇게 강한 영향을 미치지 못하는 것 같다"[3]고 주장한다.

1999, p.131.

다양한 고전적 실험들에서는, 사람들이 분명히 도움이 필요한 어떤 사람들에게 도움을 줄지 결정할 때, 어떻게 그들이 매우 사소한 외적인 고려 사항들에 영향을 받을 수 있는지를 보여준다. 도리스는 한때 프린스턴신학교에서 성직자가 되려고 훈련하고 있는 학생들을 대상으로 실시했던 유명한 실험을 인용한다.[4] 피실험자들은 한 건물에서 설문지에 답을 채우고, 그런 다음 또 다른 건물로 가서 보고를 하고 말로 간단하게 발표를 해야 했다. 어떤 사람들은 그들이 늦게 달리고 있다는 말을 들었으며, 또 어떤 사람들은 그들이 알맞게 달리고 있다는 말을 들었고, 또 어떤 사람들은 그들이 일찍 달리고 있다는 말을 들었다. 다음 건물로 가는 도중에 각 사람들은 분명 고통스럽게 문간에 쭈그리고 앉아 있는 어떤 사람을 지나쳐 갔다. 도움을 주기 위해 멈추어 선 사람들의 수는 서두르는 정도에 따라 다양했다. 늦은 사람들은 겨우 10퍼센트만 멈추었으며, 반면에 시간이 많이 남은 사람들은 63퍼센트가 멈추었다. 중요하지 않은 시험으로 보였던 것에서, 시간 엄수에 대한 요구는, 선한 사마리아 사람의 이야기를 계획적으로 장치해놓은 맥락에서, 많은 사람들이 중요할 수도 있었던 것을 충분히 무시하게 했다. 그러나 이 사람들은 '성품'상 다른 사람들을 도울 것으로 예상되는 종류의 사람들이었다. 도리스에 따르면, 소위 '상황론자들'은 이와 유사한 시험들로부터 '돕는 것이 드문 일은 아니지만, 그것은 상황에 따라 민감하다'는 결론을 이끌어낸다.[5] 성격적 특성이 중요하며 믿을 수 있는 행

---

3) John Doris, *Lack of Character*, Cambridge University Press, Cambridge, 2002, p.2.

4) 같은 책, p.33.

동 패턴들을 만들어낼 수 있다는 생각이 도전을 받는다.

내가 어떤 종류의 사람인가 하는 것보다 외적인 상황들이 종종 행위를 설명할 수도 있다. 도리스는 "모든 인격 이론에 대한 중요한 도전은 행동이 상황에 따라 매우 다양하게 나타나고 있음을 보여주고 있다."[6]고 말한다. 예를 들어 어떤 실험에서 누군가 길가는 도중에 종이 뭉치를 떨어뜨렸을 때 누구든 그를 돕기 위해 멈추어 서는지는 그가 전화를 걸 때 전화기의 거스름돈 나오는 홈에서 방금 동전을 주웠는지와 매우 관련이 있는 것으로 밝혀졌다. 도리스는 다음과 같이 말하면서 이를 요약하고 있다. "만약 탐욕스러운 제프가 동전을 발견한다면, 그는 아마도 그 사람을 도와줄 것이며, 자비로운 니나가 동전을 발견하지 못한다면, 그녀는 그 사람을 돕지 않기가 쉽다." 우리가 어떻게 행동하느냐는 우연의 문제인 것으로 보인다. 우리는 단지 우리가 사소한 횡재 후에 순간적으로 기분이 좋기 때문에 더 도움을 주려는 경향이 생길 것이다. 도덕성은 우연과 얽혀 있는 것으로 보인다. 이러한 논변은 인격적 특성이 사람들이 실제로 어떻게 행동하는가와 거의 관련이 없다는 것이다.

이 모든 것들은 도덕적 회의주의를 초래할 수 있다. '나쁜' 사람들이 좋게 행동하고 '좋은' 사람들이 나쁘게 행동할 수 있다는 것을 깨닫는 것이 이로울지도 모르겠다. 그렇다고 이것이 도덕적 성품이라는 속성이 경험적으로 의문스럽고 따라서 도덕적으로 쓸모 없다는 것을 의미하는가? 한 상황에서 어떤 사람들이 행하는 것은 그들이 다른 상황에서 어떻게 할지에 대해서 전혀

---

5) 같은 책, p.35.

6) 같은 책, p.64.

아무런 지침이 되지 못하는가? 만약 도덕 교육이 모든 종류의 상황들에서 표현될 성품적인 특성을 생산하려는 것이라면, 도덕 교육은 쓸모 없다고 과격한 결론을 내릴 수도 있다. 우리는 심지어 도덕적 책임을 떠맡을 수 있는 '자아'가 있다는 것까지 부정할 수도 있다. 외적인 상황들을 너무 강조하게 되면, 우리가 환경의 다양한 자극에 의해 이리저리 끌려다니는 환경의 산물들이라는 결정론적인 견해로 나아가게 될 수도 있다. 뷰리던의 당나귀(Buridan's ass)라는 중세의 고전적인 예가 있다. 당나귀는 자신에게 똑같은 정도로 관심을 끄는 두 더미의 건초 사이에 놓여 있다. 어느 쪽을 택할까 이리저리 재어보다 그 불쌍한 당나귀는 결정을 내리지 못하고 있다가 결국 굶어죽게 된다. 그 예는 동물에 대해서도 있을법하지 않은 일이지만, 사람들은 추론하는 힘을 갖고 있기 때문에 그들이 어떤 외적인 압력에 놓여 있든지 그와는 독립적으로 결정할 수 있다.

심리학적 실험들은 어떻게 '덕'이 당연한 것으로 받아들여질 수 없는지를 보여주는지도 모른다. 우리는 우리가 해야 하는 것으로부터 쉽게 빗나갈 수도 있다. 신학생들을 대상으로 한 실험은 비록 사소한 종류의 것이긴 해도 주위의 갈등 상황에 의존한다. 그들은 서두르도록 조장되고 있었다. 그러나 그것은 단지 학생들이 시간을 맞추어야 한다고 믿었고 다른 사람들이 그냥 고통스럽게 쭈그리고 앉아 있도록 하지 않아야 한다고 믿었기 때문에 갈등이었다. 이것은 그들이 정말로 도움이 필요한 사람들을 무시하도록 했지만, 그것은 사람들이 심지어 조그만 압력 아래 놓일 때조차 어떻게 행동할 수 있는지에 관해 우리에게 말해준다. 그들이 전제주의의 통치 아래 살게 된다면, 우리는 분명 좋은 성품을 가진 많은 사람들조차도 도덕적으로 모순이라고 생각하는 방식으로 행동함으로써 명시적이고 암시적인 위협에 굴복할 것이라고 예상할 수 있다. 그것은 분명 나치와 공산주의 치하의 유럽에서 흔히 있는 경험이었는데, 그때는 자신이 바라는 대로 사람들이 따르도록 하기 위해서 기꺼이 힘과 다른 압력을 사용하려는 사람들이 있었으며, 그들에 대항하기 위해서는 상당한 내적인 힘이 필요하던 때였다. 이 모든 것들은 우리에게 한 상황의 근본적인 도덕성에 관해 혹은 부딪힐 수 있는 내적인 갈등에 관해 아무것도 말해주는 바가 없다. 우리가 알게 되겠지만, 사람들이 해서는 안 되는 어떤 것을 하도록 유도될 때조차, 죄책감이나 부끄러움과 양심의 가책을 느끼는 많은 부분들이 있다. '좋은 성품'은 심지어 행위자 자신의 기준에 따라서도 완벽한 행동을 보증해주지 못할 수 있다. 의지 박약은 항상 도덕 철학자들이 볼 때 도덕적 원리들을 이행하는 데에 주요한 걸림돌로 인식되었다. 그러나 여전히 양심의 가책을 느끼는 도덕적 감성을 갖고 있는 사람들과 그렇지 못한 사람들 간에는 차이점이 있다. 바로 이것이 종교가 공적이든 사적이든 고백을 도덕적 성장의 중요한 요소로 보는 이유다. 도덕적 감성은 실패에 대한 혹독한 인식이라기보다는 미래에는 더 잘 하려는 결심과 성품을 강화시켜주는 필수 요소다.

반면에 '성품'이 행동을 위한 설명으로 평가절하되고 우리가 외적인 상황들에 조종되는 것으로 보일 때는, 어떻게 사람들이 도대체 도덕적으로 책임이 있거나 개선될 수 있는지 이해하기 힘들어진다. 인간은 대수롭지 않은 심리학적 실험 상황에서든 끔찍한 강제수용소의 상황에서든 나쁘게 행동할 수 있다. 그것은 성품과 같은 것이 없다는 것을 의미하지는 않는다. 아리스토텔레스는 우리가 어떤 것을 하는 습관을 더 많이 가질수록 우리는 더욱 그러한 것들을 하는 사람이 될 것이라고 말했다. 우리는 실패할 수도 있지만, 성품 개발은 우리가 개선될 수 있다는 것을 의미할 것이다. 성품이라는 것이 없다면, 개선이라는 바로 그 생각은 무의미할 것이다. 그렇게 되면 우리는 ('우리'가 누구든) 단지 상황의 산물이 될 것이다.

성품과 덕이라는 관념들조차도 위험을 갖고 있을 수 있다. 도리스는 "성품에 대한 이야기가 종종 사회 계층이나 엘리트주의 배경과 부딪히는 것"은 우연이 아니라고 주장한다.[7] '좋은 성품'은 사회의 특정 지위, 아마도 '신사'와 '사회적으로 존경받는 사람들'과 같은 것과 동일시될 수 있다. 어떤 냉소적인 사람들은 그리스 도시국가의 사회 계층을 지적할 수도 있는데, 거기에서는 시민 계급이 외국인은 말할 것도 없고 노예와 여자들까지 배제시켰다. 마찬가지로 성품의 훈련에 대한 빅토리아풍의 강조는 영국의 공립 학교 체제에 관해 많은 것들을 설명했을지는 모르나, 그것은 많은 사람들을 설명에서 제외시켰다. 그러나 개인적인 도덕적 책임에 대한 어떠한 강조도 사회의 지위가 중요한 것이 아니라는 것을 보여주어야 한다. 아리스토텔레스도 그렇게 생각하고 있었으며, 훌륭하게 태어난 사람들이나 권력과 부를 갖고 있는 사람들을 언급하는 데에서, 그는 "진실로 훌륭한 사람만이 존경을 받아야 한다"[8]고 단호하게 말하고 있다. 덕은 사람의 성품에서 표현되는 것으로 사회적 명성과 관련되어 있지도

---

7) 같은 책, p.168.

8) Aristotle, Nicomachean *Ethics*, Book Ⅳ, 3, 1124a.

않고 그럴 수도 없다. 그 둘은 나란히 같이 가지 않는다. 게다가 때때로 좋은 성품을 갖고 있는 사람은 옳은 것을 추구하면서 존경과 사회적 지위를 잃을 수 있는 위험을 감수해야 할 것이다.

3. 자유주의와 성품

플라톤과 아리스토텔레스는 도덕적 성품이 정치에서 특히 중요하다는 것을 깨닫고 있었다. 권력을 갖고 있다는 것과 그것을 적합하게 사용한다는 것은 서로 다른 것들이다. 정치적 지도자들은 분명 믿을 만하고 신뢰할 수 있거나 '좋은 성품'을 갖고 있어야 한다. 그러나 자유주의적 민주주의를 지지하기 원하는 사람들이 부딪히는 좀더 근본적인 문제가 있다. 현대의 정치 철학은 대부분 정치와 도덕성이 어떤 연관을 갖고 있는 것으로 보려하지 않는다. 일단 개인적 자유를 보호하는 것이 정부가 해야 할 가장 중요한 역할로 보이고 나면, 국가가 도덕적 판단을 내리는 것은 국가가 보호하고자 하는 개인의 자율성을 훼손하는 것처럼 보일 수 있다. 그러나 국가가 도덕적으로 중립적이라면, 국가는 그 시민들이 자유주의 자체를 유지하는 데 필요한 종류의 사람들이라는 것을 어떻게 보증할 수 있는가? 이것은 중요한 문제인데, 왜냐하면 자유로운 사회 유지가 '자연히' 이루어진다고 생각해봤자 소용없기 때문이다. 비록 자유 민주주의가 특히 다른 대안의 정치 제도보다 인간의 기본 욕구들을 더 잘 충족시킬 수 있다 할지라도, 그것이 장려하는 개인에 대한 존중이 쉽게 얻어질 것이라고 생각할 수는 없다. 어떤 도덕적 지침이 없는 상태에서는, 인간은 너무나 탐욕스럽고 개인의 권력과 이익을 추구하고 있는 것으로 보인다.

이 모든 것을 자유주의가 맞닥뜨려야 하는 문제로 지적하면서 어떤 저자는 다음과 같이 말한다. "자유주의가 어떤 덕에 의존하는 것은 그것이 아무리 사소한 것이라 할지라도 당혹스러울 수 있다. 왜냐하면 자유주의는 시민들이 그것을 지탱하는 데 필요한 덕을 발달시키도록 하기 위해 필요한 조치를 취하는 것을 삼가야 하기 때문이다."[9] 다시 말해 자유주의는 그 저자가 '성품의 문제'라고 말한 것에 부딪히게 된다. 시민들이 얼마나 많은 자율성을 가져야 하든, 그들이 어떤 권리를 갖든, 그들은 거리낌없이 그들의 자율성을 사용하거나 그들의 권리를 남용해서는 안 된다. 모든 국가들은 책임 있고 서로를 존중하는 시민을 필요로 한다. 그들을 대표하는 사람들은 자유주의적 원리를 손상시키는 것이 아니라 그것을 수호하는 방식으로 통치할 필요가 있다. 모든 일들이 자칫 실패하지 않으려면, 이 모든 이들은 자제뿐만 아니라 상당한 덕을 보유할 필요가 있다. 착취하고 조종하며 속이고 부패할 수 있는 자유는 개인의 자유나 평등을 보호해주지 못하고 그것을 훼손시킬 것이다. 탐욕스러운 시민처럼 부정직한 정치인들은 그들에게 기회를 주었던 자유를 파괴할 수 있다. 이것은 자유주의는 도덕적 기초를 필요로 한다는 고전적인 자유주의의 대표적 인물들이 당연시했던 사실들을 뒷받침해준다. 모든 사람들에 대해 '자연적' 자유와 평등을 가정하는 것은 각각의 인간들의 중요성에 대한 도덕적 입장에 의존한다. 버코위츠(Berkowitz)는 자유

---

9) Peter, Berkowitz, *Virtue and the Making of Modern Liberalism*, Princeton University Press, Princeton, NJ, 1999, p.190.

주의의 주요 옹호자들(그는 특히 홉스와 로크, 칸트, 밀을 거명한다) 중에서 어느 누구도 "지배하는 자와 지배받는 자가 적합한 마음과 성품을 결여하고 있다면 정치가 그 알맞은 목표를 성취할 수 있다고 생각"하지 않는다고 주장한다.[10] 정치는 그것이 가장 자유로운 형태로 나타날 때조차도 도덕성과 분리될 수 없다.

이것은 모든 자유주의자들의 문제를 보여준다. 자유주의적 민주주의는 그 시민들로부터 책임과 의무를 기대해야 한다. 가장 기본적인 것 중에는 그들이 기꺼이 선거에서 투표를 해야 한다는 의무가 있다. 그러나 많은 나라들에서는 그것에 대해서조차 무관심이 늘어나고 있으며, 최소한의 정치적 삶에 관여하는 것조차도 대체로 꺼리는 경향이 있다. 정당들은 일을 수행하기가 어려우며, 지역 위원회와 더 나아가 국회에서 기꺼이 봉사하려는 사람들을 발견하기가 어렵다. 때때로 정치가들은 그들이 저지른 일들 때문에 모든 정치적 과정에서 흔히 발생하는 재앙을 만들어낸다고 비난받을 수 있다. 지배하는 사람들에게서 성실성이 결여되면, 사람들의 이름을 걸고 지배하게 된 지배자가 바로 그 사람들을 소외시킬 수 있다. 그것을 구제할 수 있는 방법은 단지 정치가가 더 높은 수준으로 행위하라고 요구하는 것에만 있는 것이 아니라 어떻게 아이들을 양육하느냐에 있다. 그들은 다양한 형식의 공공 서비스의 중요성을 인식하고, 단지 개인적인 이익과 명성을 위해서가 아니라 그것의 본래적인 중요성 때문에 기꺼이 참여해야 한다.

그러나 이것은 도덕적 견해를 깨우칠 것을 요구하면서 어떠한 도덕성도 관심을 가져야 하는 것의 핵심부로 들어간다. '성품'과

10) 같은 책, p.170.

'덕'에 대한 모든 강조들이 가리키듯이, 도덕 교육은 아이들이 좋은 시민들이 되도록 하기 위해서 필요하다. 이것은 전체주의나 온정주의 국가에 의한 주입이 아니다. 그것은 실제로 개인의 자유와 가치에 대한 존중을 보존하기 위한 전제 조건이다. 자유주의자들은 공교육을 통해 그들을 가르치는 것은 말할 것도 없고, 어떤 특정 도덕 기준들을 권고하는 것에 관해 불편하게 느낄 것이다. 그러나 만약 자유주의가 알아서 하는 상태가 된다면, 자유주의는 자신의 자유 이외에는 거의 관심을 갖지 않는 이기주의자들의 세대를 맞이하게 될 것이다.

자유주의는 사실상 특정 제도나 도덕적 전통을 지지하기를 항상 꺼린다. 예를 들어 종교는 전형적으로 사적인 문제로 보일 것이다. 마찬가지로 현대의 자유주의는 특별한 가족 모형뿐 아니라 도대체 어떤 가족에 대한 생각도 지지하길 꺼린다. 극도의 개인주의는 사람들이 다른 사람들과 어떻게 가장 훌륭하게 관계를 맺으며 함께 살아갈 수 있을지에 관해 자유주의가 침묵하도록 한다. 이것은 도덕적 입장이긴 하지만, 어떤 종류의 종교적 가르침이나 특정 도덕 교육이나 가족 제도도 없이 아이들이 어떻게 어떤 도덕적 지도를 받을 수 있을지 이해하기가 어렵다. 많은 자유주의자들은 그러한 문제가 개인적 선택을 위한 것이라는 근거에서 그렇게 하는 것이 좋다고 생각할 것이다. 그러나 자유주의 사회가 세대를 이어가고자 한다면, 최소한 관용과 존중 같은 어떤 덕들에 의존해야 하는데, 어떻게 자유주의자가 이러한 덕들이 획득되리라고 확신할 수 있는지가 분명치 않다. 자유주의자가 직면하는 딜레마는 그것이 권고와 교육을 통해 전달된다면 그것이 소중하게 보호될 수 있지만 그러한 과정은 자유주의가 소중하게 생각하는 개인의 자율성을 침해하는 것으로 보일 수 있다는 것이다.

절대적인 개인의 자율성은 망상임에 틀림없다. 그것은 결코 존재한 적이 없으며 존재할 수도 없을 것이다. 아무도 진공에서 선택을 할 수는 없다. 실존주의는 때때로 도덕적 선택을 텅 빈 화폭을 바라보고 있는 예술가에게서 기대되는 창조성과 유사한 것으로 보았다. 그러나 이것은 극단적이고 무질서한 도덕적 주관주의를 포함한다. 도덕성은 단지 일련의 자의적이고 방향이 없는 선택일 수 있기 때문에 도덕 교육은 용어상 모순된다. 일단 자유주의의 미래가 그 시민의 성품에 달려 있다는 것을 받아들인다면, 이것을 완전히 우연에 남겨둘 수는 없다. 우리가 현재 어떤 종류의 사람인가 그리고 앞으로 어떤 종류의 사람이 될 것인가 하는 것은 우리가 거주하는 사회를 형성하는 데 도움을 줄 것이다. 어떠한 나라도 그 시민들 편에서 자유주의의 원리들을 지키려는 철저한 자발성이 없다면 그것이 그렇게 오래도록 유지되기를 기대할 수가 없다. 자유주의는 도덕적인 권고를 하기를 주저할 것이지만, 그것은 그 자체로 인간 본성에 대한 강력한 도덕적 통찰의 결과다. 자유와 평등은 그저 당연한 것으로 여겨질 수는 없다. 역사를 통해 대부분의 사회들은 그것을 적절하게 고려하지 못했다. 자유와 평등을 존중하는 시민 집단이 없다면, 자유주의는 살아남을 수 없다. 그러나 이것은 앞서 말한 시민들의 성품으로 돌아가게 하는데, 그것은 꾸준히 교육되어야 한다. 사적이고 개인적인 것들의 중요성을 강조하는 자유주의가 우리를 다시 공적인 것들이 불가결하다는 데로 데리고 온 것은 역설적이다. 공적으로 배운 공적인 기준들이 없다면, 개인들이 잘살아나가거나 개인적 이상들을 성취하기를 바랄 수 없다.

4. '더러운 손들'

시민들에게 어떤 성품들이 요구되든, 정치는 본래 더러운 게임이며, 정치인들은 단지 정치에 참여한다는 사실로 인해 그들의 손을 깨끗하게 할 수 없을 것이라고들 생각한다. 때때로 이러한 견해는 모든 정치인들이 단지 개인의 이익과 권력에만 관심이 있다고 주장하는 냉소주의로부터 나온다. 그러나 권력 있는 사람들은 단지 그들이 갖고 있는 책임 때문에 때때로 개인적인 삶에서 혐오스럽게 보일 수 있는 것들을 해야만 한다. 전쟁과 평화에 관한 결정들이 그것을 분명하게 보여주는 예인데, 이는 수상이나 대통령이 많은 죽음을 야기할 수 있는 상황 속으로 군대를 보낼 준비가 되어 있어야 한다는 점에서 그러하다. 세간에 주장되고 있듯이, 그들은 그들을 선출한 사람들을 보호하기 위해서 필요해보이는 고문이나 암살과 그 밖의 무엇이든 해야만 한다. 버나드 윌리엄스(Bernard Williams)는 그러한 상황을 다음과 같이 요약하고 있다. "어떤 도덕적으로 찬성할 수 없는 것들이 분명 요구되는 그러한 상황들이 있을 것이라는 점은 공적인 삶에서 예측할 수 있는 가능한 위험 요소다. … 도덕적 근거에서 그러한 종류의 일을 하기를 거부하는 것은 그가 정치의 도덕적 목적들조차 진지하게 추구할 수 없다는 그 이상의 것을 의미할 수 있다."[11] 이것은 도덕성이 영업에서는 설자리를 갖고 있지 못

11) Bernard Williams, 'Politics and moral character', in S. Hampshire (ed.),

하며, 윤리적인 반대들은 '그것은 영업이다'라는 반론에 의해 쉽게 무시될 수 있다고 생각하게 한다. 도덕성은 사적인 삶에서는 괜찮지만, 더 폭넓은 복잡한 삶을 처리할 수는 없는 것같이 보인다. 마찬가지로 정치는 단순한 도덕적 주장들의 확실성으로 인해 뒤로 물러날 수 없는 것이라고 한다. 이것은 단지 목적이 항상 수단을 정당화한다고 주장하고 있는 것이다. 다시 말해 이것은 고전적인 공리주의 입장을 주장하는 것으로, 결코 해서는 안 되는 어떤 것이 있다는 절대적 요구들을 거부한다. 그러나 그것은 도덕성과 정치는 섞이지 않기 때문에, 우리는 정치가들이 어떤 종류의 도덕적 성품을 보여주기를 기대해서는 안 된다고 말하는 것으로 나아가는 단지 작은 단계일 뿐이다. 그렇게 되면 이것은 공적인 영역에서가 아닌 사적인 것들에서 도덕성이 차지하는 위치에 대한 주장이 된다.

공리주의자들은 단지 도덕적 성품에 부차적인 위치만 부여할 수 있다. 도덕적 성품은 어떤 사람들이 가장 좋은 결과들을 갖는 행위를 선택하도록 하는 한에서만 관련이 있을 뿐이다. 모범을 보이는 것이 중요할 수도 있지만, 정치가가 실제로 무슨 일이 일어나고 있는지를 감추는 데서 전문가인 한, 어떤 커다란 위험도 생기지 않을 것이다. 사실상 결과에 초점을 맞추는 공리주의는 단지 어떤 행위 과정의 나쁜 결과가 알려지게 되는 것을 막기 위해 정치가나 공무원들이 속이거나 부정직한 행위를 하도록 적극적으로 조장할 수 있다. 공리주의는 어떤 상황에서는 어떤 사람의 획책을 조장할 수도 있다. 본보기가 만들어져야 한다거나

Public and Private Morality, Cambridge University Press, Cambridge, 1978, p.62.

어떤 사람을 구속하고자 하는 이유들이 있을 때, 죄가 없는 사람을 처벌하는 것이 매력적으로 보일 수 있다. 사법 체제에 대한 확신이 줄어드는 것과 같은 어떤 나쁜 결과들이 비밀로 지켜질 수 있다면, 그러한 나쁜 결과들이 완화될·수도 있다. 공리주의는 속임수와 불공정함이 때로 이익이 될 수 있으며, 따라서 그것이 한 행위의 도덕성에 공헌할 수 있다는 것을 받아들인다. 그것은 도덕성을 뒤집어놓는 것으로 보이며, 분명히 정치인들에게서 비양심적인 행동을 조장하는 것으로 보인다.

다른 고려 사항들을 배제시키고 결과의 역할을 강조하는 모든 교리는 단지 우리가 어떤 주어진 시간에 그 미래의 결과가 어떠할지만 평가할 수 있기 때문에 우리가 종종 잘못된 것으로 입증되는 문제에 부딪힐 것이다. 비록 우리가 이러한 중요한 문제를 한편으로 제쳐둔다 할지라도, 여전히 어떤 것들은 그 본성상 행위를 요구하는 것으로 보일 수 있다. 예를 들어 어떤 사람들이 어떤 정당을 지지한다면, 비가 내리는 날 밤에 투표를 하러 갈 가치가 있는지를 계산하는 것은 논점을 벗어나보인다. 한 정당에 대한 충절은 그것을 요구할 것이다. 마찬가지로, 우리는 단지 그 본성 때문에 어떤 것들을 삼가야만 한다고 주장할 수 있을 것이다. 우리는 이미 많은 사람들이 고문을 이러한 입장에서 바라보리라는 것을 알고 있다.

그러나 이것은 특히 정치적인 삶에서 종종 선택하기가 아주 힘든 때가 있다고 말하는 많은 사람들을 만족시키지는 못할 것이다. 결과가 어떠하든지 간에 사람들이 자신의 손을 더럽히기를 거부해야 한다는 것이 정말로 바람직한가? 정치가가 무슨 일이 일어나든 간에 상관없이 깨끗한 양심과 '좋은 성품'이라는 사치를 부릴 수 있는가? 예를 들어 공격에 직면해서 나라를 방어하는 어떤 조치를 취하기를 거부하는 평화주의자는 어떤가? 도덕성에서 절대주의자는 무슨 일이 있어도 원리를 수정하거나 무너뜨리기를 거부할 것이다. 그러한 입장에는 존경할 만한 윤리적 순수성이 있지만, 그렇다고 결과만 중요하다고 믿고 그것이 얼마나 견딜 수 있는지 궁금해할 필요는 없다. 성품의 도덕적인 힘은 정말로 불변성을 요구하는가?

도덕적 딜레마들이 인간 조건의 일부인 것 같다는 것이 문제다. 잘 다스리고자 노력하는 정치가들에게 상쇄적인 도덕적 고려 사항들이 반대 방향에서 쉽게 끌어당길 수도 있다. 원리들이 충돌할 수 있다. 정치적 삶은 그것이 도덕성을 중지할 것을 요구하기 때문이 아니라 도덕적 고려 사항들이 뚜렷한 해답을 주지 않기 때문에 어려울 수 있다. 이것은 도덕적 원리들이 내적으로 정합적이지 않기 때문이 아니다. 삶은 너무나 복잡해서 다양한 원리들이 동시에 적용될 수 있으며 다른 결과들을 줄 수 있다. 심지어는 생명을 보존할 의무와 같은 한 원리가 반대 방향에서 끌어당길 수 있는 가능성도 있다. 우리는 인질을 잡고 있는 상황에서처럼 그 밖의 다른 사람들을 죽임으로써 한 생명을 보존할 수 있음을 발견할 것이다. 그럼에도 이것은 원리의 어떤 모순 때문이 아니다. 삶은 쉽게 다루기가 힘들다.

5. 도덕적 갈등

그러한 상황에서도 여전히 성품이 중요하다. 어떤 사람들은 아무런 양심의 가책도 없이 살인할 준비가 되어 있을 수도 있다. 그러나 비록 우리가 항상 원칙을 따를 수는 없다 할지라도 여전히 원칙이 적용될 것이다. 한 가지 의무만 수행할 가능성이 있을 때, 충돌하는 의무들에 직면하고 있는 사람들은 단지 수행되지 않는 의무가 여전히 존재할 것이기 때문에 비극적인 딜레마 상황에 처한다. 많은 도덕 철학자들은 우리가 어떤 의무를 이행할 수 없다면 우리는 그 의무를 가질 수 없다고 말할 것이다. 그들은 우리가 단지 할 수 있는 것만 해야 한다고 말 할 것이다. '해야 한다'는 '할 수 있다'를 함축한다. 그러나 일상적인 예를 들어보자면, 내가 실수로 한 번에 두 곳에 가기로 약속했는데, 내가 둘 다 지킬 수 없기 때문에 나는 단지 한 약속만 지켜야 한다. 그러한 논리로 단지 어깨를 으쓱하고 내가 책임이 없다고 생각하는 것으로는 충분치가 못하다. 내가 약속을 지키지 못한 그 사람에게 여전히 의무가 있다. 최소한 나는 사과하고 바로잡으려고 노력해야 한다. 하나의 의무를 수행하는 것이 쉽게 다른 의무를 무시할 수 있게 한다면 몰라도, 죄책감에 대한 유감이나 조치가 적합할 것이다. 다양한 양심의 가책은 비합리적인 것이 아니라, 비극적 상황에 처한 도덕적 행위자의 당연한 표시일 것이다.

그 누구보다도 칸트가 주장했던 '해야 한다'가 '할 수 있다'를 함축하는 원리는 도덕성이 더 산뜻하고 이성적으로 해결될 수 있다고 제안한다. 우리는 한 원리가 동시에 반대 방향을 가리킬 수 있음을 보았다. 다양한 인간의 권리들이 주장될 때처럼, 일단 우리가 여러 원리들을 가지고 들어오게 되면 그것들은 충돌하게 될 것이다. 복수의 원리들은 항상 혼란을 일으킬 것이다. 그것이 많은 철학자들이 하나의 기본 원리에 기초해서 도덕성을 일원적으로 이해하려 했던 한 가지 이유다. 공리주의자들도 그렇게 하려고 했지만, 벤담(Bentham)조차 자신이 쾌락의 추구와 고통의 회피라는 두 가지 다른 기준들을 갖고 있다는 것을 발견했다. 저것에 비해 이것에 더 무게를 두는 것은 그리 쉽지가 않다.

어떤 사람들은 '신의 의지'에 호소할 것이지만, 이것은 도덕적 딜레마에서 도움을 주지 못할 것이다. 우리가 생명을 보존하는 것은 신의 의지인 것같이 보이지만, 어떤 살인자가 날뛰고 있을 때 우리는 어떤 사람을 죽임으로써만 생명을 보존할 수 있다. 우리는 원리의 부정합성이나 어떤 성품의 허약함 때문이 아니라 실제 세계의 복잡성과 어려움들 때문에 야기되는 똑같은 충돌로 즉시 되돌아간다. 삶은 복잡할 수 있으며, 아무리 열심히 노력한다 할지라도 빠져나갈 수 있는 쉬운 방법이 나타날 것 같지 않다. 이것은 개인의 삶에서도 그러하며, 국가의 일을 다룰 때는 훨씬 더 그러할 것이다.

'해야 한다'가 '할 수 있다'를 함축하는 원리는 우리 자신의 세계보다 더 조직이 잘 되어 있는 세계를 암시하거나, 어떤 기본적인 도덕적 통찰들을 기꺼이 너그럽게 눈감아주는 것을 포함한다. 우리는 우리가 어떤 것을 해야 한다면 다른 어떤 도덕적 주장들은 거부될 수 있다고 추론할 것이다. 그러나 우리가 우리 자신의 추론에서보다 세계에서 그리고 다른 사람들과의 관계에서 도덕적 의무의 원천을 찾는다면, 우리는 우리에게 부과된 모든 요구들이 충족되기가 불가능함을 발견할 것이다. 만약 우리가 실제적인 사실들은 괘념치 않고 완전히 우리 자신들을 자율적인 행위자로 간주한다면, 모순이 없는 일련의 원리들을 고안하는 것은 쉬울 것이며, 그것은 그러한 경우들을 충족시키도록 적합하게 수정될 수 있다. 그럼에도 일단 우리가 도덕적 주장들이 우리 자신이 좋아하는 것에 알맞도록 마음대로 주조되는 것이 아니라 우리에게 표현되는 것으로 보게 되면, 무모순성을 얻어내기는 좀더 쉽지 않을 것이다. 우리의 도덕적 견해가 우리 자신들에게 알맞게 변형되도록 허용할 수 있는 주관주의 윤리보다 세계에 대답할 수 있는 객관주의 윤리는 항상 도덕적 갈등이 더 심각한 문제라는 것을 발견할 것이다. 도덕적 특성은 그것이 외부 상황에서 시험될 때 훨씬 더 많이 시험될 것이다.

추구되어야 할 목적이나 원리의 다원성이라는 생각은 때때로 '다원주의'로 불린다. 우리가 다수의 선과 악에 대해 말하는 한에 어서 그 단어는 적합할 것이다. 그러나 우리가 이전에 보았듯이 그것은 또한 사람들 간의 도덕성에서 보이는 급격한 차이들을 묘사하기 위해 사용될 수 있으며, 많은 사람들이 무엇이 중요한지에 관해 동의하지 못하는 '다원주의' 사회에서는 도덕성의 공적인 역할에서 자유주의적인 것들이 더 활약한다. 모든 사람들이 인식하는 도덕적 목적의 다원성은 한 사회의 서로 다른 도덕적 입장들의 다원성과는 아주 다르다. 후자에서는 무엇이 좋은 것으로 고려되어야 하는지에 관해 거의 동의가 이루어지지 않을 것이다. 앞의 것에서는 중요하거나 우선적인 것에 관해서는 논쟁할 것이 없지만, 대신에 추구되어야 하는 것의 종류에 관해 근본적인 갈등이 있다.

객관적으로 타당한 원리들이 모두 적절하게 이행될 수는 없는 상황들 간에는 뚜렷한 차이가 있으며, 거기에서는 다양한 도덕적 견해들이 갈등을 일으킨다. 다수의 도덕적 원리들이 있다는 사실은 그 원리들이 모두 객관적으로 타당할 수 있는 가능성과 모순을 일으키지 않는다. 우리가 그것들을 이행할 수 없다 할지라도 그것들은 우리에게 계속해서 요구하는데, 이는 바로 그것들이 객관적으로 옳기 때문이라고 말할 수 있다. 그러나 두 번째 개념의 다원주의는 분명 이러한 객관성이라는 생각을 거부한다. 예를 들어 한 사회에서의 정의 추구는 개인의 자유에 대한 존중과 충돌을 일으킬 수 있다. 가난한 사람들을 돕기 위해 부자들에게 세금을 올리는 것조차도 사회 정의와 각 사람의 자유가 타협해야 한다. 자유와 정의에 대한 요구는 모순된 것이 아니며 아마도 밀접히 연관되어 있을 것이다. 이 두 가지 모두에 항상 우선권이 주어질 수는 없다 할지라도 모두 중요해보일 것이다. 그러나 전체주의적이고 귀족주의적인 사회는 그것들을 용인하기 어려울 것이다. 다원주의의 두 번째 의미는 이것을 도덕적 진리에 대한 거부로서가 아니라 다른 도덕적 입장을 갖고 있는 것으로 볼 것이다. 여기에서는 경쟁하지만 똑같이 타당한 도덕적 원리들이 있다는 다원주의보다는 도덕성의 다원주의가 있을 것이다. 그것들의 원천은 우리 모두가 거주하는 하나의 세계에 놓여 있는 것이 아니라 서로 다른 믿음과 입장들에 있다. 그렇게 되면 문제의 도덕적 태도 너머에 그 문제를 해결할 수 있는 어떠한 것도 존재하지 않는다.

첫 번째 종류의 다원주의는 다른 원리들이 비교될 수 있음을 받아들인다. 그것들 모두를 적용하는 것이 어떤 상황에서는 어려울 수 있다 할지라도 그것들이 궁극적으로 양립 불가능하지는 않다. 우리는 세계가 극히 복잡하다는 것을 발견할 수 있다. 실수들이 일어날 수 있고, 어떤 경우든 도덕적 결정들이 정말로 대가를 치르는 경우들이 발생할 수 있다. 두 번째 종류의 다원주의는 상대주의와 협동해서 어떤 의미로든 세계를 도덕적 의무의 원천으로 인정하지 않는다. 그 귀결로 그것은 우리의 결단의 결과로서 정말로 어떤 종류의 이득이나 손실이 있을 것이라는 점을 인정할 수 없다. 그것에 따르면 다른 세계관과 다른 입장들은 그들 자신의 기준을 세울 것이며, 그 자신의 추측을 가지고 해로운 것과 이로워보이는 것을 결정할 것이다. 전형적으로 그것은 우리의 도덕성이 측정될 수 있는 인간 본성이란 존재하지 않는다는 입장으로부터 나온다. 전형적으로 인간으로 생각되는 것은 바로 그 믿음-체계에 의존할 것이다. 상대주의처럼 급진적인 다원주의의 전체적인 요지는 도덕 체계가 판단될 수 있는 그것 너머의 어떤 것이 있다는 것을 부정한다. 어떠한 도덕성도 그렇게 되면 참이나 거짓으로 혹은 성공이나 실패로 보일 수 없을 것이다.

사회적 동의나 개인적 선택의 산물로만 존재하는 원리들은 쉽게 변할 수 있다. 그것들은 우리가 어떤 특정 상황에서 그것들을 지킬 수 없다는 것을 인정할 때조차도 계속해서 요구하는 원리들과는 아주 다르다. 그러한 갈등과 딜레마의 경우 우리가 상황으로 인해 어쩔 수 없이 그렇게 한다 해도, 우리는 필히 도덕적 요구들의 객관적 질서가 있으며 우리가 그에 미치지 못하고 있다는 느낌으로 반응한다. 도덕성의 요구들에 귀를 기울이는 성품을 가진 사람들과 그렇지 않은 사람들의 한 가지 차이점은 공적인 무대든 사적인 삶이든 도덕적으로 민감한 사람은 기본적인 도덕 원리를 어기는 것에 대해 혹은 그러한 기본적인 인간의 생명에 대한 권리를 주시하지 못한 것에 대해 더 큰 양심의 가책을 느낀다는 것이다. 대단히 복잡한 상황에 직면해서 어쩔 수 없이 딜레마에서 빠져나올 수 있는 방법을 찾을 때, 그들은 잘못된 것으로 보이는 것을 하기를 꺼릴 것이며, 그렇게 한 것에 대해 유감을 표시할 것이다. 우리는 때때로 생명을 구하기 위해 총을 쏘거나 살인을 하는 경찰관들에게 동감할 것인데, 왜냐하면 그것이 주의 깊게 고려된 상황에서 그들이 해야 할 의무이기 때문이다. 우리는 그들이 그들의 공적을 자랑하거나 그들이 의기양양하다는 것을 발견하게 된다면 불쾌한 기분이 들 것이다. 우리는 꼭 필요한 것이 아니라면 죽이고 싶어하지 않는 사람들, 그리고 어쩔 수 없이 그렇게 해야만 했던 것에 대해 정말로 안타까워하는 사람들을 더 믿게 될 것이다. 어쩔 수 없이 일이 발생할 때처럼 우리가 기준 삼아 살아가야 한다고 생각하는 그러한 원리들에 미치지 못할 때조차도 도덕적 성품 자체가 중요하다.

제11장 도덕성과 인간 본성

1. 인간의 존엄성

앞 장에서는 인간됨이 중요하다는 것과 우리가 공유하고 있는 인간의 본성에서 제기되는 문제들을 강조했다. 우리가 보았듯이, 인간의 권리는 우선적으로 우리가 인간의 본성이라는 생각을 받아들일 수 없다면 아무런 의미가 없다. '인간의 존엄성'에 대한 이야기는 시작조차 할 수 없다. 동물들이나 좀더 일반적인 환경과 맺는 '우리'의 관계가 무엇이든, 우리는 '우리'가 누구인지를 결정해야만 한다. 그러나 우리가 다원주의나 상대주의를 마주하게 될 때는 인간 본성이라는 생각이 논란거리가 된다는 것은 분명하다. 포스터모더니스트와 같은 어떤 사람들에게는 '우리'가 생각하는 것과 더욱이 '우리'가 누구인지는 전적으로 우리가 어디에 있느냐에 달려 있다. 한 사회의 전통이 우리를 형성했다. 이것 자체가 도덕성에서 신이 하는 역할에 관한 유신론자들과 '인본주의자들' 간의 전통적인 논쟁들에 문제를 부과한다. 예를 들어 조나단 글로버(Jonathan Glover)는 다음과 같이 말하고 있다. "어떠한 외적인 도덕 법칙도 있을 수 없다면, 도덕성은 인간화될 필요가 있으며, 인간의 요구와 가치들에 근거할 필요가 있다."[1] 그럼에도 이것은 잘못된 이분법일 것이다. 많은 사람들은 오늘날 도덕성에서 발생하는 진짜 싸움은 특정 요구들과 그 자신의 존엄성을 갖고 있는 '인간성'과 같은 그러한 것들이 있다고 믿는 사람들과 인간성을 각각 그 자신의 기준들을 갖고 있는 많은 다양한 그룹들로 분해하는 사람들 간에 있다고 느낄 것이다.

글로버는 '신중하게 창조되는 도덕성'을 옹호하고 나서 "이에 대한 최고의 희망은 인간 본성의 성질을 가지고 작업하는 것이다"[2]라고 말한다. 그는 인간적으로 구성된 도덕성과 저 높은 곳의 전능한 신으로부터 분명히 임의적으로 나온 외적인 도덕 법칙을 대조하고 있다. 그러나 도덕성이 인간의 요구들과 관련이 있으며 인간의 본성을 고려해야만 한다고 생각하는 사람들은 자신들이 유신론자들과 논쟁하고 있는 것이 아니라 무신론자들과 논쟁하고 있음을 발견하게 되는데, 이들 무신론자들은 분명한 인간 본성이라는 바로 그 생각이 신의 관점으로부터 인간을 바라보는 유신론의 조망 결과라고 의심한다. 니체와 같은 사상가들이 물려준 것은 인간 본성이라는 어떠한 실질적인 개념도 부정하는 것을 포함한다. 그렇게 되면 그것은 도덕적 결정들을 측

1) Jonathan Glover, *Humanity*, Cape, London, 1999, p.406.

2) 같은 책, p.409.

정할 수 있는 기준이 될 수 없다.

이것은 유신론자들과 인간 존재의 자족성을 강조하고자 하는 '인본주의자들' 간에 도덕적 문제들에 관해서 진정한 차이가 없을 것이라고 말하는 것은 아니다. 그럼에도 이 둘은 인간의 본성이 도덕성과 관련이 있다는 것에 모두 동의한다. 반면에 인기 있는 급진적인 다원주의 · 상대주의 · 허무주의는 모두 그러한 개념을 허용할 여지가 없다. 인간 본성이 가장 중요하다는 것을 받아들인다 해도, 모든 도덕적 논변이 형이상학적인 것이 될 필요는 없다. 사람들은 늘 인간 본성이 왜 그러한지를 묻지 않고서도 우리가 인간으로서 무엇을 필요로 하는지에 관한 사실들을 볼 수 있을 것이다. 도덕성은 그것을 설명해야 하지만, 인간 본성이 왜 그런지에 대한 다양한 견해들을 갖고 있는 사람들로부터 인정을 받을 수 있는 방식으로 그렇게 할 수도 있다. 그것은 우리 모두가 자연법의 근원에 대해 동의할 필요 없이 자연법의 도덕적 중요성을 인식할 수 있다고 말하는 또 다른 방식이다. 진화심리학은 신-다윈주의를 고찰하겠지만, 신학을 포함한 다른 믿음 체계들은 다른 원천들을 제공할 것이다. 비록 일치하지 않는 배경을 갖고 있다 할지라도, 인간에 관한 이해에서 상당한 수렴이 있을 것이다.

한 가지 문제는 우리가 얼마나 인간의 본성을 보이는 바대로 받아들여야 하느냐는 것이다. 그것은 똑같은 것인가? 그리고 그것은 필연적으로 똑같은 것이어야 하는가? 우리가 종종 자연스럽게 인간의 요구들을 초월하는 방식으로 반응한다는 점에서, 여기서조차도 생각하는 것보다 더 많은 동의의 여지가 있다. 그러므로 우리는 우리 자신을 더 잘 통제하는 법을 배워야 한다.

진화생물학자들을 포함해서 어떤 사람들이 인간의 행동을 원인과 결과의 관점에서 매우 과학적인 방식으로 보려 할 때, 자유 의지와 책임에 대한 의문들이 일어나기 시작한다. 그러나 우리가 자유로울 수 없다면 우리는 도덕적으로 책임을 질 수 없다. 마찬가지로 만약 우리가 자유롭게 선택한다면 우리는 우리의 선택이 우리의 책임이라는 것을 받아들여야 한다. 현실적인 의미에서 자유가 없다면 도덕성이 있을 수 없다.

자유와 도덕적 책임이라는 생각에서조차 신학적 흔적을 보고자 하는 사람들이 있다. 책임이란 무엇인가, 그것은 전능한 심판의 날에 우리가 신에게 해명해야만 하는 어떤 것이라고 그들은 말할 것이다. 모든 책임에 대한 생각은 누가 무엇에 대해 정확히 책임이 있는지 판단할 수 있는 전지한 신에 대한 믿음이 없이는 파악할 수 없다고 그들은 주장할 것이다. 자유 의지가 우리의 일상적인 경험에서 필수적인 부분으로 보인다는 사실에도 불구하고, 그 관념은 단지 창조주에 대한 책무라는 생각의 당연한 결과라고 말할 것이다. 이것들이 모두 보여주고 있는 것은 도덕성이 이제는 많은 사람들이 거부하고 있는 신학을 종종 은연중 참고한다는 것이다.

이러한 문제는 우리가 왜 모든 인간들이 중요해야 하는지에 관한 근본적인 문제에 직면할 때 가장 첨예해진다. 그러한 가정은 인간의 권리들에 관한 화려한 말들의 기초에 놓여 있으며, 또한 종교적인 교리들이 그것의 토대 역할을 한다는 것을 알기란 그리 어렵지 않다. 초기의 여성 해방 시기에 '인간 형제'라고 부른 것은 분명 하나님 아버지라는 생각에서 도출된 것이다. 우리는 신에게 중요하기 때문에 우리는 서로를 중요하게 생각하거나 그렇게 해야 한다고 말할 것이다. 인간으로서 우리는 본래적인 존엄성을 갖고서 자연의 도덕적 질서 안에 놓이는데, 그 이유는 그것이 바로 신이 세계를 만든 방식이기 때문이다. 그러나 아마도 우리가 공유하고 있는 인간성 때문에 모든 인간이 중요하다는 주장은 두 가지 반대 방향에서 제기되는 어려움에 봉착하게 되는 것 같다. 어떤 사람들은 인간이 여타의 다른 동물들보다 더 중요하다는 것을 부정할 것이다. 모두가 고통을 겪을 수 있다. 그렇다면 왜 여우는 인간보다 덜 중요하게 생각되어야 하는가? 게다가 특히 어린아이가 어떤 면에서 결함을 가지고 태어난다면, 어른 침팬지의 지성이나 의식과 어린아이의 그것 간에 불합리한 비교가 이루어질 수도 있다.

그럼에도 어떤 사람들은 우리의 도덕적 관심을 동물로까지 확장시키지 않고 우리 환경의 다른 부분들은 그냥 놔둔 채로, 모든 인간이 똑같은 존엄성을 갖고 있는지 그리고 그들이 우리에게 똑같이 중요해야 하는지 물을 것이다. 신-다위니즘에 따라, 그들은 우리가 당연히 우리의 친척들을 선호하며, 그 친척들은 혈연선택 메커니즘을 통해 유전적으로 우리와 관련이 있다고 지적할 것이다. 우리는 또한 호혜적 이타주의를 통해 보답으로 우리를 도울 수 있는 사람들과 협동할 것이다. 그렇게 되면 문제는 우리와 관련이 없고 우리에게 어떤 도움도 줄 수 있는 힘을 갖고 있지 않은 사람들에게 우리가 왜 관심을 가져야 하느냐는 것이다. 왜 우리는 우리에게 어떤 도움이 되거나 위협이 될 수 없는 지구의 다른 쪽 끝에 있는 사람들의 결핍에 관심을 가져야 할 어떤 도덕적 의무감을 느껴야 하는가? 신-다위니즘은 우리가 그러한 상황에 도덕적으로 반응하지 않도록 진화했다고 주장할 것이다.

따라서 모든 인간들에 관한 혹은 인간임에 관한 어떤 특별한 것이 아무것도 없다는 근거에서, 인간의 권리들은 그 자체로 도전을 받을 수 있다. 우리가 보아왔듯이, 그것들 또한 어떤 도덕의 객관성에 대한 이해가 없다면 존재할 수 없다. 그러한 객관성에 대한 주요한 믿음의 원천은 신에 대한 믿음이다. 그렇다면 인간의 권리는 유신론적 믿음에 근거해야 한다는 결론이 따라 나오는가? 문제는 비록 어떤 행위 과정으로부터 많은 사람들에 대해 기대되는 손실과 이익이 있다 할지라도, 그들 대부분이 우리에게 중요하지 않다면 이 모든 것이 무관하다는 것이다. 왜 인간이 독특한 도덕적 지위를 갖는지에 대한 문제가 그러하듯이, 왜 도덕성의 범위가 모든 인간을 포함해야 하는지에 대한 문제는 여전히 우리에게 어려움을 안겨준다. 우리는 단지 우리 자신이 인간이기 때문에 인간의 이익을 위한 편견을 가질 수도 있지만, 그것은 편견을 정당화하지도 않으며, 백인이거나 영국인 혹은 남성이거나 그 밖의 무엇이든 그것보다는 왜 인간이라는 것이 우리가 지지할 수 있는 가장 중요한 인간의 측면인지를 설명할 수도 없다.

2. '신을 대신함'

비록 우리가 어떤 이유로 인간에게 도덕적 호의를 베푼다 할지라도, 동물과 여타 자연 세계가 미래에 대한 고려도 없이 인간의 목적을 위해 착취될 수 있다는 결론이 나오지는 않는다. 우리가 우리 자신의 목적에 맞추어서 세계를 사용할 수 있는 힘을 갖고 있다고 느낀다는 의미에서 우리는 '신을 대신'할 수 있는가? 자연법이라 생각되는 것의 객관성은 비-인간 세계의 작용들에까지 쉽게 확장될 수 있을 것이다. 다시 한 번 강조할 가치가 있는데, 이러한 의미의 자연법은 규범적이다. 그것은 무슨 일이 정말로 일어나는가를 기술하는 물리학의 법칙들과 같은 것이 아니다. 자연법의 요점은 그것이 목적이라는 관념을 포함하며, 사건들이 정해진 대로 작동한다면 무슨 일이 일어나야 하는지를 우리에게 말해준다. 이것은 인간들이 그들의 환경에 영향을 미칠 때 특히 적절하다. 현대의 인간 활동들 중 많은 것들이 자연 세계에 대단히 많은 영향을 미친다. 이것이 자연의 법칙들을 바꾸지는 못하겠지만, 우리가 이해하기 어려운 방식으로 자연의 과정들을 방해하고 있다. 게다가 우리가 깨닫지도 못하고 의도하지도 않는다 할지라도 생태 균형들이 깨질 수 있으며 기후가 변할 수 있다. 산업 활동이나 작물들에 사용하는 유전공학, 심지어 자동차들에서 나오는 배기 가스까지 모두 우리가 살고 있는 세계의 본성을 변화시킬 수 있다. 북극의 만년설이 점차 녹는 것을 포함해서 계속되는 지구 온난화는 인간의 삶에 심각한 영향을 미칠 수 있다. 어떤 의미에서 보자면 발생되고 있는 모든 것들은 완전히 자연적이다. 그것은 그 자체로 인간 활동에 대한 자연적인 조절이며 그것에 대한 반응이다. 그러나 우리는 인간의 삶에 되돌아와서 결국에는 큰 위험을 가져다줄 수 있는 방식으로 정상적인 자연의 과정들을 방해하고 있다. 비-인간적 '자연'에 대한 존중을 결여하는 것이 인간에게 커다란 재앙을 가져올 수 있다고 말하는 것은 결코 과장이 아니다.

우리들 자신은 물리 세계의 일부다. 그것은 우리가 위험을 무릅쓰고 변화시킬 수 있는 특별한 방식으로 작동하도록 설계되었을지도 모른다. 반면에 그것은 단지 우연히 자연 선택의 과정을 통해 진화했을지도 모른다. 문제는 비록 그렇다 하더라도 그것은 여전히 본래의 균형을 갖고 있는 복잡한 장치라는 것이다. 예를 들어 인간은 일상적인 환경 변화에 대처할 수 있도록 진화했다. 만약 우리가 그렇게 할 수 없다면 우리는 이제까지 살아남지 못했을 것이다. 그럼에도 일단 그 체계가 새로운 도전을 맞아 아직 그것에 대처할 수 있도록 진화하지 못했다면, 우리는 어려운 일이 벌어질 것이라는 것을 예측할 수 있다. 실제 예를 들어보자면, 한 종은 유전적 진화를 통해 어떤 질병에 대처할 수 있으며, 또 어떤 다른 종은 그것에 면역을 갖고 있을 수 있다. 그러나 인간의 방해를 통해 그 질병이 자연적 장벽을 넘어선다면 정말로 큰 어려움이 발생할 것이다.

우리가 유신론적 전제를 가지고 시작하든 혹은 신-다위니즘의 전제들을 가지고 시작하든 (혹은 이 둘을 결합한 것이든) 문제는 마찬가지다. 자연 과정들에 대한 인간의 간섭은 아무리 좋은 의도라 할지라도 많은 영향을 미칠 수 있다. 윤리학에서 공리주의처럼, 우리는 결코 결과로 나올 수 있는 모든 가능한 손실과 이익을 적절하게 진단할 수 있는 위치에 있지 못하다. 우리가 예측할 수 있는 위치에 있다는 것과 실제로 현실 세계에서 무슨 일이 일어나는가는 다소 별개의 문제일 것이다. 인간의 영향은 우리가 완전히 이해할 수는 없는 결과를 낳을 것이며, 더욱 나쁜 것은 우리가 그것을 통제할 수 없을 것이라는 점이다. 일단 우리가 자연의 균형 상태를 깨뜨리고 나면, 우리는 쉽게 그 손상을 복구할 수 없을 것이다. 유전적으로 조작된 곡물들은 환경(예를 들면 곤충의 생명)에 엄청난 영향을 미칠 수 있으며, 일단 그 꽃가루가 공기 중에 떠다니면, 그것이 퍼지는 것을 통제할 방법이 없다. 이것은 모든 자연에 대한 인간의 간섭이 나쁘다고 말하는 것은 아니다. 우리가 그렇게 하지 않고는 아무도 농사를 지을 수 없을 것이다. 그것은 어떤 종류의 간섭이며 얼마나 심하게 하느냐의 문제다. 우리는 우리의 행위 결과들이 어떠할지에 관해 인간의 무지를 진지하게 받아들여야 하기 때문에 조심스러운 접근이 필요하다. 이러한 이유로 어떤 사람들은 이런 맥락에서 '예방원리'가 필요하다고 언급했는데, 그것은 커다란 위험임에도 불구하고 우리가 알 수 없는 위험들을 저지를 가능성에 대해 경고한다.

우리는 우리의 자연 환경으로부터 인간의 세계를 분리할 수 있다고 생각한다. 그러나 그러한 인간 세계에 대해서도 똑같이 말할 수 있다. 우리의 공통적인 인간성을 구성하는 요구와 관심·욕구들은 그것들이 신에게 받은 것이든 무작위적인 진화의 산물이든 혹은 지적으로 설계된 진화의 결과든 충분히 사실적이다. 다시 말해 자연법은 형이상학적 믿음과는 상관없이 심지어 인간에게 무엇이 좋은지에 관련해서조차 인정되고 작동되어야 한다. 우리가 예측하지 못하고 저지를 수 있는 피해는 우리 자신들이 무엇을 믿는지와는 독립적이다. 예를 들어 굶주림과 목마름은 어떤 철학적 교리를 통해 정의되지 않는다. 인간이 행복할 수 있는 조건들은 인간 자신들에 의해 상당히 좌우될 수 있다. 우리가 의도하든 그렇지 않든, 우리의 행위들은 우리와 다른 이들이 사는 방식에 대단히 영향을 미칠 수 있다. 게다가 특별한 상황에서 단지 우리의 행위 결과가 장기적으로 어떠할지를 예측하기란 대단히 어렵기 때문에, 이것은 대개 축적된 도덕적 전통의 지혜가 안내하는 것을 따르기 위한 아주 좋은 이유가 된다. 우리의 선조들은 그들이 의도했든 그렇지 않았든 종종 혹심한 경험을 통해 일어날 수 있는 것들을 배웠다.

이것이 자연법이나 그와 유사한 어떤 것에 호소하는 것이 도덕적 논박을 피해갈 수 있다는 것을 의미하는 것인가? 그것은 어쨌든 중립적인 심판을 제공한다고 생각하기 쉽다. 우리는 단지 인간의 손해와 이익을 지적해야 하고 차이들을 용해할 수단들을 갖고 있는 것 같다. 분명 그러한 호소들은 종종 어떤 종류의 논쟁들을 넘어설 것이다. 예를 들어 종교적인 신앙인들과 인본주의자들은 결핍을 겪는 자들을 돕기 위한 안건에 동의할 것이다. 그러나 사태는 결코 그렇게 간단치가 않을 것이다. 우선 무엇이 진정으로 해로운지 혹은 좋은지에 관해 동의를 이루지 못할 것이다. 예를 들어 인본주의자들과 신앙인들은 자비로운 살해가 고통을 다루는 방법인지에 관해 동의하지 않을 것이다. 그것은 생명이 신이 부여한 선물인지 그렇지 않은지에 관한 서로 다른 견해에 의존한다.

인본주의자들과 신앙인들이 나란히 하고 있는 더 깊은 문제는 우리가 단지 인간성을 공유하고 있기 때문에 다른 사람들에게 관심을 가져야 하는지에 관한 것이다. 왜 다른 사람들이 중요한가? 왜 우리는 우리와 관련이 없고 결코 보답할 수 없는 사람들을 도와야 하는가? 종교는 신의 의지와 목적에 호소함으로써 동기를 부여한다. 인본주의자들은 어떤 형이상학적 근거 없이 우리가 각자에 대한 의무를 갖는다고 생각한다. 문제는 그러한 배경도 갖고 있지 않은 자연법의 지위다. 우리는 그것이 바로 사물들이 존재하는 방식이며 우리가 자연의 본성에 거스를 때 문제들이 발생할 것이라고 말할 수 있다. 사람들이 도움을 줌으로써 단지 고통만 겪고 아무런 이익도 얻지 못한다면 왜 그들이 다른 사람들을 도와야 하는지 알 수 없는 사람들에게 이것이 적합한 대답인지에 대해서는 사람들마다 차이가 난다.

우리의 자연 환경과 기후 변화에 대한 경고들은 우리 모두가 말하자면 사나운 기후 조건이나 성행하는 질병의 희생자가 될 수 있다는 것을 인식할 수 있기 때문에 받아들인다. 단지 저 멀리 아프리카의 굶주림 때문에 우리 모두가 고통받는다는 것은 어떤 사람들을 확신시키기가 더 힘들다. 모든 인간이 똑같이 중요하다는 것은 단지 엄연한 사실이지만, 어떤 사람들은 그러한 주장을 신학적인 교리의 유산으로 볼 것이다. 우리는 신에게 중요하기 때문에 우리 각자는 본래적인 중요성을 가지고 있다고 주장될 수도 있다. 일단 이러한 신에 대한 믿음이 제거되고 나면 모든 인간의 본래적인 존엄성과 중요성에 대해 이야기하기가 더 힘들어지는가는 아직 해결되지 않은 문제다.

3. 가치 다원주의와 객관성

도덕성을 인간의 본성이라는 관념과 연관시키는 견해들은 단지 신학적인 편견에 관해 까다롭게 다루는 사람들로부터 제기되는 문제들만 마주치는 것이 아니다. 어떤 사람들은 우리가 의미있게 '인간의 행복'에 대해 이야기할 수 있다는 것을 받아들이지 않는다. 그들은 인간들이 '행복'할 수 있는 단 한 가지 방식은 없다고 주장할 것이다. 예를 들어 윌리엄 겔스턴(William Galston)은 "우리는 우리의 일반적인 인간 본성에 의해 우리의 선이 철저하게 결정되지 않는 존재자들"3)이라고 주장하고 있다. 그는 인간들 간에는 자연적인 다양성이 존재한다고 생각하며, "인간 유형들의 다양성은 문화적 자기-결정에 앞서 존재하는 것"이라고 말하고 있다. 그가 말하고 있는 요지는 우리가 자연적으로 다르며, 따라서 그 이상의 차이들을 가져다주는 문화적 선택들을 할 수 있다는 것이다. 그는 가치 다원주의를 옹호하는데, 그것은 다양한 선들이 존재한다고 주장하는 것이다. 삶의 방식에서 가장 훌륭한 한 가지 방식은 있을 수 없다. 그러나 겔스턴은 다원주의로 들어가는 길을 따라 그렇게까지 멀리 가려고 하지는 않는다. 그는 상대주의와 거래하지 않을 것이다. 그가 비록 도덕적 세계가 '다원적이고 갈등을 일으키는 가치들'을 포함한다고 생각할지라도 그것들은 모두 객관적으로 선한 것들이다. 우리는 대개 그것들 모두 선택할 수 없기 때문에 그에게는 그것이 어려운 문제다. '인간이 행복할 수 있는 다양한 방식들'4)에 대한 그의 강조가 그의 한계다. 우리는 아마도 한 가지 삶의 방식을 선택할 수 있겠지만, 그렇다 하더라도 모든 것이 행복으로 생각될 수는 없다. 그는 다음을 예로 제공하고 있다. "어떤 행복이 아니라 모든 실행 가능한 행복을 낳을 수 있는 입장에서 보자면, 신체적인 안전이 보장되지 않은 상황에서 부모나 또래들에 대한 애착 관계가 없이 성장한 아이들은 손해를 입은 것이다."5)

3) William A. Galston, *Liberal Pluralism*, Cambridge University Press, Cambridge, 2002, p.50.

4) 같은 책, p.18.

겔스턴 식의 다원주의자들조차도 어딘가에 선을 그어야만 한다. 진정한 문제는 그들과 자연법 옹호자들 간에 있는 것이 아니라 상대주의와 자연법 간에 있다. 우리가 보아왔듯이 상대주의는 행복의 개념을 세계가 아니라 협약에 관련시킨다. 인간의 본성은 사회적으로 구성된 것으로 보인다. 반면에 겔스턴은 인간의 본성이 허용하는 것에 어떤 정도를 허용할 것이다. 그는 똑같이 타당한 삶의 방식들에서 넓은 선택 범위를 생각한다. 그러나 중요한 점은 그가 한계들을 인정한다는 것이다. 모든 것이 우리에게 좋은 것으로 생각될 수는 없다. 분명 그러한 의심은 일단 우리가 그 한계들을 더 면밀하게 정의하면, 우리가 실행할 수 있는 선택들은 대단히 줄어들게 되리라는 것이다. 인간의 본성이 비록 한 가지 이상의 삶의 방식들과 양립할 수 있다 할지라도 해로울 수 있는 많은 가능성들이 있다. 인간의 행복에 대한 어떠한 정합적인 생각들도 질병의 위협이나 조기 사망을 가볍게 다룰 수는 없다. 그러한 일이 더 일어나기 쉽게 만드는 것들은 여전히 적합한 선택으로 생각될 수 없다. 물론 의사가 자신이 치료하고 있는 바로 그 질병에 걸릴 위험을 감수할 때처럼, 우리가 기꺼이 어떤 더 큰 목적들을 위해 우리 자신들을 희생하고자 하는 경우도 있을 것이다. 그럼에도 문제는 그것이 그때조차도 희생이라는 것이다.

우리가 상대주의와 그것이 예고하는 허무주의에 굴복하지 않으려면, 우리는 우리의 선택들에 대한 제약들을 인정해야만 할 것이다. 그러한 제약들은 종종 신학적인 입장과 비-신학적 입장들에 중립적일 수 있다. 흡연은 누구든지 공평하게 그들의 믿음

---

5) 같은 책, p.50.

이 무엇이든 죽음으로 이끈다. 그럼에도 우리에게는 여전히 인간의 본래적인 가치와 평등성에 대한 문제가 남아 있다. 그것은 얼마나 '자연'스러운가? 우리는 그것을 보증하기 위해 창조주에게 호소할 필요가 있는가? 프랑스 혁명으로부터 무신론자들의 신조는 그렇게 하기를 거부해왔는데, 그것은 종교적인 입장에서 이상해보일 필요가 없다. 신이 우리를 창조했고, 그가 우리의 이성의 원천이라 할지라도, 우리는 여전히 그 원천을 알지 못하면서도 그러한 이성을 사용할 수 있을 것이다. 마찬가지로 도덕성의 객관성이 신이 창조한 조건들 때문에 기원한 것이라 할지라도, 도덕 문제들이 신에 대한 어떤 호소가 없이도 객관적으로 타당한 것으로 인정될 수 있다고 주장될 수 있다.

이와 같은 논변이 과학에 대해서도 이루어질 수 있다. 사람들은 물리 세계의 질서와 그것에 대한 이해는 신의 창조 활동으로 거슬러 추적될 수 있다고 말할 것이다. 그럼에도 신학자들에 따라서, 그것이 경험과학이 실행 가능해지는 조건들을 만들어낸다 할지라도, 과학자들이 물리 과정들의 객관적인 규칙성을 인식하기에 앞서 신을 믿을 필요는 없다. 그러나 이러한 논변들은 한편으로는 과학자들에게, 또 한편으로는 도덕적 질서를 믿으려는 사람들에게 확신을 주지 못할 것이다. 이 두 경우에 그들은 종교적인 믿음을 가질 필요는 없지만 그럼에도 그들이 볼 수 있는 객관적인 사태들이 신에 의존한다는 말을 듣고 있는 것이다. 객관적인 진리를 받아들이는 것은 은연중 유신론으로 몰래 들어가는 것으로 보인다. 이제 유신론적 믿음이 거부되었기 때문에 객관적 진리와 실재성, 인간 본성에 대한 관념, 그리고 이제 불어닥치고 있는 상대주의와 허무주의의 강풍에 거슬러 은신처를 찾는 그 어떤 개념들도 거부되어야 한다고 주장하는 포스트모더니스트들에 의해 이러한 종류의 논변이 사용된다는 것을 깨닫는 것은 무신론자들에게는 위안이 되지 못할 것이다. 게다가 포스트모더니즘에 따르면 무신론조차 객관적인 진리를 주장하는 것으로서 배제되어야 한다.

어떤 사람들은 분명 자연법을 종교적인 전제들에 의존하는 것으로 본다. 우리는 인간 권리에 대한 인권선언문조차도 어떻게 종교적인 목소리를 갖고 있는지 보아 왔다. 그러나 동시에 인간 권리를 주장하는 많은 사람들은 종교에 대한 호소가 적절하지 않다고 열렬히 주장할 것이다. 그러나 미국의 저자 맥스 스택하우스(Max Stackhouse)는 다음과 같은 주장을 한다.

> 자연법은 우주에 규범적이고 객관적인 도덕적 명령이 있으며, 독립적인 (숨겨진) 인간의 이성이 그것을 알 수 있다고 전제한다. 내 생각에 이러한 가정은 특성상 심오하게 종교적이다. 이러한 종교적 가정이 유지되지 않는 곳에서 자연법 이론은 실패하며, 이성은 우리를 인간의 권리 관계들을 통해 받아들여진 것과 같은 그러한 보편적인 도덕 원리들로 인도하지 못한다.[6]

따라서 우리는 어떤 객관적인 도덕적 명령에 대한 생각이 유신론적이어야 하는지에 대한 문제로 다시 되돌아온다. 분명 무신론자들은 객관적인 도덕적 명령을 믿을 수 있을 뿐 아니라 정말로 그것을 믿는다. 문제는 결국 그들이 일관적이냐는 것이다. 어떤 도덕적 명령도 우리의 인간의 본성과 그것으로부터 나오는

---

6) Max Stackhouse, *Creeds, Society and Human Rights*, Eerdmans, Grand Rapids, MI, 1984, p.107.

요구와 관심들에 관한 사실들을 인정하는 그 이상의 것을 포함한다. 그것은 또한 그에 잇따르는 의무들을 필요로 한다. 그것은 단지 다양한 행위 과정으로부터 인간에게 무엇이 손해가 되고 이익이 되는지 이해하는 것만을 포함하는 것이 아니다. 그것은 또한 모든 인간이 중요하다는 깨달음을 포함한다. 인간의 권리와 자연적 평등에 대한 이야기는 인간 본성에 관한 사실들이 상호 관련 있는 의무들에 분리할 수 없이 연관되어 있다는 것을 인정한다. 이러한 견해에 따르면, 사실들과 가치들은 그렇게 많은 도덕 철학이 주장하는 간단한 방식으로 따로 떼어져서 평가될 수 없다.

이것이 바로 스택하우스 같은 사람들이 도덕의 객관성에 대한 이야기에서 종교적인 차원을 보는 이유일 것이다. 도덕적 판단을 위한 우리의 이성과 세계가 분리될 때, '세계'는 도덕적으로 중립적인 것이 된다. 도덕적 선택은 그 밖의 모든 것으로부터 신비스럽게 분리될 수 있는 것으로 보이는 인간 목적들의 작품들이 된다. 그러나 우리 모두는 세계의 일부분이다. 우리는 그것에 영향을 주고 '그것'은 우리에게 영향을 미친다. 그러나 우리는 이전에 이러한 세계에 대한 '깨달음'과 그것이 우리의 요구를 충족시켜주는 인간 세계로부터 따로 분리될 수 있다는 생각이 어떻게 현대 사상에 중심적인 역할을 하는지 보았다.

도덕적 결정들이 인간의 목적과 관심들 때문에 이루어진다는, 따라서 그것들 바깥의 어떤 것에 대해서도 대답할 수 없다는 생각은 '세계'(아마도 과학에 의해 탐구된 물리적 세계로 이해된 세계)와 거기에 거주하는 인간들을 인위적으로 분리시키고 있음을 무심코 드러낸다. 이러한 목적들이 인류의 목적들인지 아니면 그룹이나 개인들의 목적들인지는 때로 불분명하며, 다른 도덕 이론들은 다른 것들을 강조한다. 그러나 요지는 인간의 본성이 우리의 더 넓은 환경으로부터 추상될 수 없다는 것이다. 우리는 그것 안에 깊이 새겨져 있다. 우리는 그것에 반응하며 그것을 다루어야 한다. 우리의 본성은 더 넓은 세계와 밀접한 관계를 갖고 있으며, 우리는 그것을 다룰 수 있도록 진화했을 것이다. 인간의 선택들은 진공에서 이루어지지 않는다. 그리고 그것들은 영향을 미친다.

4. 합리성과 자유

자유는 도덕성에서는 중요한 개념이지만, 한편으로는 항상 판단을 하고 그것들에 근거해서 행동하는 자유와 다른 한편으로는 우리에게 진리로 간주되는 것을 결정할 더 넓은 자유 간에 분명히 차이가 있다. 후자는 전혀 자유가 아니다. 어떤 다른 것보다 그것을 선택할 더 많은 이유가 없을 때, 그 결과는 마비 상태가 될 수 있다. 만약 어떤 다른 것보다 중요한 것이 아무것도 없다면, 그런데 그것이 모두 우리의 선택에 달려 있다면, 무엇을 선택해야 할지 알기란 어렵게 된다. 게다가 선택을 했을 때도 거의 요점이 없는 것같이 보인다. 그러한 상황에서 우리가 무엇을 결정하든지 그것은 우리에게 올바른 것이라는 점은 분명하다. 진리와 거짓 간의 모든 구별은 제거되어버린다. 우리는 실수를 하거나 잘못될 수 없다. 우리의 선택은 우리가 책임진다면 분명히 자유롭지만, 실수를 저지르고 심지어 파멸을 야기하는 것도 자유다. 그러나 처음부터 우리에게 중요한 것을 만들어내는 것은 자유가 아니다.

우리의 자유는 사실이겠지만 그것은 합리적인 자유여야 한다. 어떤 선택이 다른 어떤 선택만큼 좋은 곳에서의 자유는 아무것도 중요하지 않는 곳에서의 자유다. 도덕성은 분명 중요치 않다. 선택은 요점을 잃게 되고 믿음은 공허하다. 어떤 것을 하는 것에 찬성하거나 반대하는 판단들이 없다면, 우리의 행위들은 단지 임의적인 인과 고리들의 결과물일 뿐이다. 판단의 역할은 특히 인간의 본성과 자연법에 대한 어떠한 언급에도 중요하다. 원인과 결과를 시간 순서로 기록하는 물리적인 법칙들과는 달리, 도덕성에서 말하는 자연법은 그것이 판단에 기초하고 있다는 것이다. 그것은 물리 법칙들처럼 모든 곳에서 합리적으로 인식될 수 있지만, 그러나 그것들과는 달리 자연의 기작을 통해 강제적으로 이루어지지는 않는다. 우리는 판단에 따라 혹은 그것에 거슬러 행위하기로 선택할 수 있다.

우리의 판단은 사회와 개인들의 이해에 무엇이 도움을 주는지 무엇이 해를 끼치는지 분명히 할 수 있어야 한다. 비록 무엇이 진정한 이해들을 구성하는지에 관해 의견이 일치하지 않는다 할지라도, 그것에 관한 논쟁들은 세계에서 인간의 위치와 특히 우리가 신이 창조한 세계에 살고 있는지 그렇지 않은지에 대한 다양한 개념들로 거슬러 추적될 수 있을 것이다. 그러나 도덕성은 결코 자의적이지 않으며, 우리는 항상 우리의 도덕적 판단들을 인간의 좋음과 해로움이라는 생각과 연결시킬 수 있어야 한다. 창조주의 자비로운 의도로 거슬러 추적될 수 있든 그렇지 않든, 자연법을 강조하는 한 가지 요지는 도덕성이 판단의 문제이지 맹목적인 선택이 아니라는 것을 분명히 하는 것이다. 만약 신이 존재한다면, 신의 명령에 복종하는 이유는 그가 분명 전능하고 완전한 신이며 우리에게 무엇이 가장 좋은지를 안다는 이유일 것이다. 그러나 신이 존재한다면, 그는 우리에게 맹목적으로 따라야 할 명령을 내리지는 않을 것 같다. 대신에 그는 우리에게 합리성을 부여하고 따라서 우리의 인간 본성의 제약 조건들 안에서 우리가 스스로 무엇이 좋은지 알 수 있게 할 것이라고 말할 수 있을 것이다. 그런 상황에서 우리는 항상 어떤 특별한 계시와는 독립적으로 무엇이 옳은지 알 수 있을 것이다. 자연법에 대한 유신론적 견해에 따르면, 이것이 바로 계시될 수 있는 신이라는 생각을 거부하는 사람들이 여전히 그들의 판단력을 사용할 수 있는 이유다. 그렇다면 자연법 원리들에 따라 무엇이 옳은지에 대한 논변들은 종교적인 믿음들과 독립적으로 진행될 수 있다.

18세기에 저명한 도덕철학자인 성공회 주교 버틀러(Butler)는 인간이 자연스럽게 그들 자신의 좋음과 행복을 추구하지만 다른 사람들이나 사회의 선에는 무관심하다는 생각에 비난을 쏟아부었다. 그는 우리의 자기애적인 행동과 박애적인 행동을 지배하는 두 가지 이성적인 원리들이 있다고 제시했다. 첫 번째 것은 자기-존중이고 두 번째 것은 타인-존중이다. 버틀러에 따르면 한 가지 문제는 사람들이 너무나 자기애를 많이 갖고 있다는 것이 아니라 그들이 그것을 충분히 갖고 있지 못하다는 것이다. 이것은 진정한 자기애가 내가 우연히 어떤 특정 순간에 무엇을 원하는지에 따라 행하는 충동적인 행위와 같은 것이 아니기 때문이다. 대신에 그것은 나에게 무엇이 진정으로 가장 좋은 것인지에 관한 냉정하고 합리적인 반성의 산물이다. 많은 사람들은 바로 그들이 자신의 장기적인 이해를 고려하지 못하기 때문에 어려움에 봉착한다. 우리가 바로 다른 사람들의 이해를 무시하는 만큼이나 그러한 장기적인 우리의 이해를 잊기가 쉽다. 그러나 만약 그러한 이해가 중요하다면, 그것은 그러한 이해를 갖고 있는 누구에게나 똑같이 중요하다. 결론적으로 버틀러는 박애와 자기애에 대한 모든 비교가 분명하게 보여주는 것은 "우리가 우리 자신의 삶과 건강 그리고 사적인 선을 돌보는 만큼 우리는 사회를 돌봐야 하며 사회의 행복을 증진시켜야 한다"[7]는 것이라고 말하고 있다.

버틀러는 사람들이 특히 '현재의 만족'을 추구할 때 그들의 본성으로 생각하는 것에 항상 복종하지는 않는다고 생각한다. 결과적으로 그는 사람들이 "부주의하다기보다는 알면서도 그들 자신의 파멸과 불행을 자아내고 만들어내며", "다른 사람들에게 뿐 아니라 그들 자신들에게 종종 정의롭지 못한 일을 한다"고 말한다. 우리는 앞서 사람들이 그들 자신에게 좋은 것을 원한다는 것은 결코 이상하게 생각하지 않는다고 언급한 적이 있지만, 우리는 다른 사람들에게 좋은 것을 원한다는 것도 마찬가지로 자연스러운 것이라고는 생각하지 않는 경향이 있다. 우리는 아마도 20세기의 역사 때문에 냉소적인지도 모른다. 그러나 버틀러가 말하는 요지는 자기 자신의 선을 추구하는 것이 때때로 다른 사람들의 선을 추구하는 것만큼 문제가 있다는 것이다. 그는 충동과 욕망을 따르는 것이 대체로 개인의 행복으로 나아가는 길이 아니기 때문에, 사람들에게는 자기애가 덜 필요한 것이 아니라 좀더 필요하다고 주장한다. 분별력은 도덕성만큼 합리적이어야

---

7) Joseph Butler, *Sermon 1*, 'Upon the Social Nature of Man'.

한다. 순간이라는 열기 속에서 우리에게 좋은 것으로 보이는 것은 우리에게 매우 해가 될 수 있다. 너무나 기름진 음식은 그 사소한 예일 뿐이다. 장기적인 관점에서 보면 때때로 우리의 본성에 거스르는 어떤 것을 원하는 것이 자연스러워보일 수 있다. 따라서 그것을 선택하지 않는 것이 합리적이다.

버틀러에 따르면 다른 사람들에 대한 관심은 우리 자신들을 잘 돌보는 것만큼이나 우리의 본성이다. 그것은 우리가 항상 그에 따라 행동한다는 것을 의미하지는 않는다. 그는 다음과 같이 말한다. "인간은 어느 정도까지는 받아들이고 존중함으로써 그들의 본성에 따르거나 복종하지만, 전적으로 그러한 것은 아니다. 그들의 행위들은 수용하거나 존중하는 데에서 그들의 본성이 그들을 이끌어가는 모든 것에 미치지는 못한다."[8] 우리는 다른 사람들의 이해에 대해서 만큼이나 우리 자신의 이해들에 대해서도 적이다. 현대의 진화 심리학이 강조하는 자연적 충동의 유전적 기초들은 우리가 우리의 통제를 넘어서는 힘의 지배 아래 있다는 생각을 조장할 것이다. 그러나 그것이 인간의 합리성이라는 관념을 완전히 훼손시키지 않는다면, 그것은 또한 이러한 힘들이 실제로 훈련과 지도가 필요하다는 사실에 주목하게 할 수 있을 것이다. 우리 자신의 이해 속에서 우리는 그러한 힘들이 우리를 조종하도록 놔두어서는 안 된다. 이성이 인간의 행위에서 그에 알맞은 역할을 해야만 한다. 버틀러는 우리가 합리적인 반성 원리(그는 이것을 우리의 '양심'이라고 부른다)를 갖고 있는데, 우리는 이것을 가지고 우리의 행위들에 찬성하거나 반대할 수 있다고 생각한다.

8) 같은 책.

우리는 이 모든 것에 관해 얼마나 냉소적이어야 하는가? 우리가 우리 자신들만큼 사회에 관심을 갖는다면 아주 편리할 것같이 보일 것이다. 버틀러가 주장하듯이 "우리 자신의 최대의 만족은 우리가 합당한 정도로 박애를 갖는 것에 의존"[9)]한다면 그것은 의의가 있다. 우리 모두가 양육이나 특정 사회의 편견의 산물 이상의 것인 양심을 자연스럽게 갖고 있다면 그것이 좋을 것이다. 그럼에도 이 모든 것을 받아들일 만한 어떤 근거가 있는가? 버틀러는 그가 있는 그대로의 인간 본성을 보고 있다고 주장하지만, 각 유기체의 이기성과 인간의 사악함에 대한 우리 자신의 경험을 강조하는 신-다위니즘 생물학의 주장과 그의 주장을 우리는 어떻게 균형을 맞출 것인가? 인간 본성에 대한 버틀러의 견해는 우리를 향한 신의 의도에 대한 믿음이 있다고 한다면 더 이해할 수도 있을 것이며, 그의 모든 주장들은 설교의 맥락에서 이루어질 것이다.

9) 같은 책.

결 론

우리는 인간의 행동을 우리가 얼마나 당연하게 여기는지 과소평가할 수 있다. 인간의 권리에 대한 이야기들이 언제나 준비되어 있는 청중을 발견한다는 사실은 좀더 깊은 수준에서 보자면 사람들이 정말로 정의와 공정함에 대한 요구에 반응한다는 것을 보여주는 것 같다. 그들은 권력의 남용과 부패에 분노하며 반응한다. 개인들을 중요하지 않은 듯이 취급하는 것은 결국 반감을 불러일으키며, 정치적 맥락에서는 폭동을 일으키게 한다. 어떤 사람들은 아마도 이것이 바로 서양 이데올로기가 확산되는 예라고 말할지도 모르지만, 역사적으로는 그것보다 더 깊은 뿌리를 갖고 있는 것 같다. 우리의 요구와 이해가 중요할 뿐만 아니라 우리의 이성도 중요하다. 이것은 항상 마찬가지였다. 18세기 영국의 계급 사회에서 버틀러 주교가 우리의 세계와는 아주 다른 세계에서 글을 쓰고 있었다는 것이 아마도 중요할 것이다. 산업 혁명 이전에 그리고 유럽과 미국이나 그 밖의 나라들의 주요 정치적 격변 이전에는 아주 다른 사회적 조건들이 있었다. 그러나 그의 인간 본성에 대한 설명과 그것이 갖고 있는 문제들은 그것이 쓰였을 때뿐만 아니라 오늘날에도 시의적절하다. 인간으로서 우리는 우리 자신으로부터 떨어져서 우리가 무엇을 하고 있는지를 반성할 수 있다. 그것은 그 무엇보다도 우리를 동물로부터 구별해주는 인간 본성의 일부다. 일단 이성이라는 관념이 (때로는 부당하게 이성적인 입장에서) 공격을 받고, 그것이 특정 사회와 시대의 산물로 보이게 되면, 도덕성 자체는 사라지게 될 것이다. 그것은 임의적인 협약이나 유행과 구별할 수 없게 된다.

도덕성은 합리성에 의존할 뿐 아니라 공통적인 인간성이라는 관념에도 의존하는데, 이성이 그 인간성의 한 가지 표현이다. 가장 분명한 것은 인간의 권리들이라는 개념은 공통적인 인간성이 없다면 붕괴될 것이다. 미국의 법 철학자 로버트 조지(Robert George)는 그것을 다음과 같이 말하고 있다. "이제껏 윤리와 정치 분야에 헌신했던 위대한 정신을 갖고 있는 사람들의 모든 차이점들에도 불구하고, 자연법 전통 안에 있는 사람들이 동의하는 한 가지 명제가 있는데, 즉 인간의 본성은 중요한 면에서 확고하고 변함없으며 구조화되어 있다는 것이다."[10] 게다가 자연법에 대한 이야기는 자연 선택을 통한 진화의 결과든 그렇지 않든 한정된 인간의 본성에 제한될 필요 없이 문제를 풀어나가야 한다. 어떤 면에서 보자면, 어떻게 그것이 생겨났는지 그리고 왜 그것이 그러한지는 아마도 인간이 단지 그들이 인간이기 때문에

---

10) Robert George, *The Clash of Orthodoxies*, ISI Books, Wilmington, ED, 2002, p.158.

많은 특성들을 공유하고 있다는 사실에 대해 부차적인 것으로 간주될 수 있을 것이다. 이것은 인종주의자들 또는 우리의 공감을 특정 그룹들에 제한해서 다른 그룹들을 배제시키고자 하는 모든 사람들에 대한 한 가지 대답이다. 한 사회의 실정법조차도 그것이 보편적인 정의와 평등, 책임과 '권리들에 호소하는 영속적인 자연법에 의존하는 것으로 생각되지 않는다면 임의적인 것으로 보일 것이다. 그러나 그것은 차례로 인간의 본성이라는 생각에 의존한다. 인간의 행위들은 인간이 잘하거나 잘못하는 것 행복하거나 고통받는 것이 무엇인지에 대한 외적인 기준들에 대답할 수 있어야 한다. 여전히 동의하기 힘든 부분들이 많이 있긴 하지만, 모든 논변들은 우리의 공통적인 인간 본성에 비추어 측정되어야 한다.

그러나 도덕적 판단들은 단지 우리의 인간 본성의 특성에 어울리거나 거스르는 것만은 아니다. 도덕적 판단들은 그것에서 생겨나기도 한다. 이것이 바로 우리가 서로에 대해 어떤 자연스러운 공감을 갖고 있는지 또는 그것들을 갖도록 교육될 수 있는지에 관한 문제들이 중요해지는 곳이다. 도덕성은 다른 사람들이 기꺼이 보답하고자 하는 한에서 우리가 그들을 돕는 계약 이상의 것이다. 동물들은 종종 털 손질과 같은 이익들을 받아들이지만 그것에 보답하지 않는 다른 동물들과 계속해서 협동하기를 꺼린다. 그러나 인간 사회는 그러한 조건적인 것보다 더 큰 도덕적인 참여를 필요로 한다. 호혜성을 기대하는 것이 이야기 전부는 아니다. 세금을 교묘하게 속이거나 요금을 지불하지 않고 공짜로 차를 타는 사람들이 '그것은 공정하지 않다'는 반응을 끌어낸다는 사실은, 우리가 계약이나 동의 이전에 근본적인 정의와 공정 원리들을 갖고 있다는 것을 보여준다. 그러한 원리들은 어떤 동의가 이루어질 수 있는 맥락을 제공한다.

마찬가지로 상호 신뢰라는 생각은 어떤 사회에서도 근본적이어야 한다. 그렇지 않다면 인간들은 결코 함께 일할 수 없을 것이다. 우리가 낯선 도시에서 길을 묻기 위해 멈추어 설 때마다 혹은 우리 동네에서 누군가 우리에게 방향을 물을 때마다, 거기에는 우리가 가능하다면 항상 서로를 도울 것이라는 암묵적인 가정이 있다. 어떠한 민주주의에서도 상호 신뢰는 시민들이 서로 연합할 수 있는 유일한 기초가 될 수 있다. 그것이 무슨 이유에선가 깨어질 때 그 결과가 심각할 수 있는 것은 바로 그러한 이유에서다. 책임과 투명성에 대한 요구들은 그 자체로 어떠한 공적 절차들도 복구할 수 없는 신뢰 부족의 비참한 징후이기도하다. 우리는 아마도 본래 서로를 믿는 소지를 갖고 있는지도 모른다. 하지만 이것은 본보기나 교육을 통해 강화되어야 한다. 사람들이 신뢰할 가치가 있다는 것을 배우지 못한다면 신뢰는 불가능하다.

많은 사람들은 인간 본성과 같은 것이 있다는 것에 동의하지 않는다. 많은 사람들은 비록 그것이 있다 할지라도 그것이 도덕적 의미를 갖는다는 것을 부정한다. 많은 사람들은 이성이 도덕성을 확립하는 데 어떤 역할을 한다는 것을 부정한다. 그러나 결국 이 모든 저항들은 도덕성이 단지 협약과 어떤 다른 점이 있는지에 대한 문제에 부딪혀야만 한다. 그것이 일련의 임의적인 동의들 이상의 것이라면, 그것은 인간에게 무엇이 좋은지에 관한 것이어야 한다. 이것은 인간이라는 것이 무엇인지에 대한 문제로 우리를 인도한다. 인간 본성과 관련된 도덕성은 우리가 단지 어떤 것을 원하기 때문에 그것이 좋다고 말하지 않을 것이다. 우리는 그것이 인간에게 좋다면 그것을 원할 이유를 갖는다. 그러한 좋음은 우리가 그것을 깨닫든 그렇지 않든 유지되며, 그것은 객관적인 문제다. 도덕성의 본성과 인간 본성은 결국 분리될 수 없다. 도덕 영역에서 많은 의견들이 일치하지 않는다는 것은 아마도 놀라운 일이 아닐 것이다. 그것들은 세계의 본성과 그 안에서 인간의 위치에 대한 우리의 가장 근본적인 생각들의 차이에서 유래한다.

용어 풀이

가치 판단

바람직한 것에 관한 결정으로, 이것은 종종 개인적인 견해로부터 나오는 것이지 합리적인 토론에 열려 있지 않은 것으로 생각된다.

가치들

추구할 가치가 있는 것에 관한 개인적인 선택과 선호의 문제들로서, 과학이 결정할 수 있는 '사실들'과는 대조되는 것이다.

개인주의

사회는 개인들의 선택과 행위들을 통해 설명되어야 한다는 믿음. 도덕적 맥락에서 이것은 개인의 선택들이 행위자의 욕망들을 통해 설명되어야 한다는 것을 함축할 수 있다.

객관적인

윤리학에서 그리고 다른 맥락에서, 이 말은 '주관적인' 것과 반대되는 것이며, 사람들이 우연히 믿게 되는 것과는 상관없이 참인 것을 가리킨다.

결정론

인간의 믿음과 선택을 포함해서 모든 사건은 원인을 갖고 있다는 견해.

경험주의

모든 인간의 지식은 오직 경험에서만 도출된다는 철학적 신조로서, 우리의 마음은 태어날 때 '백지' 상태며 그 위에 경험이 무엇인가를 그릴 수 있다는 믿음.

계몽주의

유럽 계몽주의는 인간의 이성과 사고의 탁월성을 강조했기 때문에 전통과 종교적 계시를 포함한 모든 것이 이성의 시험을 겪어야 했다. 계몽주의는 비록 17세기에 그것이 종교적인 뿌리에서 성장했다고 주장되긴 하지만, 18세기에 절정에 달하면서 점차 무신론적 유물론의 경향을 띠었다.

공리주의

행위의 옳고 그름은 (의도나 행위의 내재적 특성이 아니라) 전적으로 그 결과에 의존한다는 윤리학설.

국가주의

다른 나라들에 해를 끼친다 해도 자신의 나라를 가장 중요하게 여기고 가치를 두는 믿음으로, 이는 '애국심'과는 다르다.

권리

개인이 다른 사람들이나 기관들에게 할 수 있는 주장으로, 그들은 그러한 주장들을 충족시킬 도덕적 법적 의무를 갖는다. '인간 권리'가 주장될 때 그것은 우리가 공통적인 인간성을 갖고 있는 덕분으로 그러한 권리들을 갖는다는 것을 가정하는 것이다.

규범적

행위-지도력을 갖고 있는 모든 것. 다시 말해 '규범'은 무슨 일이 일어나야 하는가를 규정하는 것으로, 무슨 일이 이루어지고 있는지를 기술하는 것과는 다르다.

규칙(nomos)

협약적인 것을 자연적인 것과 대비시키는, '법'이나 '관습'을 가리키는 그리스어.

논리실증주의

제1차□제2차 세계대전 중에 특히 비엔나에서 '비엔나학파'의 모임과 관련된 운동. 그들은 논리와 더불어 세계에 대한 과학적 개념의 중요성을 강조한다. 의미는 과학적 입증이나 논리적 동어 반복을 통해서 이해될 수 있었다.

다원주의

많은 다양한 믿음들과 관행들이 있다는 것을 받아들이지만, 필히 서로 양립할 수 있는 것은 아님. 이것은 문화적 차이들을 적극적으로 수용하는 방향으로 나아갈 수 있으며, 완전히 상대주의로 나아갈 수 있다.

덕 윤리학

도덕성은 행위의 본성이 아니라 행위자의 특성을 통해 검토되어야 한다는 견해.

목적론

자연에는 특히 목적이 스며 있으며, 각각의 사물들은 각자의 적합한 기능을 갖고 있다는 견해.

보편적

언제나 어디서나 주장되는 것.

비결정론

모든 것이 어떤 이전의 원인들에 의해 결정되는 것은 아니라는 견해.

사법 적극주의

특히 헌법적인 문제를 다룰 때, 사회적 정책을 바꾸기 위해, 입법부에서 반드시 받아들여지지는 않는다 할지라도, 판사들이 그 법을 새로운 방식으로 해석하고자 하는 경향을 가리킨다.

사회생물학

인간을 포함한 모든 유기체들에게서 나타나는 사회적 행동 발달에 관한 생물학적 연구.

상대주의

오직 자신의 기준에 따라서만 각각 판단될 수 있는 다른 전통과 삶의 방식이나 다른 도덕들이 있다는 견해.

상황론자

행위의 도덕성은 전적으로 그 특정 맥락에 의존한다고 주장하는 사람들.

세계주의

세계의 '시민임'과 우리가 공유하고 있는 인간의 본성을 어떤 특정 나라에 대한 충성보다도 더 중요한 것으로 보는 사람들.

신-다위니즘

자연 선택을 통한 진화라는 다윈의 생각과 현대의 유전학 이론들을 결합한 것.

실용주의

윌리엄 제임스나 퍼스, 듀이 등과 같은 미국 사상가들에게서 유래한 철학적 견해로, 우리는 '쓸모 없는' 추상적인 것들을 다루어서는 안 되며, 인간의 삶에 차이를 만들어내는 것이나 효과를 내는 구체적인 것들을 다루어야 한다는 입장.

실존주의

특히 프랑스 철학자 사르트르가 보여주는 철학적 입장으로, 절대적인 선택의 자유의 중요성을 강조하고, 우리가 근원적으로 의미 없는 세상에서 우리 자신을 위해 의미를 만들어낼 책임이 있음을 강조한다.

애국심

자신의 나라에 대한 사랑과 그에 대한 충성. 하지만 이는 다른 나라들을 희생해서 이루어지는 것이 아니므로 국가주의와는 다른 것임.

온정주의

무엇이 다른 사람들을 이롭게 하는지 알 수 있으며, 사람들이 원하든 그렇지 않든 그것을 얻을 수 있도록 간섭해야 한다는 믿음. 다시 말해 다른 사람들을 아이들로 취급하는 것.

유물론

모든 것은 '물질'을 통해 설명되어야 하며 오직 '물질'만이 존재한다는 주장. 신이나 정신□마음이라는 어떤 관념에도 반대하기 때문에, 그들은 현대 과학에서 받아들여질 수 있는 용어로 물질을 정의하기가 어렵다는 것을 발견한다. '자연주의'와 '물리주의'는 이와 유사한 견해를 갖고 있는데, 이 둘은 모두 실재의 본성을 정의하는 데 과학(후자의 경우에는 물리학)에 우선권을 준다.

윤리학

도덕성의 본성과 명시적인 도덕 원리들에 관한 이론적 성찰.

이기주의

사람들이 자신의 이익에 비추어서만 행동하고, 다른 사람들을 돕는 것이 자신의 목적에 맞을 때만 도울 수 있다는 믿음.

이타주의

보답 받기를 바라지 않으면서 다른 사람들에게 이익이 되도록 하는 것.

일원론

실재적인 것(예를 들면 물질처럼)은 오직 한 가지 종류라는 견해. 이는 마음과 물질처럼 두 가지 다른 종류의 실재를 가정하는 이원론과 다르다.

자연(physis)

자연을 가리키는 그리스어(여기에서 '물리학'이라는 용어가 나왔음). 대개 인간 사회의 협약적인 것과 대조되는 것임.

자연법

가장 일반적인 의미로는 자연 법칙, 다시 말해 세계의 규칙성을 묘사한 것과 같은 것. 도덕적인 의미로는 생명체의 본성이 추구하는 행복으로 그것들을 이끌어주기 위해 발생해야 하는 것을 가리킴.

자연주의

가장 일반적으로는 자연과학을 통해 실재적인 것이 발견될 수 있을 것이라는 견해. 도덕적 맥락에서는, 도덕적 범주가 세계에 관한 사실을 진술한 것들로부터 연역되거나 그것들과 관련될 수 있다는 믿음.

자연주의적 오류

'가치' 진술을 사실 진술로부터 도출하는 것은 논리적 오류라는 주장.

자유주의

개인의 자유가 중요하다는 것을 강조하며, 우리가 우리의 삶을 어떻게 살아나갈지 결정하는 데 국가나 어떤 다른 기관이 간섭하는 것을 최소화하기 원하는 도덕적□정치적 견해.

자율성

행위자가 무제약적으로 자유롭다는 생각으로서, 이것은 종종 우리가 외부로부터 부과되는 도덕적 원리들에 제약을 받지 않는다는 믿음으로 확장되기도 한다.

절대주의

(살인해서는 안 된다와 같은) 도덕적 원리들이 예외 없이 모든 경우에 적용된다는 견해.

주관적인

이 맥락에서는 '객관적인'에 반대되는 것으로, 판단들이 취향처럼 그러한 판단을 한 개인들에게만 타당성을 갖는다고 말하는 것이다.

주입

어떤 사람들에게 특정 견해를 갖도록 훈련시키는 것. 이것은 사람들이 자신의 견해를 갖도록 허용하는 것과는 반대되는 것이다.

진화심리학

동물과 인간의 행동을 유전적으로 밝히려는 현대의 학문 분과. 따라서 자연 선택을 통한 진화라는 맥락에서 유전자들이 하는 역할을 탐구한다.

친족 편애

관련 없는 사람들을 희생시키고 자신의 친척을 돌보는 것. 특히 공적인 삶에서 이런 식으로 그들의 권력을 남용하는 사람들이 사용하는 불명예스러운 방식.

케임브리지 플라톤주의자들

17세기 중엽 케임브리지의 신학자□철학자들 그룹을 가리킨다. 그들은 플라톤의 철학과 기독교를 결합시켰지만, 특히 인간의 이성의 역할을 강조했으며, 근대 과학의 발흥과 그에 따른 유럽 계몽주의를 위한 철학적 배경을 제공했다.

평화주의

폭력은 절대적으로 잘못된 것이며, 어떤 이유로도 폭력이 사용되어서는 안 된다는 믿음.

포스트모더니즘

이성이 보편적 적용 가능성을 갖고 있다고 가정하는 계몽주의의 합리성 개념에 대한 반응으로, 대신에 그들은 모든 논의는 특정 전통이나 조망이 가정하는 것 안에서 발생한다고 주장한다.

허무주의

아무것도 중요하지 않다는 믿음. 객관적인 도덕적 기준은 없으며, 더 나아가 어떤 것에 관한 객관적인 진리도 없음.

혈연 선택

생물학의 신-다위니즘 입장에서 나온 견해로서, 우리는 우리 아이들을 돌보며, 친척들이 우리와 얼마나 가깝고 그들이 우리의 유전자를 얼마나 공유하고 있는지에 따라서 다른 친척들을 돌보도록 유전적으로 프로그램이 만들어져 있다고 주장한다.

형이상학

존재하고 실재적인 것의 본성에 관한 총체적 이론. 이것은 인간이 무엇이 존재하는지를 어떻게 알 수 있는가를 정의하는 인식론과는 구별되는 것이다.

호혜적 이타주의

신-다윈주의 견해로부터 동물과 인간의 행동에 관한 연구에서 등장한 견해. 이 이론은 행위자가 보답으로 도움을 받을 가망이 있을 때만 상대를 도우리라는 것이다.

참고 문헌

Appiah, K. Anthony and Gutmann, Amy (1996) *Color Conscious, The Political Morality of Race*, Princeton, NJ: Princeton University Press.

Aquinas, St Thomas (1963), *Summa Theologica: Collected Works*. London: Blackfriars and Eyre & Spottiswoode.

Aristotle (1941), *Nicomachean Ethics*. In *The Basic Works of Aristotle*, ed. Richard McKeon. New York: Random House.

________(1941), *Politics*. In *The Basic Works of Aristotle*, ed. Richard McKeon. New York : Random House.

Arkes, Hadley (1986), *First Things*. Princeton, NJ : Princeton University Press.

____________ (2002), *Natural Rights and the Right to Choose*. Cambridge : Cambridge University Press.

Ayer, A. J. (1946), *Language, Truth and Logic*. London : Victor Gollancz.

Berkowitz, Peter (1999), *Virtue and the Making of Modern Liberalism*. Princeton, NJ : Princeton University Press.

Butler, Bishop Joseph (1970), *Fifteen Sermons Preached at the Rolls Chapel : Disseration of the Nature of Virtue*, ed. T. A. Roberts. London : SPCK.

Coicaud, Jean-Marc and Warner, Daniel (2001), *Ethics and International Affairs*. Tokyo : United Nations University Press.

Dershowitz, Alan M. (2002), *Why Terrorism Works : Understanding the Treat, Responding to the Challenge*. New Haven, CT : Yale University Press.

de Waal, Frans (1996), *Good Natured*. Cambridge, MA : Harvard University Press.

__________ (2001), *The Ape and the Sushi Master*. London : Penguin Books.

Doris, John (2002), *Lack of Character*. Cambridge : Cambridge University Press.

Galston, William A. (2002), *Liberal Pluralism*. Cambridge : Cambridge University Press.

George, Robert (1999), *In Defense of Natural Law*. New York : Oxford University Press.

__________ (2002), *The Clash of Orthodoxies*. Wilmington, DE : ISI Books.

Glover, Jonathan (1999), *Humanity : A Moral History of the Twentieth Century*. London : Cape.

Gratz v. Bollinger (US Supreme Court), 539 US 244, 123 S. Ct 2411, 156 L. Ed. 2d 257 (2003).

__________ (US Supreme Court), 539 US 306, 123 S. Ct 2325, 156 L. Ed. 2d 304 (2003).

Hampshire, Stuart (ed.) (1978), *Public and Private Morality*. Cambridge : Cambridge University Press.

Hittinger, Russel (2003), *The First Grace : Rediscovering the Natural Law in a Post - Christian World*. Wilmington, ED : ISI Books.

Hobbes, Thomas (1996), *Leviathan*. Oxford : Oxford University Press.

Hursthouse, Rosalind (1999), *On Virtue Ethics*. Oxford : Oxford University Press.

Ignatieff, Michael (2001), *Human Rights as Politics and Idolatry*. Princeton, NJ : Princeton University Press.

Kant, I (1988), Toward eternal peace. In Wolfgang Schwartz (ed.), *Principles of Lawful Politics : Immanuel Kant's Philosophic Draft toward Eternal*

Peace. A New Faithful Translation with·an Introduction, Commentary, and a Postscript 'Hobbism in Kant?' Aalen, Germany : Scientia Verlag.

Lawrence v. Texas (US Supreme Court), 539 US 123 S. Ct 2472, 2480, 156 L. Ed. 2d 508 (2003).

MacIntyre, A. (ed.) (1965), *Hume's Ethical Writings*. New York : Macmillan.

Murphy, Mark C. (2001), *Natural Law and Practical Rationality*. Cambridge : Cambridge University Press.

Nussbaum Martha C. (ed.) (2002), *For Love of Country?* Boston : Beacon Press.

Rawls, John (1993), *Political Liberalism*. New York : Columbia University Press.

__________ (1999), *The Law of People*. Cambridge, MA : Harvard University Press.

Rorty, Richard (1999), *Philosophy and Social Hope*. London : Penguin Books.

Singer, Peter (1999), *A Darwinian Left : Politics, Evolution and Cooperation*. London : Weidenfeld and Nicolson.

__________ (2002), *One World : The Ethics of Globalization*. New Haven, CT : Yale University Press.

Stackhouse, Max (1984), *Creeds, Society and Human Rights*. Grand Rapids, MI : Eerdmans.

Taliaferro, C. and Teply, A. (2004), *Cambridge Platonist Spirituality*. New York : Paulist Press.

Thatcher, Margaret (2002), *Statecraft*. London : HarperCollins.

Trigg, Roger (1993), *Rationality and Science : Can Science Explain Everything?* Oxford : Blackwell.

__________(1998), *Rationality and Religion*. Oxford : Blackwell.

__________(1999), *Ideas of Human Nature*, 2nd edn. Oxford : Blackwell.

__________(2001), *Understanding Social Science*, 2nd edn. Oxford : Blackwell.

__________(2002), *Philosophy Matters*. Oxford : Blackwell.

United Nations (2002), *Multilateral Framework : An Invitation to Universal Treaty Participation* (*Johannesburg Summit*). New York : United Nations.

찾아보기

☐ 지은이/로저 트리그(Roger Trigg)

영국 워릭(Warwick)대 철학 교수와 영국철학회 창립 의장을 지냈으며, 『인간 본성에 관한 관념들(*Ideas of Human Nature*)』(Blackwell, Second Edition, 1999), 『사회과학에 대한 이해(*Understanding Social Science*)』(Blackwell, Second Edition, 2001), 『철학 문제들(*Philosophy Matters*)』(Blackwell, 2002) 같은 책들을 펴냈다.

☐ 옮긴이/박정희

성균관대 철학과와 같은 대학원을 졸업(석사 · 박사 학위)하였으며, 지금은 대덕대 강사로 있다. 「진화론적 인식 이론에 관한 한 고찰」 등의 논문을 썼으며, 『생물학의 고유성은 어디에 있는가?(*What Makes Biology Unique?*)』(에른스트 마이어, 철학과현실사, 2005)를 번역하였다.

초판 1쇄 인쇄 / 2006년 5월 15일
초판 1쇄 발행 / 2006년 5월 20일

■

지은이 / 로저 트리그
옮긴이 / 박 정 희
펴낸이 / 전 춘 호
펴낸곳 / 철학과현실사
서울특별시 서초구 양재동 338의 10호
전화 579—5908～9

■

등록일자 / 1987년 12월 15일(등록번호 : 제1—583호)

■

ISBN 89-7775-583-2 03190
*잘못된 책은 바꾸어 드립니다.

값 15,000원